RECONCILIAÇÃO SACRAMENTAL

MORAL E PRÁTICA PASTORAL

ALFONSO V. AMARANTE
FILOMENA SACCO

RECONCILIAÇÃO SACRAMENTAL

MORAL E PRÁTICA PASTORAL

EDITORA
SANTUÁRIO

Direção editorial:
Pe. Fábio Evaristo R. Silva, C.Ss.R.

Conselho editorial:
Cláudio Anselmo Santos Silva, C.Ss.R.
Ferdinando Mancilio, C.Ss.R.
Gilberto Paiva, C.Ss.R.
José Uilson Inácio Soares Júnior, C.Ss.R.
Marcelo da Rosa Magalhães, C.Ss.R.
Victor Hugo Lapenta, C.Ss.R.

Coordenação editorial:
Ana Lúcia de Castro Leite

Tradução:
Luiz Gonzaga Scudeler

Copidesque:
Sofia Machado

Revisão:
Luana Galvão

Projeto gráfico e diagramação:
José Antonio dos Santos Junior

Capa:
Bruno Olivoto

Imagem da capa: *Afonso e sua obra*, de Giuseppe Antonio Lomuscio, Pinacoteca dos Missionários Redentoristas, Pagani (AS)/Foto de Giorgio Vasari

Título original: *Riconciliazione sacramentale: morale e prassi pastorale*

Basilica del Santo – Via Orto Botanico, 11 – 35123 Padova

Dados Internacionais de Catalogação na Publicação (CIP) de acordo com ISBD

R311 Reconciliação Sacramental: moral e prática pastoral / organizado por Alfonso V. Amarante, Filomena Sacco ; traduzido por Luiz Gonzaga Scudeler. - Aparecida, SP : Editora Santuário, 2020.
312 p. ; 16cm x 23cm.

Inclui índice.
ISBN: 978-65-5527-024-2

1. Cristianismo. 2. Reconciliação Sacramental. 3. Moral. 4. Prática pastoral. I. Amarante, Alfonso V. II. Sacco, Filomena. III. Scudeler, Luiz Gonzaga. IV. Título.

2020-1465 CDD 240
CDU 24

Elaborado por Vagner Rodolfo da Silva - CRB-8/9410

Índice para catálogo sistemático:
1. Religião : Cristianismo 240
2. Religião : Cristianismo 24

1ª impressão

Rua Padre Claro Monteiro, 342 — 12570-000 — Aparecida-SP
Tel.: 12 3104-2000 — Televendas: 0800 16 00 04
www.editorasantuario.com.br
vendas@editorasantuario.com.br

INTRODUÇÃO

Alfonso V. Amarante e Filomena Sacco

Na bula de anúncio do grande jubileu da misericórdia de 2015, *Misericordiae vultus*, papa Francisco nos recordou que "a Igreja tem a missão de anunciar a misericórdia de Deus, coração pulsante do Evangelho, que por meio dela deve chegar ao coração e à mente de cada pessoa" (n. 12). A graça da misericórdia permite a conversão do coração e da mente do homem. Um dos lugares privilegiados onde se faz experiência do amor de Deus é o sacramento da reconciliação, capaz de reatar o fio do amor, que liga, de modo indissolúvel, a fragilidade do homem com o amor ilimitado de Deus.

A celebração do jubileu da misericórdia fez com que esse sacramento fosse redescoberto por tantos e, ao mesmo tempo, destacou as fragilidades que vive. Essa experiência eclesial sugere uma reflexão articulada, seja sobre a forma do sacramento seja sobre a práxis pastoral.

Está fora de dúvida que esse sacramento vive uma espécie de crise devido a múltiplos fatores. No ano de 2009, papa Bento XVI, na carta de convocação do ano sacerdotal, escrevia: "Os sacerdotes não deveriam jamais se resignar a ver seus confessionários desertos, nem se limitar a constatar o menosprezo dos fiéis por esse sacramento". Na verdade, hoje, muitas vezes, assiste-se também à pouca afeição dos confessores ao confessionário, tanto que se pode dizer que daqui ou de lá da grade nem sempre é fácil encontrar alguém.

Nas páginas a seguir, propõe-se aprofundar a prática da celebração do quarto sacramento com os relativos problemas pastorais que são encontrados em vista à formação continuada das consciências.

É inegável que esse sacramento vive tensões seja por fatores internos da sua dinâmica para a válida celebração, seja por causa de fatores contingentes que nascem da sua história celebrativa.

Antes do Concílio Vaticano II, os confessores sabiam que os penitentes, para serem absolvidos validamente dos seus pecados, deviam estar vivos, batizados, ter o uso da razão, conhecer as verdades da fé e viver em conformidade com a lei moral.

Por séculos, a maior parte dos teólogos detinham-se em refletir sobre as verdades que os batizados deviam conhecer, para validamente serem absolvidos dos seus pecados, e sobre o sincero arrependimento dos pecados cometidos. Desse modo, ligava-se catequese de base e vida sacramental.

Por exemplo, Afonso de Ligório recorda, na sua *Prassi del confessori,* que não é capaz de absolver o penitente que não conhece "os quatro mistérios principais da fé, que são: 1) que Deus existe; 2) que recompensa o bem e o mal; 3) o mistério da santíssima Trindade; 4) e o mistério da encarnação e morte de Jesus Cristo"; o penitente devia conhecer também "o Credo, os preceitos, os sacramentos etc., ao menos em termos".

Esse modo de celebrar o sacramento fez com que prevalecesse a dimensão judicial sobre aquela formativa, pela observância da lei externa mais do que a experiência do abraço misericordioso do Pai capaz de conduzir as consciências a uma clara escolha do bem. Se a dinâmica celebrativa, com conteúdo e ritos, elaborada mais de cinquenta anos atrás, foi capaz de deter o subjetivismo moral da época moderna, exercendo um forte controle das consciências, hoje é evidente a crise que vive por múltiplas causas.

Com o Vaticano II, percebeu-se claramente a necessidade de intervir nesse sacramento. Os padres conciliares na *Sacrossanctum Concilium* com franqueza indicaram a necessidade de rever os ritos e as formas da penitência desse sacramento, que não respondiam mais às exigências do tempo (cf. n. 72). Iniciava-se assim o lento e fatigoso caminho de renovação.

O *Ordo della penitenza*, nascido pelo impulso do Concílio Vaticano II, na sua atual formulação, ressente de várias tensões. A primeira comissão chamada a redigir o documento que indicasse a práxis celebrativa – formada por teólogos de certo relevo, como Z. Alszeghy, L. Ligier, K. Rahner e C Vogel – foi substituída, no fim dos trabalhos, por uma segunda comissão, formada mais por liturgistas. A reforma é válida no seu conjunto, mas muitos não aceitam a forma pedagógica e a prática celebrativa proposta.

O Catecismo da Igreja Católica indica, para a validade da celebração desse sacramento, como necessárias: a contrição, a acusação dos pecados e a satisfação

(n. 1450-1460). Se basta ater-se a isso que indica o catecismo, por que esse sacramento está em crise? É só uma questão de uma correta resposta a essas indicações? Ou a aversão nasce da problemática como o secularismo, que rejeita as respostas que se dão no sacramento? Ou os problemas que encontramos na prática celebrativa remetem a dimensões formativas que deviam ser revistas? A resposta não pode ser unívoca.

A crise desse sacramento deve ser buscada em múltiplos fatores. Nas páginas que seguem, pretendemos pôr em evidência apenas algumas problemáticas a ser afrontadas em vista da prática sacramental.

É inegável que hoje a palavra pecado, se anunciada – como muitos gostariam de fazer ainda – como o não respeito de uma lei moral ou vista como superação de um limite imposto por alguém, para a maioria não diz nada. O nosso anúncio da fé, muitas vezes, serviu-se mais de categorias que fazem referência à lei natural do que a categorias bíblicas capazes de falar primeiro ao coração e depois à mente. A nossa pastoral, até que não redescubra a palavra de Deus como centro do seu anúncio, capaz de, com a sua riqueza de imagens e significados, permitir o encontro entre o homem e Cristo, de falar ao coração do homem, arriscará sempre de se firmar nos limites do lícito para condenar o ilícito.

Um segundo fator que pôs em crise esse sacramento é certamente o ter sido carregada de significado negativo a celebração do próprio sacramento. Papa Francisco, na sua catequese geral de 19 de fevereiro de 2014, recordou-nos que esse sacramento fosse, antes de tudo, para os doentes e não para os justos. Um sacramento capaz de curar os corações: "O Sacramento da Reconciliação é um Sacramento de cura. Quando me confesso é para me curar, para curar a minha alma, o meu coração e algo de mal que cometi". O mesmo pontífice, entrando no cerne desse sacramento, recorda-nos que emana do mistério pascal e ressalta como "o perdão não é fruto dos nossos esforços, mas uma dádiva, um dom do Espírito Santo, que nos enche do lavacro de misericórdia e de graça que brota incessantemente do Coração aberto de Cristo Crucificado e Ressuscitado", para depois acrescentar: "Só se nos deixarmos reconciliar no Senhor Jesus com o Pai e com os irmãos, conseguiremos verdadeiramente alcançar a paz".

Um terceiro aspecto que tem necessidade de uma profunda reflexão em vista da celebração do sacramento da reconciliação é a relação existente entre liberdade moral e responsabilidade no interno da dinâmica da formação da consciência. O mesmo pontífice, no seu discurso proferido aos participantes do curso promovido da Penitenciaria em 2018, recorda-nos com franqueza que "o sacerdote confessor não é a fonte da Misericórdia nem da Graça; certamente é o seu instrumento indispensável, mas sempre apenas instrumento! E, quando o sacerdote se apodera dele, impede que Deus aja nos corações. Essa consciência deve favorecer uma vigilância atenta sobre o risco de se tornar 'donos das consciências'".

À luz dessa premissa, os colaboradores que contribuíram com este texto desejam refletir particularmente a respeito da prática desse sacramento. De fato, a partir de um quadro bíblico, histórico e dogmático e guiados pela indicação da exortação apostólica *Veritatis gaudium*, um bom número de colaboradores querem refletir sobre possíveis vias pastorais, para a igreja em saída, apta a responder às dificuldades que o sacramento da reconciliação encontra no nosso contexto e como ele pode ser vivido na práxis pastoral em perspectiva pascal e, ao mesmo tempo, inserido na diaconia sacerdotal de formação das consciências para uma plena maturidade dos fiéis em Cristo.

Terminamos esta introdução recordando o que o papa Francisco escreveu ao término do jubileu da Misericórdia na carta apostólica *Misericordia et misera* (n. 8):

> A celebração da misericórdia tem lugar, uma forma muito particular, no *sacramento da Reconciliação*. Este é o momento em que sentimos o abraço do Pai, que vem ao nosso encontro para nos restituir a graça de voltarmos a ser seus filhos. Nós somos pecadores e carregamos conosco o peso da contradição entre o que quereríamos fazer e aquilo que, ao invés, acabamos concretamente por fazer (cf. *Rm* 7,14-21); mas a graça sempre nos precede e assume o rosto da misericórdia que se torna eficaz na reconciliação e no perdão. Deus faz-nos compreender o seu amor imenso precisamente à vista da nossa realidade de pecadores. A graça é mais forte e supera qualquer possível resistência, porque o amor tudo vence (cf. *1Cor* 13,7).

De fato, como ministros desse sacramento, pecadores entre pecadores, é preciso sempre recordar que sejamos os facilitadores da graça como estrada privilegiada de evangelização e de retorno do homem a Deus.

SEÇÃO BÍBLICA

RECONCILIAÇÃO PARA A SALVAÇÃO

LEITURA DOS PROFETAS

Gabriel Witaszek[1]

A linguagem com a qual a Bíblia exprime a salvação se apresenta muito variada e diversificada, mas dela emerge, muitas vezes, o tema do perdão dos pecados e a expiação das culpas.[2]

> Onde aflora o tema da salvação, aí está presente uma referência a um perigo ou a um mal que ameaça ou mortifica a vida de um indivíduo ou de um povo e do que eles são afastados [...]. No Antigo Testamento o acento é posto prevalentemente sobre uma ação salvífica em relação ao acontecimento histórico temporal de Israel, mas o olhar se volta também a uma libertação, da qual a atual é só promessa e promessa da salvação escatológica. Pouco a pouco o interesse da nação se move para os indivíduos, e, passagem mais decisiva e importante, aflora, cá e lá, a preocupação por uma salvação além da existência terrena com um acento não mais temporal, mas ético-espiritual.[3]

A salvação é realizada por Deus, a quem se reserva o apelativo de salvador,[4] exceção feita para os casos nos quais a atividade salvífica é atribuída tam-

---

[1] Professor ordinário de Teologia Moral na Academia Alfonsiana de Roma.

[2] G. Barbaglio, *Riconciliazione*, in *Schede Bibliche Pastorali*, Volume VII: Q-S, EDB, Bologna 1986, col. 3285. Cf. G. Witaszek, *Grzech i nawrócenie w księgach prorockich. Boży dar stworzenia i przymierza a odpowiedź człowieka* ["O pecado e a conversão nos livros proféticos. O dom divino da criação e da aliança e a resposta humana"], *in Jak* śmierć *potężna jest miłość. Księga Pamiątkowa ku czci Księdza Professora Juliana Warzechy SAC* (1944-2009), red. W.Chrostowski, Apostolicum, Ząbki 2009, 479-494.

[3] B. Ramazzorri – G. Barbaglio, *Salvezza*, in *Schede Bibliche Pastorali*, Volume VII: Q-S, EDB, Bologna 1986, col. 3466.

[4] A salvação de Deus tem a sua máxima e paradigmática expressão nos fatos do êxodo, na ação realizada por Deus, com a mediação de Moisés, para retirar os filhos de Israel da escravidão do Egito e dar-lhes a posse da terra prometida aos antepassados, para fazê-los passar da terra dos ídolos a uma condição de liberdade e bem-estar, servindo o seu Deus na observância fiel dos seus preceitos (Êx 14,30; 15,2; Sl 106,8.10). A salvação é apresentada ainda nos livros históricos nos quais se faz aceno

bém aos homens, instrumentos de Deus, entre os quais os profetas.[5] Os profetas participam da história da salvação mediante a comunicação de uma mensagem de reconciliação que é fonte de genuína renovação do povo eleito.[6] Eles são portadores de uma palavra cheia de revelação, quer dizer, projeto que Deus quer fazer--se conhecer e abrir a todos o caminho da salvação que converge para Cristo. A reconciliação perfeita e definitiva foi realizada por Jesus Cristo "mediador entre Deus e os homens" (1Tm 2,5), e, por outro lado, não é senão um aspecto da sua obra de redenção.

1. A ABERTURA DIVINA PARA A RECONCILIAÇÃO

1.1. A nova criação para salvação (Isaías)

O primeiro homem se apresenta como uma obra perfeita e é sabedor da sua ligação com Deus criador, que o dotou de muitas capacidades e da liberdade de escolher entre a obediência e o respeito à sua ordem divina. O primeiro pecado do homem consiste no ter pretendido considerar-se completamente autônomo com respeito ao Criador, decidindo por si o que é bem e o que é mal (Gn 3,1-19), o que comporta a ruptura com Deus.[7]

Para confirmar uma leitura da narrativa da criação (Gn 1,1-2,4), feita em chave profética,[8] é importante dar um brevíssimo olhar ao modo com o qual os

às vitórias obtidas, graças à proteção de Deus, sobre quantos fossem hostis ao povo de Deus (Js 3,9; 6,11-14; 1Sm 4,3; 9,16; 2Sm 3,18; 22,1-3; 2Rs 14,27). Cf. Ramazzori – Barbaglio, *Salvezza*, in *Schede Bibliche Pastorali*, Volume II: Q-S, coll. 3467-3468.

[5] L. ALONSO SCHÖKEL – J. L. SICRE DÍAZ, *I profeti traduzione e comento*, Borla, Roma, 1989, 16-28.

[6] Os profetas falam de reconciliação em sentido descritivo. No A.T., nota-se a presença do vocábulo da reconciliação apenas em algumas passagens do segundo livro dos Macabeus 1,5; 5,20; 7,33; 8,29.

[7] O primeiro pecado é a causa fundamental e o paradigma de todos os outros pecados e é a fonte de consequências catastróficas para a humanidade, por isso que a circunda (Gn 2,17; 3,1-24). Ele se expande e é como um poder que, uma vez inserido na história, difunde-se intransponível e envolvente. Aquela transgressão primitiva dá origem a uma situação de degradação e de decadência de todo o gênero humano (GS 13). Depois do primeiro pecado, a humanidade empreende a estada da violência, do homicídio, da inveja, da opressão e da desordem sexual (Gn 4,11); cf. RATZINGER, *Creazione e peccato*, San Paolo. Cinisello Balsamo (Mi) 1987, 7-8; G. WITASZEK, *Peccato* (AT) in *Temi teologici della Bibbia*, a cura di R. Penna – G. PEREGO – G. RAVASI, Edizioni San Paolo, Cinisello Balsamo (Mi) 2010, 993).

[8] L. MAZZINGHI, *"In principio Dio creò il cielo e la terra". Il racconto della creazione come profezia*, in *La Profezia* (Parola Spirito e Vita 41), Bologna 1999, 11-23; B. MARCONCINI e COLLABORATORI, *Profeti e Apocalittici* (LOGOS, Corso di Studi Biblici 3), Elle Di Ci, Leumann (TO) 1995.

profetas releem a primeira página do Gênesis. Na célebre profecia sobre o "broto de Jessé" (Is 11,1-6), o profeta Isaías, descrendo a criação pacificada, anuncia ao mesmo tempo a salvação, ou melhor, relê a criação mesma com profecia da salvação que o Senhor oferecerá aos homens. Em muitos outros textos do Antigo Testamento, como no grande hino pascal, que é o Salmo 136, criação e salvação andam de mãos dadas; as narrativas sobre a criação são, portanto, relidas em chave escatológica. Isto acontece também quando o tom do profeta é só de reprovação, como em Jr 4,23, em que o pecado do povo parece trazer para terra o caos primordial, descrito propriamente com as mesmas palavras de Gn 1,2.

Grande interesse reveste, em particular, os textos do Segundo Isaías (Is 49-55), o profeta anônimo que escreve no fim do exílio babilônico, próximo cronologicamente à narrativa sacerdotal do Gênesis.[9] Em Is 40-50, a criação não é para o profeta um acontecimento de natureza cosmológica a ser observado, mas sim o primeiro prodígio histórico realizado pelo Deus de Israel. O Deus de Israel é o criador do mundo assim como o é também do seu povo, é o "criador de Israel" (Is 43,1.15); o verbo talvez mais característico de Gn 1, *bārā'*, "criar", é usado indiferentemente para a criação do mundo e do povo, isto é, tanto para a salvação do mundo quanto para a do povo (Is 43,15; 44,24; 45,7-8). O termo *bārā'* (criar) ocorre dezesseis vezes no Segundo Isaías, todas na primeira parte (Is 40-48), com exceção de duas ocorrências (Is 54,16) que ressaltam o controle de Deus sobre as orças inimigas. Sete vezes se lê como particípio, pelo que se torna um verdadeiro título, "o criador" *bôre'* com particular força expressiva; as outras formas estão no perfeito *bārā'*, (criar) (Is 40,26; 41,20; 45,8,12; 48,7). Deus cria as várias partes do mundo material: os astros (Is 40,26), os céus (Is 42,5), a terra (Is 45,18), o 'ādām, isto é, a humanidade (Is 45,12), as trevas e o mal (Is 45,7) e, enquanto criador, intervém na história e liberta o povo do exílio babilônico, fornecendo-lhe condições

[9] O problema da precedência cronológica de Is 40-50 sobre Gn 1 (vice e versa) não foi ainda resolvido de modo satisfatório. Não existe, por exemplo, nos textos do Segundo Isaías, uma afirmação explícita da criação do mundo mediante a palavra, como acontece com clareza no relato sacerdotal. Além desses problemas, a obra do Segundo Isaías nos ajuda a compreender melhor o alcance profético de Gn 1. A palavra de Deus tem um caráter criador. Nos relatos da criação do livro do Gênesis, encontramos a figura de Deus, que cria com a palavra: "Deus disse [...] e isto se fez". A palavra de Deus é eficaz e produz o que pronuncia. A palavra de Deus se cristaliza em algo de preciso e claro que adquire o seu sentido, colocando-o em seu lugar, no criado, conferindo-lhe um status próprio, definitivo de criatura. O Segundo Isaías afirma que a palavra de Deus não é vã, mas sim capaz de fecundar a terra (Is 55,10-11; cf. Sl 33, 6.9; 147,18). A função criadora da palavra de Deus é inerente à palavra profética. Por meio dela Deus continua a criar. Cf. A. Neher, *L'essenza del Profetismo*. Marietti, Casale Monferrato (Al) 1984, 94.

de salvação e de justiça (Is 41,20; 43, 1.7.15; 48,7). "Criador" comporta o controle de todas as coisas, do caos à luz, do homem aos elementos materiais; atribui a Deus como o único, o primeiro e o último, na origem do cosmos; sintetiza de modo eficaz a atividade divina expressa por vários termos, dentre eles sinônimos: formar, fazer, operar, estender, consolidar, estabelecer, fundar.

Criar tem um valor eminentemente soteriológico, presente também na criação do mundo material, do cosmo. A criação vinha de fato concebida como obra salvífica de Deus.[10] Criador pode ser considerado sinônimo de salvador.

O Segundo Isaías usa também o temo "redentor" (*gō'ēl*).[11] Ele acrescenta o motivo da intervenção salvífica, a sua proximidade como parente próximo: uma vez que Deus assume livremente esta categoria de parente próximo, ele se sente obrigado a salvar. O termo é usado para um conjunto estreito que ocorre para restabelecer uma situação comprometida, libertando, de um poder estranho, aquilo que pertence à família (Lv 25,40-50), a propriedade alienada (Is 25,25), a morte violenta que o "vingador sanguinolento" exige.

Os dois títulos – criador e redentor – constituem a novidade e o centro da reflexão sobre Deus no Segundo Isaías: são uma eficaz resposta aos interrogativos emersos da crise do exílio, vivido pelo povo como perda de todas as seguranças humanas. Nessa situação prolongada, estamos por volta de 550 a.C., em uma quarentena de anos da destruição da cidade; a dor deságua em protesto, contestação e desilusão (Is 40,27; 49,14; 44,17).

1.2. Uma nova aliança com a casa de Israel (Jeremias)

Os acontecimentos dramáticos da história de Israel obrigaram o povo a interpretar o significado da ação de Deus em seu confronto, apontando para o seu futuro, no qual lhe é prometida a nova aliança de que fala o profeta Jeremias (Jr 31,31-34).

> Eis que virão dias – oráculo de Javé – nos quais farei com a casa de Israel e com a casa de Judá uma nova aliança. Não como a aliança

[10] G. VON RAD, *Teologia dell'Antio Testamento*, vol. I: *Teologia delle tradizioni storiche d'Israele*, Paideia Editrice, Brescia 1972, 167.

[11] Das 46 ocorrências compressivas no Antigo Testamento, o termo *gō'ēl* é apresentado 10 vezes no Segundo Isaías.

> que fiz com seus pais, quando os tomei pela mão para fazê-los sair da terra do Egito, minha aliança que eles violaram, embora eu fosse o Senhor deles – oráculo de Javé. Mas esta será a aliança que farei com a casa de Israel depois daqueles dias – oráculo de Javé: Porei minha lei dentro deles e a escreverei sobre seu coração. Então eu serei seu Deus e eles serão o meu povo. E não terão mais de instruir cada qual seu vizinho ou seu irmão dizendo: "Conhecei Javé!" Porque todos me conhecerão, do mais pequeno ao maior – oraculo de Javé, porque eu perdoarei sua iniquidade e não me recordarei mais de seu pecado.

A novidade da aliança consiste em duplo contraste com o passado.[12] Segundo Jeremias, o pacto vem estabelecido entre Deus, que perdoa, e o homem, que é perdoado; é uma espécie de novo pacto sancionado pela fórmula: "Eles me terão por seu Deus e eu o terei por meu povo" (Jr 31,33), que conflui sempre para um perdão geral: "Perdoarei a sua iniquidade e não recordarei mais o seu pecado" (Jr 31,34; 50,20). A nova aliança será acolhida pelo povo de modo bem diverso de como fora acolhida a aliança no tempo do Êxodo (Jr 31,32). A primeira aliança não fora mantida nem pelos hebreus do tempo nem pelos seus descendentes, mas, em total contraste, a nova aliança será observada, respeitada e vivida. O aspecto decisivo da novidade da aliança está no fato de como essa nova obediência se realizará com respeito à desobediência do passado. A novidade radical da aliança, anunciada em Jr 31,33-34, está na ação de Deus, que interiorizará a sua lei, escrevendo-a no coração[13] e pondo-a no centro da vida de cada um. Interioridade em contraste com a exterioridade, isto é, com a lei escrita em tábuas de pedra e talvez também com a lei imposta exteriormente, com autoridade real de Josias, na sua reforma. Se a lei será escrita no coração, então o impulso para agir, segundo as instruções de Deus, será de dentro, livremente. Só assim o homem será capaz de viver a Lei, enquanto, sendo pecador, com as próprias forças não poderá viver os preceitos do Decálogo. A força desse pacto nasce de uma pertença recíproca entre Deus e o seu povo (Jr 31,33). Desse ponto de vista, não se trata de uma novidade absoluta, mas do restabelecimento de uma relação já conhecida.

---

[12] Cf. PONTIFICIA COMMISSIONE BIBLICA, *Bibbia e morale. Radici bibliche dell'agire cristiano*, Libreria Editrice Vaticana, Città del Vaticano 2008, 56-58.

[13] Jr 31,31 é o único texto em todo o A.T. em que se encontra o sintagma "nova *bᵉrît*"; "aliança nova" ou "aliança renovada".

Esta novidade tornará possível o perdão gratuito concedido por Deus. O pecado cria uma cegueira espiritual; o perdão restitui a vista. O povo, se e quando se tornar perdoado e viver segundo essa nova identidade, saberá então como viver segundo o coração de Deus.[14]

1.3. O novo coração da aliança (Ezequiel)

A intervenção de Deus, segundo Ezequiel, concretiza-se em uma espécie de transplante do coração humano (Ez 36,27-38),[15] porque aquele de pedra, sede do pecado, não é mais apto a cultivar pensamentos de fidelidade e de comunhão com o Deus da aliança. Ezequiel se põe a profetizar no período em que Israel perde definitivamente a sua liberdade, em 593 a.C. Jerusalém cai em mãos dos Babilônios, e muitos hebreus são deportados como prisioneiros. Nessa situação, Ezequiel se sente enviado para o meio dos exilados a fim de suscitar a esperança, continuar a dar à vida um sentido, ainda que em meio a uma hedionda tragédia. Analisa a fundo a situação religiosa do povo e chega à conclusão de que as coisas deram errado porque está faltando a seriedade na fidelidade da parte dos chefes civis e religiosos, os quais utilizaram mal o seu poder e não são capazes de garantir a justiça e o direito. A violência dos chefes foi acompanhada pela violência interior do desenraizamento e pela falta de pontos de referência na diáspora. A crise dos valores, o caos espiritual e, sobretudo, a sensação de uma catástrofe iminente favoreceram uma debandada coletiva. Na vida pública vieram a faltar totalmente o senso da responsabilidade pública e da solidariedade recíproca (Ez 34,8.10).

Ezequiel compartilha com os exilados a fadiga de compreender a situação do exílio, de reconhecer as culpas e de esperar um futuro melhor. Ele se empenha a dar certezas a uma situação difícil e sonha, com todas as suas forças, com uma transformação radical na situação do povo no exílio babilônico. Segundo ele, Deus

[14] Jr 31,31-34 não faz menção explícita ao arrependimento do povo como pré-condição. O fundamento da nova aliança será o perdão gratuito dado por Deus. O ideal de Jeremias se tornou plena realidade humana no coração e na vida de Jesus. Quem deseja viver em Jesus é chamado a entrar na plenitude da promessa (1Jo 2,27), segundo o "já e ainda não" do caminho para o cumprimento.

[15] Ez 36,26-38 se encontra nos oráculos Ez 36,16-38 que anunciam a purificação de Israel em termos antropológicos: novo coração e novo espírito (Ez 36,26-27), nova fertilidade também para a terra, e tudo como sinal da santidade de Deus e como testemunho do seu poder às outras nações (Ez 26,20-21.22-23.36). Também outros textos do A.T. acentuam que o coração do homem é o lugar no qual se formam os bons ou os maus propósitos (Jr 6,5; 8,21; Lv 26,41; Dt 30,6; Jr 4, 4.9.25; Ez 44,7-9; o coração ferido Sl 34,19; 51,19; Is 61,1).

pretende renovar, pela raiz, as relações com o seu povo, propondo-lhe, ainda uma vez, uma aliança de recíproca confiança, de fidelidade que iniciará com o dom da paz e da segurança da parte de Deus. Ao proclamar a renovação da aliança, o Senhor não põe condições, mas amplia ele próprio paz e segurança, bênção e proteção. Haverá um novo pastor, que estará em linha de continuidade com Davi. Na nova aliança, haverá uma reconciliação também renovada com a terra e com os elementos cósmicos. Deus ratificará a nova aliança com Israel repetindo os sinais do êxodo e conduzirá, de novo, o seu povo, como um rebanho, para a terra prometida, participando, dessa vez, no reconstruir os fundamentos da verdadeira religião e do culto coerente. A crítica ao formalismo cultural torna-se importante para criar uma mentalidade mais consciente à transformação do coração. Tudo isso será acompanhado pelo dom gratuito e radical de "um coração novo, um espírito novo" (Ez 36,26-38). No coração novo, aquele de carne, Deus mesmo põe a sua lei, sinal da sua vontade salvífica e amorosa que não só espera do homem uma resposta positiva, como também lhe oferece em dom a possibilidade de abrir um diálogo e de responder-lhe. Em virtude dessa aliança, Israel não perecerá, mas permanecerá vivo não obstante o seu pecado o tenha afastado de Deus. E isso só graças ao amor misericordioso de Deus.[16] A Deus não basta perdoar o pecado ou retirarmos da situação de distanciamento dele; ele deseja entrar em uma relação nova com o homem, por isso o torna novo, até o mais profundo do seu ser, e o une a si com vínculos de amor novos, tornando-o capaz de um culto novo (Ml 1,11).

Ezequiel afirma que cada um é responsável de si mesmo e do seu destino de vida ou de morte, e não depende do comportamento de nenhum outro (Ez 18,1-4).[17] O firmar-se crescente do individualismo e o aprofundar-se do sentimento religioso levam, progressivamente, a buscar e pedir uma salvação do pecado, através de uma purificação interior, somente o poder e a bondade de Deus podem operar.

---

[16] O anúncio da esperança e da glória para Israel se renova também no Terceiro Isaías (60-62), profeta pós-exílio, que exprime a certeza do agir divino, que tem libertado o povo da escravidão (Is 60,1.4-5.15;19-22; 62,3-5). Sinal definitivo do retorno da relação com Deus será o dom da profecia, estendida a todo o povo. Isso será o modo de demonstrar a eleição de Israel como o povo que Deus escolheu para si. O Espírito do Senhor permanecerá como um sinal da esperança de um encontro definitivo, em que Deus habitará para sempre junto com o seu povo. Cf. G. Witaszek, *Misericordia fondante dell'opera salvifica* (Sl 1,36), in "StMor" 54/1 (2016) 5-25. O elemento conclusivo na renovação da aliança como a promessa de verificar a fidelidade de Deus é o oráculo de Joel (3,1-2). Cf. R. Fisichella, *Gesù de Nazaret profezia del Padre*, Paoline, Milano, 2000, 62.

[17] G. Witaszek, *Giustizia divina e responsabilità individuale (Ez 14,12-23.18)*, in "Parole di Vita" LVIII n. 5 (2013), 17-20.

A tradição profética começou a ressaltar a responsabilidade pessoal no cometer o pecado. O pecado não é apenas um ato de rebelião, realizado e partilhado por todo o povo, mas é também um ato de rebelião do singular, do qual não foge nem mesmo Davi (2Sm 11-12) e Salomão (1Rs 11).[18]

2. Modalidade de reconciliação do agir humano

A conversão é tão importante e necessária que constitui um dos temas principais da pregação dos profetas do Antigo Testamento. É questão de vida e morte e, portanto, o sincero convite de volta para Deus proclamado por todos os profetas. Particularmente, o exílio babilônico constituía um instrumento pedagógico de que Deus se serviu para sacudir os homens de coração duro e levá-los a tomar consciência dos seus pecados e da necessidade de voltar, com o coração penitente, ao Deus da criação e da aliança. Pelo fato de Deus ser o autor primário e principal da reconciliação, não significa que o homem tenha meramente uma atitude passiva: não, ele deve acolher por si, livremente, o dom de Deus. A ação divina não alcança a sua eficácia a não ser por aqueles que desejam consentir-se a ela, mediante a fé.

Toda a literatura profética se lançou com extrema decisão contra toda tentativa de exteriorizar a experiência religiosa. É suficiente lembrar dentre todos um texto de Isaías: "Que me importa os seus muitos sacrifícios? – diz Javé". "Quem pediu isso de vossas mãos, quando vindes apresentar-vos diante de mim para pisares meus átrios? Não continueis a trazer-me ofertas vãs [...]. Ainda que multipliqueis as orações, não vou ouvi-las [...] Cessai de fazer o mal, aprendei a fazer o bem, procurai o que é justo; socorrei o oprimido, fazei justiça ao órfão, defendei a causa da viúva" (Is 1,11a.12-13a.15-17).

---

[18] A ideia de corresponsabilidade no pecado predominou sobre a do pecado pessoal. A ideia de um Deus que pune o povo todo (ou as gerações futuras) é refutada explicitamente, pela primeira vez, pelo profeta Ezequiel (EZ 18.21-22), que considera, ao contrário, o pecado enraizado no coração mau do homem. De outra parte, a forma institucional do pecado configura uma situação de mal na sociedade e nas suas estruturas que influi negativamente nas escolhas dos singulares. João Paulo II escreve na exortação apostólica pós-sinodal *Reconciliatio et pænitentia* (983): "Falar de pecado social quer dizer, primeiro que tudo, reconhecer que, em virtude de uma solidariedade humana tão misteriosa e imperceptível quanto real e concreta, o pecado de cada um se repercute, de algum modo, sobre os outros" (RP 16).

O termo preferido do profeta Jeremias, para indicar a atitude da conversão, é *sub*, "voltar", que quer dizer "penitência, reconciliação, volta, conversão" e literalmente "mudar de rumo", "voltar para trás" (Jr 31-33). Jeremias denuncia a hipocrisia do povo que se converteu apenas aparentemente e continuou com o coração ligado aos ídolos e animado pelo espírito de revolta. O profeta ataca Israel na sua ilusão de permanecer povo de Deus apenas pelo fato de observar formas exteriores. "Dar-lhes-ei um coração capaz de conhecer que eu sou Javé; eles serão meu povo e eu serei seu Deus, porque voltarão a mim de todo o coração" (24,7).

No tempo do exílio, entre os exilados de Israel, que, ao longo dos rios da Babilônia, se julgavam condenados irremediavelmente ao desespero, surge a voz de Ezequiel que convida à conversão no espírito da novidade. Deportado para a Babilônia com a primeira leva de exilados, Ezequiel convida ao arrependimento: "Convertei-vos [...]. Livrai-vos de todas as transgressões cometidas e formai-vos um coração novo e um espírito novo. Por que quereis morrer, israelitas? Não tenho prazer na morte de quem morre. [...]. Convertei-vos e vivereis" (Ez 18,30.31-32). Ele sugere que a conversão deve iniciar por todo membro da comunidade (Ez 18,21.27) para "contaminar" todo o povo (Ez 18,33-34). A reconciliação parece designar a salvação coletiva do universo. Perfeitamente reconciliados com Deus, os seres serão reconciliados entre si. Essa evocação do profeta Ezequiel anuncia a quantos estão desencorajados que, mudando radicalmente as suas perspectivas, seja como indivíduos, seja como comunidade, podem libertar-se do peso do passado e da mesma condição desesperada do presente. A salvação é uma meta ainda possível.

O caminho da salvação é um elemento indispensável na construção do novo Israel, e é oportuno colher corretamente dele o valor. A conversão não é produzida pelo comportamento de Deus como se sua ação fosse uma resposta à do homem. A conversão é efeito produzido no homem pela ação salvífica de Deus (Ez 16,61-63).

A salvação envolve toda a pessoa com uma ação lenta, gradual e progressiva: do mal para o bem, do bem para o melhor; do melhor para o ótimo. Tudo isso não aconteceu ontem nem acontecerá amanhã, mas hoje, porque é no hoje que agimos. A nós pertence apenas o momento presente porque o passado, ainda que próximo, é confiado à misericórdia de Deus, e o futuro, que ainda está por vir, não existe ainda.

As calamidades que golpearam a terra de Judá oferecem também ao profeta Joel a ocasião para exortar todo o povo a voltar-se para Deus com jejuns e orações e predispor-se a uma sincera conversão. Para Joel, a conversão está enraizada no culto, é a volta para Deus, é uma conversão religiosa, da qual emana uma conversão moral que não consiste apenas em mudar a mentalidade ou abster-se desta ou daquela culpa, mas sim um "voltai a mim de todo o coração [...] ele é ternura e piedade, lento na ira e rico em bondade" (Jl 2,12-13). Os sofrimentos, as calamidades, que afligiam em qualquer período a terra de Judá, estimulam o autor sagrado a encorajar o povo eleito à conversão, a voltar, com confiança filial, ao Senhor, rasgando o coração e não as vestes. Os aspectos religiosos e rituais devem ser expressão externa de uma atitude interior profunda. É um apelo provocador que suscita um dinamismo espiritual, inacreditável e sempre atual, e anuncia que é possível uma renovação profunda, um futuro melhor do presente. E isso porque o Senhor é compassivo e clemente, paciente e grande no amor e deplora o desastre (Jl 2,13). É isto de fato que caracteriza o Deus de Israel: a sua bondade e misericórdia. O amor e o perdão de Deus não são algo automático, mas um dom que deve ser acolhido. Esse grito do profeta Joel é o convite à autenticidade diante de Deus. É sempre tempo de reconciliação e de misericórdia, de renovação interior.[19]

Uma conversão verdadeira, autêntica leva a mudar interiormente o coração endurecido e fechado, quase a rasgá-lo e dilacerá-lo, para que acolha aquilo que a Deus agrada: isso de fato levará à salvação. Caso contrário, jejuar, chorar, lamentar, enquanto o coração conservar a intenção primária de pecar, não significa converter-se ao Senhor. Com Deus não se pode fingir, nem o prender em giro. O profeta denuncia por isso, abertamente, aqueles que dão mostra de uma conversão apenas por sinais exteriores, lembrando que não obterão nenhuma vantagem disso: é necessária, ao contrário, uma séria e sincera laceração do coração.

Causa espanto, todavia, a exigência de jejum, repetindo duas vezes (Jl 1,12.15) em uma situação em que falta tudo, onde há devastação dos campos e mortandade de gado. O jejum, ao qual convida Joel, não nasce certamente por motivações de ordem física, estética, mas procede da exigência que o homem tem de purificação interior, que o desintoxique da corrupção do pecado e do mal, que o eduque àquelas renúncias salutares, que arrancam o crente da escravidão do próprio eu, tornando-o mais atento e disponível à escuta de Deus e ao serviço dos irmãos. Por essa razão o jejum e as outras práticas rituais do rito são

[19] A mensagem de Joel provavelmente foi lançada depois do exílio babilônico, no templo de Jerusalém.

consideradas "armas" espirituais para combater o mal, as más paixões e os vícios. O Senhor parece dizer que é possível voltar para ele de qualquer condição em que si encontre, mesmo desastrosa, apresentando-lhe a nossa total impotência, a nossa carência – ou ausência – de bem, as nossas faltas e misérias: o Senhor é "ternura e piedade" (Jl 2,13).[20]

Conclusão

Toda a obra da salvação já foi realizada da parte de Deus, mas, de um outro ponto de vista, continua atualmente até a parúsia, e a atividade dos profetas pode ser definida como "o ministério da reconciliação". Enquanto embaixadores de Deus, os profetas são mensageiros da "palavra da reconciliação". Na mensagem dos profetas se entrelaçam anúncios e invocações de salvação, enraizados em uma fé firme na onipotência de Deus, revelada na criação e nos eventos da história (Is 46,12-13; 49,6;15; 51,6; 56,1).

No seu ministério, os profetas se esforçam por serem os artífices da salvação que anunciam. A salvação é um dos principais temas de interesse dos profetas do exílio: Jeremias (31,33-34) e Ezequiel (36,25-26.29) anunciam para os tempos futuros uma profunda renovação interior que comportará a salvação do pecado; para o profeta Joel, depois, a conversão está radicada no culto, é a volta para Deus, é uma conversão religiosa, da qual emana uma conversão moral. Os profetas acentuam a importância da conversão interior e se distanciam de um culto meramente externo com os seus sacrifícios. A crítica dos profetas ao sistema cultual não recusa as formas exteriores para favorecer unilateralmente a conversão interior, mas constitui uma crítica às formas exteriores na medida em que elas reforçam uni-

[20] São Girolano comenta Jl 2,13-1 assim: "Voltai a mim com todo o vosso coração e mostrai a penitência da alma com jejuns, prantos e batendo-vos o peito, a fim de que, jejuando agora, depois sejais saciados; chorando agora, depois possais rir; batendo agora o vosso peito, depois sejais consolados. Nas circunstâncias tristes e adversas, é costume rasgarem-se as vestes. Assim fez, segundo Evangelho, o sumo sacerdote para tornar mais grave a acusação contra o Senhor, nosso Salvador, e assim também Paulo e Barnabé ao ouvirem palavras blasfemas. Pois bem, Joel diz: "Rasgai-vos o coração e não as vestes, voltai ao Senhor vosso Deus, porque ele é misericordioso e benigno, lento na ira e rico em benevolência (Jl 2,13)". O profeta entende dizer: Eu absolvo a minha ordem, exorto-vos à penitência porque sei que Deus é excessivamente clemente, como se percebe pela oração de Davi: "Piedade de mim, ó Deus, segundo a tua misericórdia; na tua grande bondade apaga o meu pecado (Sl 50,1.3)", GIROLAMO, *Commento su Gioele*, PL 25, 967-968.

lateralmente o rito como se ele não comportasse e pressupusesse uma conversão pessoal no sentido de voltar as costas ao pecado e retornar a Deus.

Os profetas desvelam e revelam os pecados do povo e de seus chefes, infiéis aos empenhos decorrentes da criação e da aliança que se compenetram vice-versa,[21] e os convidam à conversão para reconciliarem-se com Deus, que indica a experiência salvífica dos crentes, em espera da salvação futura definitiva. Deus reconcilia a si os homens por meio do serviço e da palavra dos profetas, os quais exprimem a certeza de que Deus intervirá e, repetindo as gestas do êxodo (Is 43, 16-22; 51,10-11), realizará a libertação do seu povo. É sempre Deus que convida o homem a voltar as costas ao pecado e a se reconciliar.[22] A perspectiva prometida por Deus assume proposições singulares e extraordinárias tanto a fazer pensar que a salvação "para sempre", que se anuncia (Is 45,17; 51,6), é de ordem transcendente e vai além do bem-estar temporal e nacional que constituía até então o objeto maior das expectativas de Israel.[23] Se for em direção ao conceito de uma salvação que não consiste prevalentemente no existir, "no vir", subtraídos aos males que ameaçam e mortificam a vida temporal, encaminha-se pouco a pouco em direção à libertação do pecado e a uma comunhão de vida com Deus, sem-fim.

O fato de que Deus não cessa de oferecer aos homens o seu perdão constitui o prelúdio à sua reconciliação com eles. Ele mesmo se revelou como o "Deus de ternura e de piedade" (Ez 34,6), que desiste de boa vontade do "furor da sua ira" (Sl 85,4; 103,8-13) e fala de paz ao seu povo (Sl 85,9). Deus propõe à sua esposa infiel (Os 2,16-22) e aos seus filhos rebeldes (Ez 18,31-32) a reconciliação, embo-

[21] Os conceitos Fundamentals no A.T., que definem a relação de Deus com o homem, são aqueles da criação e da aliança. Esses dons de Deus pedem senso de responsabilidade por parte do homem, que se concretiza em respeito para com a criação e na observância dos mandamentos divinos por meio dos quais Deus manifesta a sua vontade. Cf. PONTIFICIA COMMISSIONE BIBLICA, *Bibbia e morale. Radici bibliche dell'agire cristiano* (Collana Documenti Vaticani), Libreria Editrice Vaticana, Città del Vaticano 2008.

[22] A libertação de ordem ética e espiritual, com a eliminação do pecado, emerge também nos textos dos outros profetas: Is 1,18: pecados lavados e substituídos pela candura da neve; 38,7: pecados lançados para trás das costas; Mq 7,18: pecados lançados no fundo do mar; Sl 103,12: pecados definitivamente removidos; Sl 130,3.7.8: pecados esquecidos e perdoados. As referências sobre o cancelamento do pecado são tomadas do artigo de B. RAMAZZORRI – G. BARBAGLIO, *Salvezza*, in *Schede Bibliche Pastoralis*, Volume VII: Q-S, col. 3471. Cf. Sl 32: "Feliz aquele a quem foi cancelada a culpa e perdoado o pecado [...] vós sois meu refúgio, da angústia me guardais, com cânticos de libertação me rodais".

[23] O discurso veterotestamentário não parece distinguir jamais desencarnado e associa geralmente valores religiosos e valores materiais, revela o gosto de Deus e o gosto do mundo, com prevalecimento recorrente do elemento religioso e moral (Is 26,19; 35,1-10; 60,1-2.16-19; Ez 47,1-23; Zc 14,1-21; Tb 13,1-18).

ra esse termo não venha jamais usado explicitamente. Todos os ritos de expiação do culto mosaico, ordenados à purificação das falhas mais variadas, apontavam para a reconciliação do homem com Deus. Mas não havia chegado ainda o tempo da remissão completa dos pecados, e os fiéis do verdadeiro Deus permaneciam em expectativa de algo melhor (2Mc 1,5; 7,33; 8,29).

A reconciliação total e definitiva foi realizada por Jesus Cristo "mediador entre Deus e os homens" (1Tm 2,5), e ela aliás não é senão um dos aspectos da sua obra redentora. O homem sozinho é incapaz de reconciliar-se com o Criador, que se ofendeu com o seu pecado. Aqui, a ação de Deus é primária e decisiva, e "tudo isso vem de Deus, que nos reconciliou a si mesmo por meio de Cristo" (2Cor 5,18). Ele nos amava desde quando nós éramos seus "inimigos" (Rm 5,8). O mistério da nossa reconciliação é ligado àquele da cruz (Ef 3,16) e do "grande amor" com que fomos amados (Ef 2). Deus, agora, não leva mais em conta as culpas dos homens (2Cor 5,19). Isso está bem distante de ser uma mera ficção jurídica; antes a ação de Deus, de acordo com Paulo, é como "uma nova criação" (2Cr 5,17). A reconciliação implica uma renovação completa para aqueles que se beneficiam dela.

RITOS DE PERDÃO NA BÍBLIA

Alberto de Mingo Kaminouchi[1]

O objetivo deste capítulo é, antes de tudo, pôr o tema da reconciliação no grande esquema da história da salvação e, em segundo lugar, estudar as formas rituais com que foram expressas a reconciliação, a penitência e o perdão no Antigo e no Novo Testamentos.

1. A reconciliação, coração da Sagrada Escritura

Permita-me resumir a Bíblia – do Gênesis ao Apocalipse – em poucas palavras: Deus criou um mundo bom (Gn 1-2). Foi uma decisão humana que introduziu o mal no mundo (Gn 3). A partir do pecado de Adão e Eva, o mal se difunde sobre toda a terra (Gn 4-11). Deus retoma a iniciativa – que tinha perdido por causa do ser humano e de sua maldade – por Gn 12. A vocação de Abraão assinala o início da história da salvação. Qual é o plano de Deus? Empenhar-se em uma relação com um determinado povo – os filhos de Abraão – para fazer-se conhecer pessoalmente. Esse conhecimento do verdadeiro Deus tornará possível a cura das relações interpessoais entre os membros desse povo. Desse modo o *shalom* – a harmonia e a paz do Paraíso – poderá ser restabelecido.

Um primeiro cumprimento da promessa feita a Abraão é feito com Davi. Com esse rei, os descendentes de alguns nômades – sem terra própria – estabeleceram-se como um povo numeroso em plena posse de seu território, governado com justiça dentro de limites seguros. Mas esse Jardim do Éden, restaurado pela fidelidade salvífica de Deus e pela obediente colaboração do homem, foi de breve

[1] Professor convidado de Teologia moral bíblica na Academia Alfonsiana de Roma.

duração. O próprio David comete o grave pecado de assassinar Urias. Depois da morte de Davi, as coisas vão de mal a pior: Salomão permite a adoração de divindade estrangeira em Jerusalém, e, quando morre, o Reino é dividido em dois. Quer o Reino do Norte (Israel) quer o Reino do Sul (Judá) gradualmente rolam uma longa descida que conduz, no caso de Israel, a seu aniquilamento por parte dos Assírios, em 721 a.C., no de Judá, ao exílio babilônico no ano de 587 a.C. Na leitura que o histórico deuteronomista faz desse período, a causa desses desastres é o pecado do povo, especialmente o de seus líderes. Os dois pecados mais denunciados pelos profetas desse período são a idolatria e a opressão dos pobres.

No Novo Testamento, Mateus inicia seu Evangelho com a genealogia de Jesus: a partir de Abraão, vai elencando seus antepassados um a um até "José, o esposo de Maria". Depois da longa lista, Mateus reassume a história de Israel com estas palavras:

> Portanto, de Abraão até Davi, são quatorze gerações; de Davi até o exílio de Babilônia, são quatorze gerações; e do exílio de Babilônia até Cristo, quatorze gerações (Mt 1,17).

A história da salvação inicia com Abraão e atinge um primeiro ponto alto com Davi; dali desce até o exílio. Depois do exílio, inicia um longo período de espera do Messias Salvador. E chegamos a Cristo: sua missão é reconciliar o povo com seu Deus por meio da pregação da conversão e do perdão dos pecados. Jesus anuncia que o reino de Deus está explodindo em torno dele. O mal está finalmente sendo vencido por Deus; não com a violência, mas com a oferta gratuita de perdão. Jesus é a mão estendida de Deus, que convida todos, especialmente os pecadores, a essa nova possibilidade. Mas os responsáveis em Israel não aceitam o convite. O Evangelho o explica em forma de parábola:

> Finalmente, enviou seu filho, pensando: "A meu filho eles vão respeitar". Mas os lavradores, quando viram o filho, disseram uns aos outros: "É o herdeiro, vamos matá-lo e ficar com a herança". Então o agarraram, arrastaram-no para fora da vinha e o mataram (Mt 21,37-39; cf. 21,33-46).

Deus restitui com bem o mal. À morte responde com a ressurreição. E depois da ressurreição, a efusão do Espírito Santo põe em movimento a igreja, cuja missão fundamental é continuar a obra da reconciliação iniciada pelo seu fundador, até a Jerusalém celeste mencionada no Apocalipse: a fraternidade universal em Deus. Fim da Bíblia.

Tudo isso para dizer: a conversão dos pecadores, o perdão dos pecados e a reconciliação com Deus e entre os homens é a estrada escolhida por Ele para eliminar o mal no mundo e conduzir a história à sua plenitude. A reconciliação não é outro argumento na Bíblia; é o coração da revelação cristã, o núcleo das Sagradas Escrituras.

Aqui falaremos apenas de um aspecto da reconciliação na Bíblia: a sua expressão ritual. Far-lo-emos em duas fases: Antigo e Novo Testamento.

2. Palavras, gestos e ritos penitenciais no Antigo Testamento

O mal existe e ameaça a vida. Essa é uma percepção fundamental da realidade que todas as culturas conservaram. O que fazer quando um homem faz o mal? A reação humana mais imediata é puni-lo. No Antigo Testamento, encontramos numerosas leis que estabelecem punições para os vários tipos de transgressões. Nos casos mais graves – homicídio, adultério, idolatria –, a pena prevista é a morte, como último recurso para eliminar o pecador da comunidade. Mas encontramos, no Antigo Testamento, três modos alternativos de enfrentar o mal, os quais não passam pela punição, ou ao menos a minimizam: a confissão dos pecados, gestos de penitência e ritos de expiação.

2.1. Confissão dos pecados

Em diversas passagens bíblicas, o perdão é concedido – ou ao menos a punição é diminuída – pela confissão do pecado. O caso mais famoso é aquele de Davi, que reconhece a Natã seu adultério com Betsabeia e o assassinato de Urias:

> Davi respondeu a Natã: "Pequei contra Javé". Natã disse a Davi: "Javé, por sua vez, perdoou teu pecado; não morrerás. Mas porque

> com isso deste aos inimigos de Javé ocasião de blasfemar, o filho que te nasceu morrerá certamente" (2Sm 12,13-14).

O pecado não permanece impune, mas Davi salva a vida. O Salmo 51, atribuído ao rei, é cantado através dos séculos por hebreus e cristãos como expressão de arrependimento e pedido de perdão. Também outros reis de Israel obtêm o perdão de Deus pelo reconhecimento de suas culpas: Acab (1Rs 21), Ezequias (2Rs 20), Manassés (2Cr 33).[2]

Segundo a Torá, Deus pune os pecados, inclusive os dos pais em seus filhos, mas pode também os perdoar (Ez 34,6-8; Dt 5,9-10). Ezequiel afirma que Deus não quer a morte do pecador, mas que se converta e viva (18,23). A confissão dos pecados é uma expressão de conversão que pode alcançar a clemência do Senhor. Assim diz o salmista:

> Revelei-vos meu pecado, meu erro não escondi. Eu disse: confessarei a Javé minhas culpas, e vós perdoastes a malícia de meu pecado (Sl 32,5).

2.2. Gestos penitenciais

O antigo Testamento mostra uma vasta gama de gestos de arrependimento e penitência, que tem o objetivo de exprimir remorso e aplacar a ira de Deus. Leiamos Jonas:

> Os cidadãos de Nínive creram em Deus e promulgaram um jejum, vestiram roupas de saco, desde o maior até o menor deles. A notícia chegou ao rei de Nínive, e ele se levantou do trono, tirou o manto, cobriu-se de saco e sentou-se sobre cinza. [...]. E Deus viu suas ações, isto é, que haviam convertido de sua má conduta. Deus então arrependeu-se do mal que havia ameaçado fazer-lhes e não o fez (Jn 3,5-6.10).

[2] R. Koch, *La rémission et la confession des péchés selon l'Ancient Testament*, in «Studia Moralia» 10 (1972), 219-247.

Gritar forte, gemer amargamente, rasgar as vestes, vestir-se de saco, espalhar cinza sobre a testa, sentar-se sobre cinzas... são gestos que exprimem dor pelo pecado cometido (Jn 37,34; Ez 27,30; Jó 2,8). O penitente se humilha diante de Deus e implora sua misericórdia desse modo. Entre os gestos penitenciais, o jejum ocupa um posto principal (Is 58,3-7; Jl 2,12-13; 2Sm 12,15-17; 1Rs 21,25-27; Ne 1,4; Sl 35,13-14).[3] A fraqueza causada por uma insuficiente absorção de alimento é um modo de reconhecer o erro feito e de pedir perdão a Deus.

2.3. Os ritos do Yom Kippur

Os rituais do Dia da Expiação ou do Yom Kippur são a forma mais solene de pedido de perdão que encontramos no calendário litúrgico hebraico. Os ritos a serem realizados nesse dia são detalhados em Levítico 16. O contexto dessa passagem é a viagem por meio do deserto do povo de Israel, depois da partida do Egito. Presume-se que os ritos celebrados no templo de Jerusalém tenham sido instituídos por Deus naquele momento fundador.

> [Aarão] tomará os dois bodes e os colocará diante de Javé, à entrada da tenda da reunião. Lançará a sorte sobre eles: uma para Javé e outra para Azazel. Oferecerá o bode que tocou em sorte a Javé e fará com ele um sacrifício pelo pecado. O bode, porém, que tocou em sorte a Azazel será apresentado vivo diante de Javé, para se fazer com ele o rito de expiação, a fim de ser enviado a Azazel no deserto (Lv 16,7-10).

O primeiro dos ritos emprega dois cabritos. Um servirá como sacrifício expiatório, ao outro serão simbolicamente transferidos os pecados do povo e será enviado ao deserto, o espaço dos espíritos impuros.

O segundo dos ritos é aquele de expiar os pecados do sumo sacerdote e de sua família:

> Aarão oferecerá o novilho do sacrifício por seu pecado, fará a expiação por si e por sua casa e imolará o novilho (Lv 16,11).

[3] R. Gerardi, *Il Sacramento del perdono per la riconciliazione dei penitenti*. EDB Bologna 2015, 113-116.

Depois é oferecido o incenso:

> Tomará um turíbulo cheio de brasas ardentes tiradas do altar, diante de Javé, e dois punhados de incenso aromático pulverizado e levará tudo para detrás do véu. Porá o incenso no fogo diante de Javé, a fim de que a nuvem de incenso envolva o propiciatório que está sobre a arca, e ele não morra. Tomará do sangue do novilho e aspergirá com o dedo o lado oriental do propiciatório; diante do propiciatório fará sete aspersões com o sangue, servindo-se do dedo (Lv 16,12-14).

Depois o quarto e mais importante passo:

> Imolará o bode destinado ao sacrifício pelo pecado do povo e levará o sangue para detrás do véu. Fará com ele o mesmo que fez com o sangue do novilho, aspergindo-o sobre propiciatório e diante dele. Assim fará a expiação pelo santuário, purificando-o das impurezas dos israelitas, de suas transgressões e de todos os seus pecados. O mesmo fará pela tenda da reunião que se encontra entre eles, no meio de suas impurezas (Lv 16,15-16).

Esse último rio gira em torno ao "propiciatório", em hebraico *kapporeth*. Esse era o propiciatório que fechava a Arca da aliança e servia de pedestal para a presença de YHWH. Há um jogo de palavras com esse termo. *Kapporeth deriva do verbo kipper, que significa "cobrir", mas também "expiar". Kapporeth* é o "propiciatório" da Arca, mas também o lugar onde é feita a expiação. Por esse motivo, a Septuaginta o traduz como *ilasterion*, lugar ou instrumento de expiação.[4]

Uma característica única da religião de Israel é a rejeição de toda imagem para representar a divindade. Na ausência de uma imagem, o espaço sobre o *kapporeth* era considerado o lugar sagrado da *shekinah*, a presença de Deus. Nesse ponto, o céu toca a terra: a energia divina, que sustenta a vida, entra no mundo por meio desse lugar sagrado, santificando a Terra.

[4] A. de Mingo Kaminouchi, *Símbolos de Salvación. Redención, victoria, sacrificio.* Sígueme, Salamanca 2007, 113-118.

O teólogo hebreu Jacob Milgrom (1923-2010) expõe a crença hebraica de que "o pecado é como um miasma que, quando é cometido, é atraído pelo Santuário. Ali adere e se acumula a ponto de Deus não mais morar nele".[5] É como se os pecados do povo estivessem bloqueando esse sagrado canal, que é o *kapporeth*, enfraquecendo as pessoas, que recebem sempre menos irrigação da energia divina. Poderíamos compará-los ao colesterol, que se acumula em nossas veias e artérias, obstruindo o fluxo de sangue.

É necessário "desbloquear" esse canal purificando-o do pecado. Para isso serve o sangue dos animais sacrificados. Na mentalidade hebraica, o sangue é a substância mais poderosa que existe, contém uma alta condensação de energia e deve ser manuseado com grande cuidado. O sangue de qualquer animal não deve jamais ser ingerido (Lv 17,10; Ez 12,7-14).[6] Esse poderoso concentrado de vida, posto em contato com Deus por meio do sacrifício, liberta uma força em grau de eliminar a morte que se acumulou no *kapporeth*: "o sangue, enquanto vida, expia" (Lv 17,11). Esse ritual tinha uma tal força simbólica para o povo hebreu que deixou um sinal também no Novo Testamento, em particular na carta aos Hebreus (9,1-14).

Os ritos penitenciais do Antigo Testamento denotam uma concepção comunitária da responsabilidade moral. Embora, desde o exílio babilônico, com a pregação de profetas, como Jeremias e Ezequiel, a importância da responsabilidade individual tenha sido reforçada sempre mais (cf. Jr 31,29; Ez 18,2), a ideia de que todos somos responsáveis pelo pecado de todos permanece.

Toda pessoa é responsável pelas próprias ações. Essa é uma ideia fortemente afirmada pela modernidade, também pela moral católica. Para nós não é admissível que um grupo de pessoas seja punido pelo pecado cometido por um de seus membros. Todavia é, até certo ponto, verdadeiro que toda a sociedade seja punida pelos pecados de alguns de seus membros. Podemos pensar, por exemplo, na corrupção. O pecado de alguns contamina a convivência de todos. Na imagem do *kapporeth*, o pecado obstrui o fluxo de energia divina, que vivifica a terra. Não é isso que acontece aos pecados, como a corrupção, a violência ou a falta de respeito pela integridade da criação? É verdade que a visão do pecado no Antigo Testamento é excessivamente objetivista, mas pode servir como corretivo pelo modo de afrontar o pecado muito individualista, que não leva suficientemente em conta suas consequências sociais e ecológicas.

---

[5] J. Milgrom, *Kipper*, in *Encyclopædia Judaica*, Vol. X, MacMillan, Jerusalem 1973, 1040.

[6] "O sangue – no mundo simbólico da cultura judaica – é sempre uma substância do poder, sempre aberto em significado, sempre misterioso": J. Dunnil, *Covenant and sacrifice in the Letter to the Hebrews*, Cambridge University Press, Cambridge 1992, 101.

3. As expressões rituais do perdão no Novo Testamento

3.1. Jesus e a reconciliação

Marcos resume o ministério público de Jesus com estas palavras:

> Depois que João foi preso, Jesus foi para a Galileia. Lá proclamava o Evangelho de Deus, dizendo: "Completou-se o tempo, e o Reino de Deus está perto. Convertei-vos e crede no Evangelho" (Mc 1,14-15).

O reino de Deus está chegando. Jesus veio pregar a conversão (*metanoia*) para este *kairós* único. O reino de Deus não será imposto pela violência, como alguns hebreus esperavam no tempo de Cristo, mas por meio da conversão e do perdão dos pecados. Cristo veio para fazer aquilo que só Deus pode fazer: perdoar o pecado; um perdão que liberta e cura aqueles que o recebem.

> Jesus ao ver a fé que tinham, disse ao paralítico: "Meu filho, teus pecados estão perdoados". Ora, lá estavam sentados alguns escribas, que diziam consigo: como pode ele falar assim? Está blasfemando! Quem pode perdoar pecados, senão Deus só? Mas Jesus, conhecendo logo por seu espírito que eles pensavam dessa forma, disse-lhes: "Por que estais pensando isso em vossos corações? O que é mais difícil dizer ao paralítico: 'Teus pecados estão perdoados', ou dizer, 'Levanta-te, pega teu leito e anda?' Pois bem, para que saibais que o Filho do homem tem na terra o poder de perdoar pecados, eu te ordeno – disse ao paralítico –: 'levanta-te, pega teu leito e vai para casa'". Ele se levantou, pegou logo seu leito e saiu à vista de todos, de sorte que todos se admiravam e louvavam a Deus, dizendo: "Nunca vimos coisa como esta!" (Mc 2,5-12).

Jesus busca os pecadores para oferecer-lhes o perdão e come com eles; isso escandaliza os mestres da lei e os fariseus (Mc 2,16-17).

Uma característica da missão de Jesus é a concessão do perdão simplesmente com sua palavra, sem exigir um ritual ou pedir algum sacrifício no templo.[7] A única condição é empenhar-se a também perdoar (Mt 6,12.14-15, cf. Mt 8,21-35). Jesus não institui nenhum novo rito para o perdão dos pecados.

Depois da morte e ressurreição de Cristo, os cristãos são levados pelo Espírito Santo a continuar a obra de reconciliação iniciada por Cristo. Para exprimir o perdão dos pecados que receberam por meio da morte e ressurreição de Cristo, fazem recursos a um rito que existia antes de Jesus, o batismo de João, e o adotam para a nova missão de pregar do Redentor.

3.2. O batismo

Os ritos de purificação por imersão em água ocorreram em muitas culturas e foram praticados também no antigo Israel. O Levítico ordena ao sumo sacerdote purificar-se antes de oferecer o sacrifício de expiação (16,4.24); ordena também lavar as mulheres depois da menstruação (15,19ss). Os arqueólogos descobriram recentemente numerosos *mikveh* ou banhos batismais em casas hebraicas na Palestina do tempo de Cristo. Também nas ruínas de Qumran foram encontradas piscinas para a purificação ritual. Em uma sociedade como a hebraica daquele tempo, obsessiva pela pureza, a purificação ritual fazia parte da rotina do povo devoto.

O batismo de João difere dessas práticas em diversos aspectos. Antes de tudo, foi realizado em um rio, ao aberto. Outra diferença é que o sujeito não lava a si mesmo, como em outros rituais de purificação, mas é batizado por outra pessoa. Uma terceira diferença é que o batismo de João foi exigido apenas uma vez, para preparar o iniciado ao juízo final e iminente de Deus. Uma diferença final é que o batismo é "para a remissão dos pecados", não apenas uma purificação da impureza ritual. O batismo de João foi uma celebração para a preparação do fim dos tempos. Aqueles que desejassem recebê-lo deveriam converter-se e confessar seus pecados. Depois do batismo deviam adotar os padrões éticos pregados por João (ver Mc 1,4-5; Mt 3,1-12; Lc 3,1-18; Jo 1,33).

[7] A. Destro – M. Pesce, *Forgiveness of sins without a victim: Jesus and the levitical jubilee*, in A. I. Baugarten (ed.), *Sacrifice in religious experience*, Brill, Leiden 2002, 151-173. Minha resposta a essa tese pode ser encontrada em: A. de Mingo Kaminouchi, *Símbolos de Salvación*, 132-133.

Nenhum dos Evangelhos sinóticos diz que Jesus ou seus discípulos batizavam, mas o Evangelho, segundo João, afirma que, no início de seu ministério, "Depois disso, veio Jesus com seus discípulos à região da Judeia. Permaneceu ali com eles e batizava" (3,22). Mais adiante, todavia, corrige-se: "se bem que Jesus mesmo não batizava, mas sim seus discípulos (4,2)". Desse momento em diante, não se fala mais de batismos. Se foram praticados durante a vida de Jesus, por ele ou por seus discípulos, não deveriam ter tido grande importância, a julgar pelo testemunho dos Evangelhos.

Depois da Páscoa, o batismo torna-se o sacramento da iniciação cristã. As referências a isso são abundantes em vários documentos do Novo Testamento. Jesus veio para oferecer o perdão de Deus. Os primeiros cristãos compreenderam depois da Páscoa que deveriam continuar com essa obra de reconciliação (Rm 5,1-11; 2Cor 5,18-21; Ef 2,13-18; Cl 1,19-23),[8] mas se deram conta de que Jesus não tinha instituído algum novo ritual para a remissão dos pecados. Adotaram o batismo de João, agora exigido "no nome de Jesus" (At 8,16, 19,5) ou "no nome do Pai, e do Filho e do Espírito Santo" (Mt 28,19). Com esse sacramento, que simboliza a união ao Cristo por sua morte e ressurreição, os pecados eram perdoados pela incorporação ao Corpo de Cristo. Por meio do batismo, o neófito morria ao homem velho" e renascia em uma nova vida caracterizada pela santidade (Rm 6,6; cf. 3,28). O batizado era aquele momento da graça de Deus. Paulo chama "santos" os cristãos pelo simples fato de terem sido batizados (Fl 1,2; 1Cor 1,2).[9]

3.3. *Pedir perdão dos pecados depois do batismo*

Obviamente, os cristãos continuaram a cometer pecados depois do batismo. Para pedir perdão a Deus por eles, a Igreja recorreu a práticas que eram comuns no judaísmo: a confissão dos pecados, a oração e o jejum.

Diversas passagens do Novo Testamento testemunham a prática da confissão dos pecados por parte dos cristãos:[10]

[8] J. M. Granados Rojas, *La teología de la reconciliación en las cartas de san Pablo*, Verbo Divino, Estella 2016.

[9] L. Hartman, *Baptism*, in D. N. Freedman (ed.), *Anchor Bible Dictionary*, vol. I, Doubleday, New York, 1992, 583-594.

[10] D. Fürst, *Confesar la fe* (homologeō), en L. Coenen – E. Beyreuther – H. Bietenhard, *Diccionario teológico del Nuevo Testamento*, Vol. I, Sígueme, Salamanca 1980, 294.

> Se dissermos que não temos pecado, enganamo-nos a nós mesmos, e a verdade não estará em nós. Se reconhecermos nossos pecados, ele, que é fiel e justo, perdoará nossos pecados e nos purificará de toda iniquidade (1Jo 1,8-9; cf. 2,1).
> Confessai, pois, vossos pecados uns aos outros e rezai uns pelos outros a fim de serdes curados; a oração fervorosa do justo tem grande valor (Tg 5,16).

A confissão do pecado pode também ser expressa na forma de um pedido de perdão aos irmãos. A comunidade cristã é um espaço de perdão recíproco (Mt 18,21-22; cf. Ef 4,35-37).

O jejum era a prática penitencial por excelência do povo hebraico. Jesus ordenou de não jejuar durante sua vida terrena (Mc 2,19-20), mas os cristãos retomaram a prática do jejum depois da Páscoa. Embora a finalidade do jejum poderia não ser penitencial – servir para preparar alguma importante decisão ou passo (cf. At 13,2-4; 14,23) –, essa era indubitavelmente uma de suas funções (cf. Mt 6,16-8). Segundo a Didaqué, uma espécie de manual eclesiástico do final do primeiro século, os cristãos jejuavam dois dias na semana (8,1).

O sacramento da reconciliação não decorre diretamente do batismo ou dessas práticas penitenciais. Responde a uma necessidade específica: reconciliar com a Igreja um membro que pecou gravemente e foi expulso da comunidade.

3.4. A reconciliação nos casos de pecados graves

Uma passagem do Evangelho, segundo São Mateus, explica como se deve proceder para expulsar um membro da comunidade:

> Se teu irmão pecar, vai à procura dele e repreende-o em particular. Se ele te atender, recuperaste teu irmão. Mas, se não te atender, toma contigo uma ou duas pessoas, para que toda questão seja resolvida pela palavra de duas ou três testemunhas. Se ele não quiser atendê-las, diga à comunidade. E, se não quiser atender nem mesmo à comunidade, considera-o como um pagão e um publicano. Na verdade vos digo: tudo o que ligares na terra será ligado no céu; e tudo o que desligares na terra será desligado no céu (Mt 18,15-18; cf. Dt 19,15; Jo 20,23).

É um protocolo a ser aplicado em casos de graves pecados cometidos por membros da comunidade cristã. Se o autor do crime, depois de ser advertido mais vezes, continuou a persistir em sua transgressão, poderia ser expulso da comunidade. Essa tem o poder de "atar e desatar". Essas palavras se referem tanto à possibilidade de expulsar o autor do crime, quanto a de reintegrá-lo.[11]

No Novo Testamento, encontramos só um caso concreto em que um cristão é expulso da comunidade cristã. É um homem que vive com a mulher de seu defunto pai, um escândalo não só para os cristãos, mas também para os pagãos. Paolo escreve:

> Em nome do Senhor Jesus, estando reunidos vós e meu espírito, com o poder de nosso Senhor Jesus, esse indivíduo seja entregue a Satanás para a ruína de sua carne, a fim de que seu espírito seja salvo no Dia do Senhor (1Cor 5,4-5; cf. 5,1-13).

Paulo fala aqui de expulsar um cristão da comunidade. A sua intenção é que uma medida assim extrema lhe causará tão grande dor que o conduzirá ao arrependimento e à salvação final. Não prevê, todavia, alguma forma de reinserção do sujeito na comunidade. Paulo acreditava na iminência do fim do mundo, portanto deixa que seja o Senhor a julgá-lo e não estabelece em sua carta alguma medida para a reincorporação na comunidade.[12]

Deve ter havido mais casos de pecado grave, além do quanto mencionado na primeira Coríntios. Na mesma epístola sabemos, por exemplo, que alguns cristãos frequentavam as prostitutas (1Cor 6,12-20). Paulo os adverte severamente, mas não ordena sua expulsão. Essa deve ter sido uma medida extrema, que foi adotada apenas em caso de obstinação no pecado.

Além da afirmação de princípio que a Igreja tinha poder de "atar e desatar", o Novo testamento não fornece ritual específico para a reintegração do pecador que é expulso da comunidade por causa de sua obstinação em pecado grave. Isso é algo que os cristãos deveriam desenvolver nos séculos sucessivos.

---

[11] U. Luz, *Vangelo di Matteo*, vol. III, Paideia, Brescia 2002, 58-56. O teólogo anabatista John Yoder faz uma interessante interpretação do processo de 'atar e desatar" in J. H. Yoder, *Body politics. Five practices of the Christian community before the watching word*, Herald Press, Scottdale 2001, 1-13.

[12] 2Cor 2,5-11 poderia ser um caso de reintegração na comunidade de que foi expulso, mas não está claro.

Conclusão

Conversão, perdão dos pecados e reconciliação com Deus não são temas centrais da Bíblia. No Antigo Testamento, eram usados vários gestos e rituais para pedir e obter o perdão de Deus. Jesus veio para oferecer a todos o perdão gratuito de Deus. Não pediu sacrifício de expiação, nem instituiu novos rituais para o perdão. Perdoou os pecados simplesmente com sua palavra. Tudo o que pedia era que perdoássemos também àqueles que nos ofenderam. Depois da Páscoa, os primeiros cristãos continuaram com a obra de reconciliação iniciada por Jesus. Como ritual para o perdão dos pecados, adotaram o batismo de João, modificando-o com o objetivo de exprimir a união com Cristo em sua morte e ressurreição. Por meio do batismo, nós, cristãos, somos incorporados em uma comunidade de santidade. Todavia continuamos a cometer pecados. O que podemos fazer para obter seu perdão? Para os casos menos graves, a comunidade primitiva recorria aos gestos e aos ritos penitenciais tomados do judaísmo: a confissão dos pecados e a penitência. Nos casos graves, de obstinação em pecado grave, a Igreja primitiva recorria ao poder de "atar e desatar", que havia recebido do Senhor. Nosso sacramento de penitência procede dessa instituição.

O APELO À CONVERSÃO NO EVANGELHO DE LUCAS

"NÃO VIM CHAMAR OS JUSTOS, MAS OS PECADORES, À CONVERSÃO (ἁμαρτωλοὺς εἰς μετάνοιαν)" (LC 5,32)

Krzysztof Bieliński[1]

Em Lc 4,18-21, texto programático do Evangelho de Lucas, Jesus afirma cumprir a promessa salvífica de Isaías 61,1, exprimindo assim a sua autoconsciência messiânica e profética. A revelação do "hoje" da salvação universal e do amor de Deus misericordioso, na pessoa de Jesus, conduziu os ouvintes à dramática decisão de rejeitar, antes de matar, o anunciador. Lucas apresenta, com o gênero da narração, uma realidade precisa: o fechamento e a recusa por parte dos homens da verdade divina revelada. À luz desse dado, o artigo aqui proposto é um estudo sobre a exigência de conversão no Evangelho lucano.

Parece útil relembrar aqui o conceito do pecado formulado por B. Häring: "No olhar bíblico, o pecado é um fechamento diante da luz da verdade, um ser envolto na obscuridade, pela falsidade do ambiente. O pecado é uma comunicação perturbada com Deus, com a comunidade dos crentes, com o próximo e com o culpado ser envolvido na manipulação"[2]. Com respeito a isso, deve-se observar a presença da mesma concepção teológica do pecado – apresentada em forma de uma cena dramática – no relato de Lucas na perícope de Nazaré supramencionada. Dois aspectos do conceito do pecado ressaltado por Häring estão presentes nesse relato lucano. O primeiro – isto é "o fechar-se diante da luz da verdade" – deve estar relacionado em Lucas com a não acolhida da mensagem de Jesus, da sua autorrevelação e da universalidade da salvação. A recusa de Jesus – identificado como o representante de Deus e portador do Espírito Santo – é consequência direta de uma comunicação perturbada com ele e, portanto, da segunda dimensão

[1] Professor associado de Teologia moral bíblica na Academia Alfonsiana de Roma.

[2] B. Häring, *Bekehrung- und Versöhnungsvorgan im Leben des Christien*, in "Studia Moralia" 21/1 (1983), 105-306, aqui 116 [tradução própria].

do pecado. Daqui deriva que a consciência do interlocutor na mensagem lucana é interpelada: "para acolher a relação com Deus em Jesus Cristo, reconhecendo-o como salvador, e viver segundo o desígnio de comunhão que ele realiza e revela"[3]. Tudo isso é de modo evidente um apelo à conversão.

No tópico em seguida, examinamos os dados linguísticos essenciais, relativos à ideia bíblica de conversão, detendo-nos na terminologia particularmente dotada no Evangelho lucano, que dá uma atenção especial ao tema da conversão.

A análise aprofundada das várias dimensões da exigência da conversão apresentada no terceiro Evangelho será o nosso objetivo no terceiro ponto, central e mais amplo, da pesquisa aqui proposta. Buscaremos demonstrar três dimensões importantes da conversão na teologia de Lucas: a sua necessidade, o caráter do dom, a exigência da resposta humana a esse dom de Deus. Enfim, serão propostas algumas conclusões sobre o significado da exigência da conversão em Lucas.

1. A "conversão" na ética de Jesus

Uma clara e convincente classificação da ética de Jesus no testemunho dos Evangelhos canônicos foi proposta no manual sobre Jesus histórico de Gerd Theissen[4], um teólogo alemão, professor do Novo Testamento e autor de numerosas obras de ponta. Partindo da mensagem escatológica em Mc 1,14ss: "Completou-se o tempo", e o Reino de Deus está perto, seguido de três imperativos: "Convertei-vos!"; "Crede no Evangelho"; "Segui-me" (cf. Mc 1,17), Theissen reconhece com razão três categorias centrais da ética de Jesus. Em referência às chamadas feitas por ele, distinguem-se em éticas: 1) da conversão; 2) da misericórdia; 3) e do seguimento. Essa classificação é convincente, porque deriva diretamente do texto bíblico, levando em consideração o conteúdo dos Evangelhos, e o artigo aqui proposto é dedicado à mensagem ética de um desses Evangelhos canônicos.

Na ética da conversão no seguimento de Jesus se destacam três características: a independência da conversão do batismo, de qualquer ato ritual, dado que Cristo

---

[3] S. Bastianei, *Conversione*, in Compagnoni – G. Piana – S. Privitera (de.), *Nuovo Dizionario di Teologia morale*, Edizione Paoline, Torino 1990, 145-159, aqui 152.

[4] O pensamento sobre a precisão da ética de Jesus, aqui apresentado, foi tomado de G. Theissen – A. Merz, Il *Gesù storico. Un manuale*, Queriniana, Brescia 2008[4], 463-457.

não batizou[5]; a concessão de um espaço de tempo para demonstrar eticamente a própria conversão (cf. a parábola da figueira estéril: Lc 13,6-9); a confiança na disponibilidade do homem à conversão (cf. o filho pródigo que volta ao pai por própria iniciativa: Lc 15,11-32). Para Jesus também os pagãos estão em condição de converter-se (cf. a opinião dos habitantes de Tiro e de Sidônia que teriam se convertido já a bastante tempo: Mt 11,20-24).

A ética da misericórdia de Jesus encontra raízes no seu apelo direto: "Crede no Evangelho", isto é, na alegre mensagem (*euaggelion*) que é válida em particular para pobres, fracos e marginalizados (cf. Lc 4,18 e 7,22 em que ocorre o verbo *euaggelidzesthai*). Para eles é a promessa da salvação. Com Theissen é oportuno levar em consideração o fato relativo à pregação do reino de Deus: a mensagem de Jesus tem um traço antisseletivo, "O cristianismo é protesto contra o implacável mecanismo de seleção deste mundo"[6].

A terceira categoria central da mensagem moral de Jesus, sua *ética do seguimento*, refere-se aos homens que se tornam seguidores dele e mensageiros do reino de Deus (Lc 10,9.11). Para os discípulos que seguiam Jesus, em sentido literal, participando de sua missão, vigoram as normas radicais e rigorosas dessa ética do seguimento: a renúncia à *stabilitas loci*; um *ethos* da família; a liberdade em relação a posses; uma renúncia simples a instrumentos e formas de autoproteção.

Parece útil acrescentar aqui uma observação conclusiva, relativamente, às três dimensões da ética de Jesus evidenciadas por Theissen. De uma parte, o autor põe atenção na tensão vigente entre aspectos rigorosos e aspectos benevolentes da ética jesuana: para os pobres e os marginalizados aplica-se a ética da misericórdia acolhedora, para os seguidores vigoram as normas radicais e rigorosas do seguimento. De outra parte, "todos são confrontados com o apelo à conversão, que tem aspectos rigorosos e de acolhimento: ele contrasta todos a realizar mudanças custosas e exigentes de comportamento e oferece oportunidade peculiar àqueles que, segundo os critérios religiosos tradicionais, não os possuíam"[7].

Ao fim da apresentação da ética de conversão no amplo horizonte do ensinamento moral de Jesus, acrescentamos um terceiro aspecto, muito importante, isto é, uma discrepância percebida por Theissen: o agir moral e "comportamento

[5] O batismo cristão é visto como um "ser batizado na morte de Cristo".
[6] Theissen- Merz, *Il Gesù storico*, 465.
[7] *Ibidem*, 466.

justo". A convicção da vinda do Reino de Deus (a sua dimensão escatológica), isto é, a mensagem escatológica de Jesus, não motiva a ética de Cristo apenas sob o perfil formal, acentuando o empenho a fazer o bem (o agir moral). Dela decorre também os critérios de continuidade para uma "conduta justa". Para a escatologia, é característica a reversão dos critérios tradicionais. Aqueles que são "privilegiados" em sentido negativo (marginalizados, segundo os critérios religiosos tradicionais), graças à reviravolta escatológica que inicia já no presente, tornam-se "privilegiados" em sentido positivo. Deus demonstra a sua soberania real acolhendo os fracos, aqueles que – segundo os rigorosos critérios da Torá – são "pecadores". Também os não hebreus são acolhidos no reino de Deus[8], onde também entram os publicanos e as prostitutas[9]. Por isso assumir um comportamento positivo quer dizer: apoiar os fracos, aceitar os pecadores, acolher os estrangeiros. Fala-se hoje da moral das atitudes (voltaremos a tal questão, importante para nós, no item 3.2.2). Ocorre assinalar nesse contexto o ensinamento de Jesus lucano relativo ao amor a Deus pelos marginalizados (a ética de misericórdia), que encontramos na parábola parenética em Lc 18,9-14 sobre o comportamento moral de dois homens, um fariseu e um publicano. Jesus afirma conhecer e proclamar o juízo de Deus, que parece escandaloso. O publicano, que se reconhece pecador (sabe não agir moralmente bem), mas suplica a misericórdia divina (o assumir a atitude justa), é proclamado justificado por Deus[10]. Esse texto lucano será analisado no item 3.2.1.

2. A "CONVERSÃO" NA TRADIÇÃO BÍBLICA

Para a compreensão geral do conceito teológico de conversão, presente na tradição bíblica, é importante pôr em destaque o significado fundamental relativo ao termo *metanoia*. Consultando o *Dizionario enciclopedico de Teologia morale*, encontramos a seguinte definição: *metanoia*, é por uma parte o anúncio da boa nova,

[8] Cf. Mt 8,11: "Pois eu vos digo que muita gente virá do Oriente e do Ocidente para se sentar à mesa com Abraão, Isaac e Jacó no Reino dos Céus" [segundo a Bíblia de Aparecida].

[9] Cf. Mt 21,32: "Porque João veio a vós no caminho da justiça, e vós não crestes nele, ao passo que os publicanos e as meretrizes creram nele. E vós, vendo isso, não vos arrependestes depois para crer nele".

[10] Cf. Theissen – Merz, *Il Gesú storico*, 466-467; G. Rossé. *Il Vangelo di Luca: commento esegetico e teologico*, Città Nuova, Roma 1992[2], 691-700.

um convite a voltar para casa do Pai, porque o reino de Deus chegou; de outra parte é o abandono do estado de pecado (em grego, *amartìa*)[11].

Para colher melhor o pensamento bíblico sobre a conversão, é necessário aprofundar a etimologia das várias expressões usadas nos textos bíblicos para exprimir tal conceito. Para esse propósito, é importante anotar que muitos dicionários evidenciam, no interior da Bíblia, diversos termos pelo que diz respeito à descrição e ao conteúdo essencial do que se indica com conversão.

No Antigo Testamento, a palavra mais usada para exprimir a ideia de conversão é o verbo *šub* (o substantivo *šhub*), com os seus derivados. Esta palavra hebraica significa literalmente "retornar". Indica, pois, uma experiência – aquela do retorno – especificamente humana, não ligada necessariamente a um contexto religioso ou ético. Ela traz consigo a ideia de um caminho e supõe uma precedente direção de marcha contrária, o movimento físico "de quem volta as costas"[12]. O verbo *šub* contém em si dois aspectos:

> indica, positivamente, o voltar-se para Deus, para o Senhor [...] e, negativamente, distanciar-se do mal, do caminho mau, da conduta má. No sentido religioso de "converter-se", o verbo *šub* indica o "retorno à relação originária de Israel com o Senhor" [...], mas também, e contemporaneamente, o "ponto de partida para um início absolutamente novo" [...]. Se pecar (*hatta*) etimologicamente significa "errar estrada", converter-se (*šub*) é o concreto "tomar o caminho de retorno" para reencontrar o caminho correto. Mas é significativo que o verbo *šub* signifique também "responder" [...]. Se a vida de Israel diante de YHWH é essencialmente responsável, a conversão faz parte da resposta do homem a Deus, é responsabilidade do homem[13].

Esse segundo aspecto, conversão como resposta da parte do homem no sentido de uma mudança da sua mentalidade, é analisado de modo aprofundado na monografia *La conversione nel Nuovo Testamento* do biblista americano R. D Witherup, em que se evidencia um significado, "um valor mais profundo, mais espiritual e teo-

---

[11] Cf. *Conversione*, in L. Rossi – A. Valsecchi (ed.), *Dizionario enciclopedico di Teologia morale*. Edizioni Paoline, Roma, 1981^5, 142-149, aqui 142.

[12] Cf. Bastianel, *Conversione*, 147.

[13] E. Bianchi, *Conversione*, in R. Penna – G. Perego – G. Ravasi (ed.), *Temi teologici della Bibbia*, San Paolo, Torino 2010, 215-223, aqui 216.

lógico, e é aquele que exprime mais claramente o conceito de conversão, no sentido de uma transformação do coração ou uma mudança de mentalidade"[14]. Considerando a análise detalhada e clara desse autor, colocamos em destaque alguns pontos principais do conceito veterotestamentário da conversão[15]:

1. O significado essencial do termo hebraico conversão é *afastamento do mal para voltar a Deus.*

2. A conversão é algo mais que expressão exterior de um retorno a Deus, *é uma mudança interior e profunda*, que envolve toda a pessoa, um andar para Deus com todo o coração, toda a mente, toda a alma. É, pois, um ato da razão e da vontade.

3. A conversão *acontece no contexto de uma revelação.* Na base está a aliança, a relação entre Deus e os homens, que comporta obrigações, a não prática do que interrompe a relação ou a altera.

4. Porque a conversão é um "convite" para inverter o caminho ou para retornar. O AT faz compreender que *a iniciativa é de Deus.* Existem, é verdade, intermediários (como Moisés e os profetas), que se fazem de porta-voz da palavra de Deus; mas é ele quem faz o convite e exige uma resposta.

5. A conversão é descrita como *um processo contínuo* de aproximação com o Senhor. Deus continua a chamar os homens, convidando-os a entrar em relação com ele.

6. É também um ato acompanhado de *gestos simbólicos*, como as abluções rituais e mudanças concretas da própria conduta, que refletem ambos uma transformação interior do coração.

No NT a conversão é expressa por dois termos, respectivamente *epistréphein / epistrepho* e *metanoein / metanoia.* O primeiro traduz literalmente o termo hebraico *šhub* e designa a conversão cristã referindo-se à iniciativa escatológica de Deus na vinda de Jesus, a seu chamado que exige resposta. Tal termo é particularmente usado por Lucas no Evangelho[16] e, sobretudo, nos Atos, para evidenciar a passagem da incredulidade para a fé. O verbo *epistréphein*, que significa "voltar-se para" e indica exatamente a mudança de direção e o movimento de adesão a Deus e a

[14] R. D. Witherup, *La conversione nel Nuovo Testamento.* Àncora, Milano 1998, 6.

[15] Cf. resumo com base em Witherup, *La conversione nel Nuovo Testamento*, 17-19.

[16] Cf. Lc 22,31-32 onde Jesus anuncia a negação de Pedro. A palavra de Jesus parece ligar o "arrependimento" com uma fé renovada.

Jesus, retorna sete vezes em Lucas[17] e onze em Atos[18]. Isso indica tanto a separação da situação anterior, quanto a adesão à novidade do reino. Nesse sentido, *epistréphein* corresponde a "voltar-se para trás" ou a "voltar as costas", que implica o afastamento do pecado, do mal e o andar para Deus.

A determinação do segundo significado do verbo *metanoeo* e do vocábulo *metanoia* (in Luca-Atos os termos ocorrem vinte e cinco vezes) não é sempre fácil e deve ser considerada nos diversos contextos e nas diversas passagens. Às vezes, uma tradução mais adaptada pode ser "penitenciar-se, "mudar de mente" mais que "converter-se"[19]. Pelo que diz respeito ao significado essencial de *metanoeo* e *metanoia,* usado no contexto das conversões, o sentido principal se refere à decisão de ir para Deus, a uma transformação de vida substancial. Quando vem usada a forma nominal do termo (no NT, vinte e duas vezes), ela está sempre no singular para indicar que se trata de um processo gradual e não de uma transformação que é feita uma vez por todas. A forma verbal encontra-se mais vezes em contextos que pedem o imperativo, para ilustrar a exortação a conversão[20]. Devemos acrescentar que no helenismo a característica semântica, decisiva de *metanoia* indica a mudança de mentalidade[21]. O verbo *metanoein* como o substantivo derivado *metanoia*, que significam respectivamente "converter-se" e "conversão", no sentido de mudar mentalidade retorna nove vezes no Evangelho de Lucas[22] e cinco nos Atos dos Apóstolos[23].

Agora que fizemos o exame dos dados linguísticos essenciais relativos à ideia bíblica de conversão, dedicaremos a nossa atenção a analisar mais a fundo as várias dimensões da exigência da conversão presentes no Evangelho de Lucas.

3. A "CONVERSÃO" NO ENSINAMENTO TEOLÓGICO DO EVANGELHO DE LUCAS

Quando se reflete sobre o tema da conversão no Evangelho de Lucas, são de se notar duas características gerais em relação ao objeto. De uma parte, é claro

[17] Lc 1,16.17; 2,39; 8,55; 17,4.31; 22,32.

[18] At 3,19; 9,35.40; 11,21; 14,15; 15,19.36; 16,18; 18.20; 28,27.

[19] Cf. BIANCHI, *Conversione*, 236-217 e 220.

[20] Cf. WITHERUP, *La conversione nel Nuovo Testamento*, 20.

[21] H. MERKLEIN, *Metanoeo*, in H. BALZ – G. SCHNEIDER (ed.), *Dizionario Esegetico del Nuovo Testamento*, Paideia, Brescia 2004, 353-363, aqui 355.

[22] Lc 10,13; 11,32; 13,3.5; 15,7.10; 16,30; 17,3.4.

[23] At 2,38; 3,19; 8,22; 17,30; 26,20.

que esse escrito põe muito mais atenção para o conceito de conversão do que o de Marcos e Mateus em conjunto. Para a comprovação disso, basta a maior frequência com que os principais termos são usados para conversão: o vocábulo *metanoia* (cinco vezes) e o verbo *metanoeo* (nove vezes). De outra parte, os comentaristas insistem, com razão, no fato de que desses quatorze exemplos, dez são encontrados em passagens que ocorrem apenas em Lucas; isso é um sinal claro de que há nele uma atenção especial.

Para apresentar de modo muito simples o amplo tema da conversão no ensinamento lucano – focalizando sua mensagem ética relacionada à exigência da conversão –, analisaremos as três dimensões mais importantes dela na teologia do terceiro Evangelho: sua necessidade, seu caráter de dom, a exigência da resposta humana a esse dom de Deus.

3.1. A exigência da conversão para o perdão dos pecados (metanoia eis afesin amartion)

Para a análise do rico tema da conversão no ensinamento lucano, devemos começar com uma referência ao episódio em que é narrado o reconhecimento por parte dos judeus da própria condição de pecadores e de sua decisão de converter-se. É preciso levar em consideração o segundo capítulo dos Atos, o discurso de Pedro em Pentecostes (At 2,14-41), a primeira proclamação pública do Evangelho apresentada por Lucas. Quando os judeus em Pentecostes, depois da fala de Pedro, pedem: "O que devemos fazer, irmãos?" É dito a eles: "Arrependei-vos e cada um procure receber o batismo em nome de Jesus Cristo, para remissão de vossos pecados" (v. 38). Devemos perceber que esse apelo à conversão emerge no contexto do primeiro discurso missionário de Pedro, dirigido aos judeus depois da Ressurreição do Senhor, e constitui sua última parte (v. 38-40). Os judeus acolhem a verdade proclamada pelo apóstolo, que põe em destaque o contraste entre o comportamento deles (a recusa e a crucifixão) e o de Deus (a ressurreição) em confronto a Jesus. À pergunta deles Pedro indica o caminho, que coincide com a conversão (*metanoia*). Ela implica uma ruptura decisiva com o modo passado de viver e é uma nova orientação dada à existência. "Por meio da lealdade a Jesus, Senhor e Messias"(v. 36), os batizados pertencem ao povo renovado de Deus dos últimos dias[24].É o batismo que contém em si três condições, três efeitos como ingresso na comunidade cristã: a confissão da fé de que Jesus é o Messias e Senhor (v. 36), porque nele está a salvação (isso sugere a frase usada "no nome de Jesus Cristo" (cf. At 2,38b; 3,19; 5,31; 10,43; 22,16; 26,18) e o dom do Espírito Santo (cf. At 2,38c; 10,45)[25]. Portanto, "o passo decisivo para ser cristão é visto por Lucas na conversão, na fé e no batismo"[26]. Com razão, Rossé insiste no fato de que por esse apelo à conversão – nas palavras que Lucas atribui a Pedro – o apóstolo se situa na linha do Batista, o qual proclamava um batismo de conversão em vista da remissão dos pecados (Lc 3,3)[27]. À luz desse olhar intertextual, seria oportuno retornar agora ao texto do Evangelho de Lucas, começando nossa análise pelo apelo da conversão na mensagem de João Batista.

A primeira das características da conversão no Evangelho de Lucas é sua ligação com o perdão dos pecados, em outras palavras, a necessidade da *metanoia* para obter a reconciliação. Nota-se que o evangelista está profundamente convencido de que todos os homens, tanto judeus quanto pagãos, são pecadores, e – propriamente por esse motivo – ele introduz, em seu livro, com mais força, o convite à conversão. Pode-se identificar em Lucas um progresso quanto à exigência da *metanoia*. Como pusemos em evidência acima, a conversão é exigida antes de tudo dos judeus, já a partir das passagens em que está presente a mensagem expressa por Batista (Lc 3,3-8)[28]. É interessante observar que no terceiro Evangelho, ao lado da narrativa da pregação de João, a expressão "*metanoia* para o perdão dos pecados" (μετανοίας εἰς ἄφεσιν ἁμαρτιῶν) aparece apenas uma segunda vez em Lc 24,27, no fim do primeiro livro e no contexto das instruções do Ressuscitado aos Onze, Lc 24,44-49). Entre essas duas passagens no início e no fim do Evangelho, Lucas não se cansa de destacar que a conversão é necessária para o perdão dos pecados. Entre esses dois textos, que podem ser como eixos da narrativa, en-

[24]CH. K. BARRETT, *Atti degli Apostoli*, vol. 1, *Prolegomeni. Commento ai capp. 1-14*, Brescia 2003, 187.

[25]Cf. W. ECKEY, *Die Apostelgeschichte. Der Weg des Evangeliums von Jerusalem nach Rom. Teilband 1: Apg 1,1-15,35*, Neukirchener Verlag, Neukirchen-Vluyn 2000, 90.

[26] R. SCHNACKENBURG, *Il messaggio morale del Nuovo Testamento*, Vol. II, *I predicatori cristiani*, Paideia, Brescia 1990, 177.

[27] Cf. G. ROSSÉ, *Atti degli Apostoli. Commento esegetico e teologico*. Città Nuova, Roma 1998, 159. "Na perspectiva lucana, o batismo de João permanece um "batismo de penitência" (At 13,24; 19,4), distinto e diverso do "batismo no Espírito", reservado para "Aquele que vem" (Lc 13,16). Na mente do evangelista, apenas, o batismo cristão procura o perdão dos pecados; aquele do Batista o prepara" (*ibidem*, 159).

[28] Cf. SCHNACKENBURG, *Il messaggio morale del Nuovo Testamento*, vol. II, 180.

contramos as palavras próprias de Jesus sobre a questão da exigência da conversão. No comentário da história da vocação de Levi (Lc 5,27-39), Cristo declara: "Não vim chamar[29] os justos, mas os pecadores, à conversão (ἁμαρτωλοὺ εἰς μετάνοιαν)" (v. 32). Disso induz que todos são então pecadores (também Simão em 5,8) e são chamados por Deus, por intermédio de Jesus, ao arrependimento e à remissão de seus pecados. Devemos acrescentar que são importantes e significativas, no terceiro Evangelho, as figuras dos convertidos: a pecadora (Lc 7,36-50); o filho pródigo (Lc 15,19-31); o publicano no templo (Lc 18,9-14) e Zaqueu (Lc 19,1-10).

Para colher o significado do primeiro aspecto da conversão, isto é, de sua necessidade para o perdão dos pecados (*metanoia eis afesin amartion*) no ensinamento ético lucano, aprofundemos os três textos supramencionados; as três etapas sucessivas em que é definida a ligação entre a *metanoia* e a remissão dos pecados: Lc 3,3, o apelo do Batista à conversão; Lc 5,32, a metáfora do médico dos doentes; e, Lc 24,47, as instruções do Ressuscitado aos Onze.

3.1.1. Lc 3,3: João Batista: o batismo da metanoia para o perdão dos pecados

"E ele percorreu toda a região do Jordão, anunciando o batismo de penitência, para a remissão dos pecados" (Lc 3,3).

O Batista faz da conversão a exigência central para todo Israel. Lucas começa o terceiro capítulo com a narrativa da atividade de João às margens do Jordão (Lc 3,1-20). Na introdução, que lhe é própria, insere o ministério do Batista na história universal. A grande mudança da história da salvação, anunciada pelo precursor de Cristo, é posta em sincronia com a história romana e a situação política e religiosa da Palestina[30]. A intenção primeira do evangelista não é de datar o início da pregação de João; Lucas quer situar os fatos que está para narrar no tempo em que "Deus cumpre suas promessas, intervém na história e faz ouvir sua Palavra salvífica"[31]. Ocorre pôr em evidência que o evangelista não se detém em descrever o personagem, como faz Marcos (cf. 1,6). Para Lucas o Batista interessa mais pela

[29] Bovon anota que o verbo "vir" tem, neste caso, o significado messiânico e envolve toda a vida de Jesus. Cf. F. BOVON, *Vangelo di Luca*, vol. 1, Paideia, Brescia 2005, 304.

[30] Lucas imita a historiografia de sua época. Ao mesmo tempo, prende-se aos livros proféticos do Antigo Testamento com um estilo semelhante aos profetas, que anunciavam o seu aparecimento na história. Cf. ROSSÉ, *Il Vangelo di Luca*, 122.

[31] *Ibidem*, 123.

mensagem que ele traz. O autor anota: "E ele percorreu toda a região do Jordão, anunciando o batismo de penitência, para a remissão dos pecados (μετανοίας εἰς ἄφεσιν ἁμαρτιῶν)" (Lc 3,3). "Ressalta-se assim como a pregação profética de João levou a uma ação simbólica, carregada pela penitência, suscitada pela palavra e pela disposição à conversão"[32]. Desse modo, reconhece-se o caráter fortemente escatológico do batismo de João: foi realizado para a remissão dos pecados, em vista do iminente juízo final de Deus (cf. Lc 3,7)[33]. Com as palavras de Rossé, podemos resumir que o batismo, oferecido pelo precursor de Jesus, "sela a resolução de penitência da parte do homem, garante consequentemente – em nome de Deus representado pelo profeta – o perdão escatológico e promete (não dá) o Espírito Santo, que será infundido no fim dos tempos".[34]

Reiteramos de modo conclusivo: as palavras do Batista endereçadas aos judeus ressoam a especial ligação entre conversão e remissão dos pecados, mediante o batismo no Jordão. Esse ato simbólico-eficaz, diante da iminência do fim, torna para João "um sacramento escatológico". Quem confessa publicamente os próprios pecados e se faz batizar, trazendo "frutos de penitência" (v. 8), será salvo no juízo. É oportuno acrescentar que Jesus separa a ideia da conversão do fato do batismo. Ele mesmo não batiza (Jo 3,22 é corrigido em 4,2). Ele pede a conversão sem o batismo e promete também o perdão dos pecados[35].

O Batista pede, ao mesmo tempo, "frutos dignos da conversão". Com essa frase Lucas evidencia o alcance do anúncio e do gesto penitencial do batismo realizado por João. A conversão desejada pelo precursor de Cristo olha a transformação moral de Israel, convida a uma mudança radical da mentalidade (*metanoia*). O fundamento da exigência é este: a salvação não é oferecida em contrato com o povo (não se pode recorrer à descendência de Abraão: "Temos Abraão por pai!"),

---

[32] G. Benzi, *L'attività di Giovanni Battista (Lc 3,1-22)*, in "Parole di Vita" 1 (2010), 34-38, aqui 35.

[33] O Batista ameaça com "a ira que vem" (Lc 3,7) que golpeará também os piedosos. Ele critica toda certeza ilusória de salvação por parte de quem confia no fato de ser filho de Abraão. Jesus continua a pregação do juízo feito por João, mas destaca a oferta da salvação (também aos pecadores) ligada à pregação do reino de Deus. Para o precursor de Cristo a virada do mundo é iminente, porque o machado já está posto à raiz (v. 9) das árvores infrutíferas (cf. Mt 3,12). Jesus compartilha essa espera de um fim iminente, mas ele deixa tempo ao homem: na parábola da figueira estéril (Lc 13,6-9), à árvore é concedida um adiamento. A exagerada urgência do Batista torna-se certeza de que tempo permanece para a conversão. Cf. Theissen – Merz, *Il Gesù storico*, 264.

[34] Rossé. *Il Vangelo di Luca*, 124.

[35] Cf. Theissen – Merz, *Il Gesù storico*, 263-264.

mas a eleição de Israel e suas bênçãos são em vista de toda a humanidade[36].

Lucas, no texto sucessivo a esse relato, põe a parênese nos lábios do Batista (Lc 3,10-14 é considerado material próprio do evangelista) e mostra três situações emblemáticas de conversão, em gradual distanciamento do ideal judaico: a multidão (v. 10), os publicanos (v. 12) e soldados (v. 14). A exigência dos "frutos" da conversão mostra que o precursor não apela apenas aos ritos de ablução, mas pede uma mudança do coração e da vida, uma transformação profunda. A conversão deve acontecer em sua concretude moral. A perspectiva do Batista é, pois, uma ética da equidade e da solidariedade, aponta para uma correção dos comportamentos.

3.1.2. Lc 5,32: Jesus: a missão de chamar todos os pecadores à metanoia

"Não vim chamar os justos, mas os pecadores, à conversão (ἁμαρτωλοὺς εἰς μετάνοιαν)" (Lc 5,32).

A exigência de conversão recebe em Jesus uma conotação completamente diversa. De uma parte, sua missão é relida em Lucas como um chamado à conversão: "Não vim chamar os justos, mas os pecadores, à conversão" (Lc 5,32)[37]. De outra parte, é ligado a ela algo mais: o perdão dos pecados, como o evangelista continuamente sublinha.

A apresentação que Jesus faz de si mesmo "como mensageiro escatológico, que chama ao banquete messiânico ofertado por Deus,"[38] não excluindo ninguém, nem mesmo os pecadores, encontra-se no contexto da narrativa da chamada de Levi (Lc 5,27-32). O evangelista apresenta a história não apenas como a recordação da vocação do apóstolo, mas a oferece como modelo de um pecador convertido. Lucas destaca que a chamada do discípulo é uma chamada à conversão[39]. Na afirmação de Jesus: "Não vim chamar os justos, mas os pecadores, à conversão", encontramos a mesma insistência no perdão dos pecados (ἁμαρτωλοὺς εἰς μετάνοιαν = *pecadores à conversão*) que tinha caracterizado o ministério do Batista (μετανοίας εἰς ἄφεσιν ἁμαρτιῶν = *conversão para o perdão dos pecados*). Cristo ilustra aqui a própria missão com a metáfora do médico dos doentes. Foi evidenciado

---

[36] Cf. Benzi, *L'attività di Giovanni Battista (Lc 3,1-22)*, 36; R. Schenackenburg, *Il messaggio morale del Nuovo Testamento*. Vol. I. *Da Gesù alla chiesa primitiva*, Paideia, Brescia 1989, 51.

[37] Cf. Bianchi, *Conversione*, 215-223, aqui 220.

[38] Rossé, *Il Vangelo di Luca*, 187.

[39] Cf. F. Bovon, *Vangelo di Luca*, vol. 1, Paideia, Brescia 2005, 300.

que a expressão εἰς μετάνοιαν literalmente "a converter-se" é um acréscimo de Lucas à tradição encontrada em Marcos (cf. Mc 2,17; Mt 9,13), o que quer realçar a ligação que existe entre o convite à conversão e a necessidade que os pecadores têm de ser curados. A medicina justa para isso é a reconciliação e o perdão oferecido em Jesus[40].

Por ocasião do anúncio de duas tragédias de sangue, ocorridas no perímetro do templo e na piscina de Siloé, encontramos um apelo urgente de Jesus à conversão: "mas, se não vos converterdes (μὴ μετανοῆτε), perecereis do mesmo modo" (Lc 13,5). Sua admoestação é clara, a morte daqueles Galileus deve servir de sinal, de advertência para os presentes. Eles devem compreender a importância decisiva do tempo atual para converter-se, isto é, acolher a oferta de perdão por parte de Deus permanece vivo na pessoa de Jesus. A renúncia a ela significa incorrer em seu juízo. "Lucas pressupõe que todos estão no pecado, por isso têm necessidade da conversão (cf. 13,1-5)"[41]. Nessa mesma perspectiva, insere-se a parábola da figueira estéril, à qual é concedido ainda um ano, contada por Lucas logo depois (Lc 13,6-9). Ela evidencia o tempo da graça que Deus concedera a Israel[42].

Acrescentemos aqui que, no final do episódio do publicano Zacarias, Jesus afirma: "Pois o Filho do homem veio procurar e salvar o que estava perdido" (Lc 19,10). Assim "apresenta o núcleo de sua missão e manifesta a vontade e o agir de Deus Pai"[43].

3.1.3. Lc 24,47: a Igreja, uma nova possibilidade de metanoia para o perdão dos pecados a todos os povos

"E que em seu nome se pregariam a conversão e o perdão dos pecados a todas as nações (μετανοίας εἰς ἄφεσιν ἁμαρτιῶν εἰς πάντα τὰ ἔθνη) começando por Jerusalém" (Lc 24,47).

---

[40] Cf. WITHERUP, *La conversione nel Nuovo Testamento*, 55.

[41] GNILKA, *Teologia del Nuovo Testamento*, 208. No discurso missionário dos Atos dos Apóstolos, exorte-se por consequência à conversão (At 2,32; 3,19; 8,22; 17,30; 26,20). Para os gentios isso significa a passagem dos ídolos para o Deus vivo (At 17.22-31; 14.15-17). Para os judeus significa superar a ignorância do desígnio divino a respeito de Jesus (At 3,7)

[42] "Até ao longo do Calvário, Jesus convida à conversão as filhas de Jerusalém que choram por ele (23,27-31)": GNILKA, *Teologia*, 195.

[43] Pontificia Commissione Biblica, *Inspirazione e verità della Sacra Scrittura. La Parola che viene da Dio e parla di Dio per salvare il mondo, LEV*, Città del Vaticano 2014, p. 85.

O tema da *metanoia*, necessária para o perdão dos pecados, retorna na mesma expressão muito concisa "μετανοίας εἰς ἄφεσιν ἁμαρτιῶν" no último capítulo do Evangelho de Lucas 24,27, chamado também "catequese pascal de Lucas"[44]. No que concerne ao conteúdo deste capítulo, trata-se aqui dos relatos das aparições cristológicas próprias do terceiro evangelista, que servem ao reconhecimento da divindade do Ressuscitado e têm um imenso valor doutrinal atribuído por ele. Depois da narração da aparição do Ressuscitado aos Onze (Lc 24,36-43), Lucas acrescenta a síntese, instrução carismática dos v. 44-49 feita por Jesus pessoalmente aos discípulos. Na moldura dessa passagem, o autor pôs a exortação à conversão para o perdão dos pecados, acrescentando que esse apelo diz respeito também aos pagãos. Estamos diante da ampliação do tema da chamada à *metanoia*, que, a partir desse momento, faz parte do complemento apostólico[45]. É oportuno acrescentar que essa aparição do Ressuscitado – uma composição de Lucas a partir de elementos da tradição – é, sem dúvida, vista pelo escritor como ponto de partida do envio em missão dos apóstolos. Eles são chamados a difundir a obra de Jesus e levar a mensagem da salvação, que contém também a pregação à conversão, a todas as nações, e isso se torna o programa da Igreja exposto por Lucas e, em seguida, pelo livro dos Atos.

O texto lucano, sobre o qual focamos aqui a nossa atenção, diz: "E que em seu nome se pregariam a conversão e o perdão dos pecados a todas as nações começando por Jerusalém" (Lc 24,47). Notamos, antes de tudo, que Lucas utiliza aqui a expressão "proclamar a conversão" (κηρυχθῆναι μετάνοιαν). É evidente, pelo contexto da narrativa dos discípulos de Emaús, que por ele a conversão (*metanoia*) é fruto da pregação e da escuta da Palavra, do kerygma, isto é, da proclamação do evento-Cristo, da morte e ressurreição de Jesus compreendidas como cumprimento do desígnio divino anunciado pelas Escrituras. Benedetto Prete afirma, relativamente a isso: "A expressão pressupõe um certo período de reflexão que levou a considerar a conversão como o conjunto de um processo que se identifica com a aceitação do fato cristão, isto é, a aceitação da fé. Com o anúncio da conversão, pretende-se exprimir a proclamação de todas as verdades que, acolhidas pelo homem, o torna crente, isto é, discípulo

[44] Rossé, *Il Vangelo di Luca*, 1001.

[45] "A chamada à conversão faz pare do complemento apostólico (Lc 24,27) e encontra-se normalmente na conclusão da pregação missionária (At 3,19.26; 17,26; cf. 20,21; 26,20)": Rossé, *Atti degli Apostoli*, 159.

de Cristo"[46]. A conversão compreendida aqui como fruto da escuta da Palavra, "uma resposta ao chamado de Deus" – usando a linguagem da teologia moral –, é posta também em relação com o perdão dos pecados, mas, dessa vez, com um acréscimo importante "para todas as nações", isto é, para os pagãos. A palavra de Jesus ressuscitado em Lc 24,47 sintetiza, portanto, o programa da missão apostólica universal. Essa relação entre a conversão e o perdão dos pecados é depois desenvolvida por Lucas no livro dos Atos e definida assim: "A conversão é a condição para ter o perdão, e isto por sua vez é premissa para receber a salvação (Atos 2,38; 3,19). [...] Da paixão à ressurreição do messias deriva, todavia, para o tempo da Igreja, uma nova possibilidade de conversão para o perdão dos pecados, que agora – começando por Jerusalém – deve ser anunciada a todos os povos (Lc 24,47; cf. At 5,31)"[47].

Concluamos o tema da exigência de conversão para o perdão dos pecados com as palavras resumidas de H. Merklein:

> Característica da concepção lucana da conversão é a ligação com o perdão dos pecados (Lc 3,3. 24,47) ou com o batismo e o recebimento (do Espírito) da salvação (At 2,38; 11,18). A relação pode ser definida assim [...]. No conjunto, a ideia lucana da conversão assume uma característica marcadamente ética [...]. O caráter ético torna-se evidente na redação "frutos da conversão" (Lc 3,8), que depois são concretizados pela pregação do Batista sobre as condições sociais (Lc 3,10-14) e também pelo fato de que Jesus chama à conversão publicanos e pecadores, homens moralmente decaídos[48].

3.2. *O dom da conversão*

Em nossa pesquisa sobre a concepção lucana da conversão, queremos dar um passo além, entrando na questão da *metanoia* compreendida como dom de Deus. O judaísmo do tempo de Jesus sabia bem que a conversão é um dom da graça de Deus. Ela era compreendida pelo povo eleito como um retorno ao caminho da

[46] B. Prete, *L'opera di Luca. Contenuti e Prospettive*, Ldc, Leumann-Torino 1986, 335.
[47] Cf. Merklein, *Metanoeo*, 359-360.
[48] *Ibidem*.

Torá, à vida conforme a Lei e ao cumprimento de suas normas[49]. Portanto, à pergunta de que modo o homem chega à conversão Lucas responde por uma parte explicitamente com a fórmula no livro dos Atos: "Deus concede a conversão" (At 5,31; 11,11,18), de outra parte faz parecer esta como dom em uma bela forma narrativa da parábola do filho perdido (Lc 15,11-32). A conversão é concedida pelo Pai[50]. "Jesus parte do pressuposto de que agora Deus, por iniciativa própria, deu um passo novo na direção dos pecadores e entendeu que ele, Jesus, torna concreto com a comunhão de mesa"[51]. Esse voltar-se de Jesus aos pecadores e considerar a comunhão como reencontro é estritamente conforme seu anúncio escatológico de que Deus opera a salvação sem levar em conta o julgamento contra Israel pecador e lho perdoa[52].

Nesse contexto será útil pôr em relevo o pensamento de Lucas presente na parábola do fariseu e do publicano (Lc 18,9-14). É indiscutível que Lucas dá uma orientação parenética ao relato colocando como centro de interesse o comportamento moral desses dois homens. Poder-se-ia notar que, na parábola, o evangelista não se limita realmente ao tema da oração, mas toca de maneira clara a questão da justificação[53].

3.2.1. A parábola representativa: o fariseu e o publicano (Lc 18,9-14)

Os versículos 10-14 formam uma unidade literária, uma estrutura relevante que deriva da correspondência contrária de seus elementos. Essa simetria está entre o início e o fim da história (v. 10 e v. 14b) e em sua parte central entre v. 11 e v. 13. O esquema proposto ajuda a ver essa estrutura do texto com clareza.

> 9Disse também a seguinte parábola a alguns que estavam convencidos de serem justos e desprezavam os outros:
> 10Subiram dois homens ao templo para rezar: uma era fariseu e o outro publicano.

[49] Cf. H. Merklein, *La signoria di Dio nell'annuncio di Gesù*, Paideia, Brescia 1994,94-95.
[50] Cf. Gnilka, *Teologia*, 208.
[51] Merklein, *La signoria di Dio nell'annuncio di Gesù*, 95.
[52] *Ibidem.*
[53] Cf. Rossé, *Il Vangelo di Luca*, 692.

11a O fariseu, de pé (σταθεὶς πρὸς ἑαυτὸν), assim rezava em seu coração	13a O publicano, mantendo-se ao longe (μακρόθεν ἑστὼς), nem tinha coragem de levantar os olhos para o céu, mas batia no peito, dizendo:
11b "Meu Deus, eu vos dou graças por não ser como os outros homens, que são ladrões, desonestos, adúlteros e nem como este publicano. 12 Jejuo duas vezes por semana e pago o dízimo de tudo o que adquiro."	13b "Meu Deus, tem piedade de mim (ἱλάσθητί μοι), que sou pecador!" (τῷ ἁμαρτωλῷ)

14a Eu vos digo que este desceu para casa justificado, ao contrário do outro.
14b Porque todo aquele que se eleva será humilhado, mas o que se humilha será elevado.

Destacamos duas observações relativas à estrutura do texto, à dupla simetria dos versos, que apresenta o objetivo de seu redator. A primeira correspondência se refere aos versículos 10 e 14b. O primeiro descreve o agir neutro dos dois protagonistas com respeito à avaliação ética. O versículo 14b, ao contrário, contém um juízo de suas atitudes. Também os versículos 11 e 13 estão em relação. Uma breve descrição do fariseu (estar de pé) é comparada à detalhada descrição do publicano. Ao contrário, a longa oração do fariseu corresponde à breve oração do publicano.

Com Merklein podemos destacar que essa estrutura da narrativa "tem o fundamento funcional, sublinhando que o fariseu tem algo para dar, o publicano, ao contrário, não"[54]. Antes de examinar brevemente o conteúdo da oração dos dois protagonistas da narrativa, destaquemos o significado das descrições de seus comportamentos.

O fariseu "está de pé" (σταθεὶς), na posição de quem está seguro de si, e faz em seu coração uma oração que gostaria que fosse um louvor, um agradecimento a Deus. Lucas usa a expressão *pròs heautón*, consigo, de forma voluntariamente ambígua: pode ser em referência à oração do fariseu, apresentada como uma espécie de monólogo consigo mesmo, como um voltar-se a si mesmo, estar concentrado

[54] H. MERKLEIN, *"Dieser ging als Gerechter nach Hause...". Das Gottesbild Jesu und die Haltung der Menschen nach Lk 18,9-14*, in "Bibel und Kirche" 2 (1977), 34-42, aqui 36.

em si; ou pode dar a entender o seu estar à parte, acentuando assim sua desdenhosa separação dos outros. Na atitude do fariseu, como aparece primeiramente pelo seu modo de orar, Lucas vê expressa a confiança em si mesmo e o desprezo pelos outros[55].

O segundo protagonista, o publicano, é um homem não seguro daquilo que faz; seus pecados manifestos fazem dele objeto de desconfiança e de desprezo por parte de todos. Ele sobe ao templo com a consciência, sempre renovada por causa do juízo dos outros, de ser um pecador. Por isso Lucas descreve acuradamente seu comportamento exterior, oposto ao do fariseu. Ele "se mantém à distância", não se atreve aproximar-se do Santo dos santos, lá onde mora a presença de Deus: à letra, "está longe" (μακόθεν ἑστὼς = *makróthen*), como o filho caçula da famosa parábola quando o pai o vê e corre em sua direção (*makrán*: Lc 15,20); como Pedro (*makróthen*: Lc 22,54) e os outros discípulos (*makróthen*: Lc 22,49) que seguem de longe Jesus durante a sua paixão. Dois gestos expõem sua condição de grande pecador: "não ousa nem mesmo levantar os olhos ao céu", mas os têm abaixado, provando vergonha da própria condição; "bate no peito" gesto típico de quem faz penitência, como a multidão diante da morte de Jesus na cruz (cf. Lc 23,48). Sua postura física exprime a consciência de sua indignidade diante de Deus.

Considerando o conteúdo da oração de ambos os protagonistas, deve-se constatar que todas as duas súplicas são verdadeiras. Essas duas figuras voltam com sua própria linguagem suas súplicas a Deus. A parábola não é, pois, como observa Merklein, uma advertência ao orgulho nem mesmo uma exortação à humildade[56].

Perguntamos então: qual é a mensagem desse texto parenético, como já dissemos acima? A resposta encontra-se no solene juízo de Jesus, que parece escandaloso, porque o publicano que se reconhece pecador é proclamado por ele agradável a Deus. "A sentença sobre quem se exalta e quem se humilha atenua a perspectiva da graça explicando-a em sentido moral"[57].O contexto da oração diz que Jesus denuncia com essa avaliação uma atitude fundamentalmente errada diante de Deus. O publicano, não tendo nada de bom para oferecer a Deus, nem mesmo sua conversão, a única coisa que pode pedir é implorar a misericórdia

[55] Cf. Rossé, *Il Vangelo di Luca*, 692.
[56] Cf. Merklein, *"Dieser ging als Gerechter nach Hause"*, 36.
[57] Gnilka, *Teologia*, 208.

divina. A distância que o fariseu põe entre ele e o pecador serve para fazer notar duas realidades: de uma parte que ele não conhece a misericórdia divina; da outra, a exigência do abrir-se ao Deus revelado por Jesus, que, de modo novo, chama o homem à conversão[58]. "A parábola estigmatiza quem é cheio de si e descreve, ao contrário, a consciência das próprias culpas como a atitude adequada. Ser cheio de si equivale à oposição, incapacidade de conversão. Quando, ao fim da parábola, absolve o pecador arrependido que confia na misericórdia de Deus, recorda as medidas paulinas"[59]. "This story is not exactly an exemple story, since both its chief figures are morally ambiguous, but it is a story about how God values things."[60]

3.2.2. A parábola e a questão da "moral das atitudes"

A temática da parábola move-se no horizonte de uma das questões atuais na Teologia moral: o tema da moral dos atos ou moral das atitudes no horizonte da opção fundamental. É oportuno parar brevemente para especificar melhor as coordenadas de tal questão. M. Vidal oferece um quadro sintético relativo a esse tema no manual intitulado "A atitude moral"[61]. Partindo das correntes e das noções antropológicas atuais, o autor põe em destaque – o livro foi publicado nos anos 80 – a importância para a Teologia moral e os moralistas "nos próximos decênios" de estudar a relação entre atos morais e atitudes morais com o objetivo de "uma axiologia cristã autenticamente bíblica e adaptada aos tempos". Vidal escreve: "Em tempos passados insistiu-se – quase exclusivamente – sobre os atos. Era uma moral de atos. Não negaremos agora a importância das ações morais. Mas não por isso reduziremos o campo subjetivo da moral [...]. A relação entre atos morais e atitudes morais, aquela que na moral escolástica se estudava sob o nome de "virtude", deve ser revista e projetar-se de novo a partir do conceito de *atitude*. O autor continua destacando que "é necessário fazer uma *nova catalogação e hierarquização* de atitudes que correspondem melhor à Sagrada Escritura e que se adaptem melhor às novas noções antropológicas, e não tenhamos uma preferência exclusiva pelos esquemas da filosofia aristotélica"[62].

---

[58] Cf. Rossé, *Il Vangelo di Luca*, 696-697.
[59] Gnilka, *Teologia*, 208.
[60] J. Nolland, *Luke 9,21-18, 34.* Word Biblical Commentary, 35B, Word Books Publisher, Dallas 1993, 875. "Esta história não é exatamente exemplar, porque ambas as figuras são moralmente ambíguas; mas é a história de como Deus avalia as coisas."
[61] M. Vidal, *L'atteggiamento morale*. 1. *Morale fondamentale*, Cittadella, Assisi, 1976.
[62] *Ibidem*, 58-59.

A renovação da moral considerada por Vidal deve basear-se na opção fundamental. O teólogo recorda a esse respeito que "a pessoa exprime nuclearmente a decisão totalizadora de seu dinamismo ético" mediante *a opção fundamental*[63]. Devemos recordar-nos que, de uma parte, a categoria da opção fundamental é baseada na antropologia, pois "o homem tem uma capacidade de uma decisão nuclear que se vai desenvolvendo na singularidade dos diversos comportamentos. Embora não se comprometa num ato singular totalmente, a opção fundamental vai-se encarnando nas decisões particulares". De outra parte, o conceito decorre dos pressupostos teológicos que a compreendem como uma graça, isto é, possibilidade ofertada por Deus para uma existência cristã por meio da relação de amor com Ele, na conformidade com Jesus, sob a força do Espírito Santo. A opção fundamental como *dinamismo* do viver cristão pode ser identificada – segundo Vidal – com a categoria da caridade, isto é, decisão central do cristão, orientada principalmente para Deus. "Pode-se entender a opção fundamental por meio da categoria da fé. Nesse sentido, a opção fundamental seria a aceitação radical de Cristo como Alguém que "condiciona" nuclearmente a compreensão e a realização do próprio homem"[64].

> A atitude moral é a instância e a categoria em que se concretiza a decisão nuclear da opção fundamental, a dimensão totalizante do ethos e do sentido moral. Se a opção fundamental é a instância mais decisiva do dinamismo moral e a categoria mais rica da moral vivida, a atitude moral é a instância verificadora da opção e a categoria moral mais apta para expressar metodologicamente a dimensão moral da pessoa. Opção fundamental e atitude: eis aqui as duas categorias básicas para expressar o dinamismo moral do cristão[65].

Adaptamos a relação entre *atos morais* e *atitudes morais* à história contada por Jesus, que toca o tema moral das atitudes. Encontramos aqui os modelos éticos: positivo e negativo. O fariseu age bem, mas sua atitude para com o outro é fatal: o desprezo, o distanciamento. "Ele associa seu agradecimento a Deus com o desprezo pelos outros homens [...]; não se comporta segundo o pensamento de Deus, que

[63] *Ibidem*, 546-547 [versão portuguesa, p. 667].
[64] *Ibidem*, 551 [versão em português p. 671].
[65] *Ibidem*, 552 [versão portuguesa p. 671-672].

ama os pecadores. O fariseu da parábola não conhece a misericórdia"[66]. Não se deve ignorar o contexto da parábola, dos dois comportamentos contados e avaliados por Jesus, aquele da oração. O contexto diz que Jesus denuncia diretamente não uma falta de relações com os homens, mas uma atitude fundamentalmente errada com relação a Deus misericordioso para com os pecadores. O publicano admite agir mal, mas sua atitude é boa. Isto é, reconhece seus pecados, embora não prometa mudar de vida. Pede a misericórdia de Deus. O segundo é proclamado justo por Jesus, é declarado agradável a Deus. A conversão concedida por Deus – temos destacado – torna possível um novo início. "O ato único da conversão – o ingresso na comunidade – não é suficiente. Isso é início de vida nova e deve mostrar-se nos 'frutos da conversão' (Lc 3,8), em 'obras da conversão'"[67].

4. Conversão como resposta ao dom de Deus

O imperativo à conversão, o chamado a ela exige uma resposta, uma decisão humana. Dignas de nota são, nesse contexto, as palavras de B. Häring: "A pregação da conversão contém no Precursor e em Cristo mesmo sua própria justificação e seu feliz e exigente motivo à escolha decisiva: 'Arrependei-vos, convertei-vos; porque o reino de Deus chegou' (Mt 3,2; 4,17; Mc 1,15). Conversão verdadeira significa 'buscar antes de tudo o reino de Deus' (Mt 6,33), 'entrar no reino de Deus', 'aceitar o reino de Deus' com simplicidade e humildade, como uma criança acolhe os dons dos próprios pais (Mt 18,3; Mc 19,15)"[68].O chamado à conversão exige, portanto, uma decisão humana.

Como vimos acima, na parábola do fariseu e do publicano, a conversão é um voltar-se a Deus (*epistrefo*), admitindo sermos pecadores e termos necessidade de sua misericórdia, da salvação oferecida por Deus. A figura do fariseu foi descrita por Lucas como um modelo de atitude contrário àquele do publicano. No Evangelho lucano, encontramos uma narrativa que provém de sua tradição própria, de um chefe dos publicanos, Zaqueu, que se torna exemplo positivo de como um homem deve comportar-se diante da proposta salvífica de Deus, oferecida em

[66] Rossé, *Il Vangelo di Luca*, 697.

[67] Gnilka, *Teologia*, 209.

[68] B. Häring, *La legge di Cristo. Trattato di Teologia morale*. Vol. 1, Morcelliana, Brescia, 1969[6], 472.

Jesus, a qual lhe é dada (cf. Lc 19,1-9). Essa figura mostra em Lucas como a conversão ocorre de acordo com Jesus. Ela é um primeiro passo na fé, no seguimento de Jesus.

O motivo importante do conceito lucano da conversão consiste na convicção de que ela é o primeiro passo para a fé, o passo decisivo para ser cristão[69]. Notamos que para Lucas a fé salvífica em Jesus é já uma entidade definida como o acolhimento da palavra de Deus, a aceitação da mensagem de Jesus, revelado como Cristo. A fé adquire sua força salvífica por meio do batismo, no qual a salvação prometida por Deus torna-se eficaz, acontece como explicamos pelo perdão do pecado (Lc 24,47). "Para Lucas fé e salvação acontecem apenas em ligação com o batismo por meio do qual os crentes são incorporados também exteriormente à comunidade cristã"[70].

Ao retornar à convicção lucana de que a conversão é o primeiro passo para a fé, voltamos nossa atenção brevemente à história do encontro de Jesus com Zaqueu, modelo do homem pecador que se converte, como demonstra seu novo comportamento. Ele busca ver Jesus, seu comportamento – subir em um sicômoro – revela esse seu grande desejo. Jesus toma a iniciativa (a conversão é dom oferecido por Deus!) e estabelece com Zaqueu uma relação direta, pessoal. "O encontro com a graça supõe a iniciativa divina e a livre vontade do homem", comenta Rossé. Zaqueu faz imediatamente aquilo que Jesus lhe pede: "Zaqueu, desce depressa porque hoje devo hospedar-me em tua casa" (Lc 19,5-9). E Zaqueu se apressa, desce e o acolhe. Seu agir é resposta ao convite de Cristo. Sua decisão nasce da acolhida de Jesus: a exigência do dar (dou metade de meus bens aos pobres) e a sinceridade do arrependimento (reparar em confronto de quem foi prejudicado) é um sinal de autêntica conversão. Seu coração transformou-se, libertou-se e tornou-se capaz de abrir-se aos necessitados e de estabelecer relações fraternas de igualdade. A sentença conclusiva no v. 10: "Pois o filho do homem veio procurar e salvar o que estava perdido" resume o sentido profundo da missão de Jesus, que repercute por esse encontro com um pecador que exemplifica, concretiza a missão e demonstra sua eficácia: Zaqueu, o rico coletor, podia se perder e foi "hoje" encontrado e salvo.

A mensagem da misericórdia e da bondade de Deus pode ser também recusada pelos ouvintes, que se fecham a esse evangelho de Deus. Como já vimos e

---

[69] Cf. SCHNACKENBURG, *Il messaggio morale del Nuovo Testamento*. Vol. II, 178.
[70] *Ibidem*, 179.

explicamos, na narrativa da primeira proclamação pública de Jesus em Nazaré, o terceiro evangelista apresenta essa verdade também. Para aqueles que recusam a proposta de salvação de Jesus, a conversão e a fé por ele desejada o feliz anúncio se transforma em ameaça[71]. Isso resulta claramente dos textos em que se ameaça o juízo de Deus a quem não se converte. Por não terem acolhido o anúncio salvífico de Jesus erraram as cidades da Galileia, que viram muitos atos extraordinários (curas miraculosas) feitos por ele (cf. Lc 19,13,1-5).No mesmo contexto, significativa é também a reação de Jesus à notícia do massacre dos galileus durante o sacrifício no templo em Lc 13,1-5. Nessa circunstância, Cristo recorda aos galileus que são todos pecadores e que, se não acolherem a graça oferecida por Deus, incorrerão em seu juízo. Nessa mesma perspectiva se insere, por fim, a parábola da figueira estéril (Lc 13,6-9) contada por Lucas logo depois. A parábola não faz senão destacar a exigência de aproveitar o tempo de vida que resta para converter-se e dar fruto.[72]

Por fim, de quanto foi dito, é possível e parece útil tirar algumas conclusões sobre o significado da exigência da conversão no Evangelho de Lucas; fazemos isso nos referindo à síntese oferecida por Schnackenburg:[73]

1. A conversão desejada por Jesus é atuada no acolher com fé seu anúncio da senhoria de Deus. Isso tem como resultado a libertação do pecado e, de consequência, uma nova possibilidade de vida oferecida por Deus, para se realizar segundo as diretrizes morais de Jesus;

2. Ao homem é pedida uma pronta decisão. Descuidar por indiferença ou conhecimento a salvação oferecida por Deus equivale a uma recusa, que exclui do reino de Deus;

---

[71] Cf. SCHNACKENBURG, *Il messaggio morale del Nuovo Testamento*. Vol. I, 52.

[72] "Para explicar o enigma da recusa colocada pela maior parte dos contemporâneos de Jesus à sua pregação, a catequese cristã primitiva recorreu ao texto de Is 6,9-10, em que o profeta recebe a missão, que terá, porém, um êxito falimentar: o povo não está disposto a abrir o coração para acolher a palavra do Senhor, e assim o falar do profeta produz endurecimento, ao que seguirá o castigo do Senhor [...]. No final de Atos, a recusa por parte dos judeus romanos de aderir ao anúncio de Paulo é representativo da atitude de Israel frente à oferta de salvação da parte de Deus e que se exprime no reconhecimento de Jesus como Messias. A citação de Is 6,9-10, que sela a recusa de Israel, está colocada por Lucas no interno da perspectiva missionária universal: a recusa de Israel abre as portas de modo definitivo ao anúncio da salvação aos pagãos. 'Eles, pelo menos, escutarão!' (At 28,18), abrindo-se assim à conversão". E. BIANCHI, *Conversione*, 215-223, aqui 221.

[73] Cf. SCHNACKENBURG, *Il messaggio morale del Nuovo Testamento*. Vol. I, 57-58.

3. O apelo de Jesus, todavia, requer também uma conversão que se renova no tempo;

4. Quem quer que segue o apelo de Jesus é chamado a fazer parte da comunidade dos crentes (da comunidade dos discípulos e, em seguida, da Igreja). É dentro disso que ele deve implementar uma nova vida, segui-la.

Podemos concluir nossa reflexão sobre a exigência da conversão, isto é, da acolhida da proposta salvífica de Deus, oferecida no evento de Cristo, com uma observação do *Novo dicionário de Teologia moral*: "O sentido da Conversão, como enraizada em Cristo e como relação com Ele, põe-na [a conversão] em estreita relação com o tema do seguimento [...]. Trata-se de entrar na nova aliança e na comunhão com Deus".[74]

[74] BASTIANEL, *Conversione*, 153.

SEÇÃO HISTÓRICA

PENITÊNCIA E PERDÃO NA IGREJA ANTIGA E MEDIEVAL

UM OLHAR HISTÓRICO

Luigi Michele de Palma[1]

O tema foi posto em relação ao ingresso dos pecadores-convertidos na comunidade dos crentes e com a readmissão na plena comunhão eclesial daqueles filhos, os quais, por causa dos seus pecados, tinham temporariamente rompido a sua ligação com a Madre Igreja e com os seus irmãos de fé, mas pediam serem perdoados e retornarem a fazer parte do pleno título da comunidade.

O olhar sobre esses aspectos da dinâmica intereclesial se caracteriza pela perspectiva histórica da sua aproximação e das suas análises, que se estendem da idade antiga à medieval e afetam conjuntamente os sacramentos do batismo e da penitência. De resto, o progresso dos estudos históricos, teológicos, jurídicos e litúrgicos trouxe luz sobre um aspecto importante da vida de piedade dos crentes – a penitência – pelo que é possível destacar os elementos essenciais do seu desenvolvimento para as épocas sucessivas[2].

[1] Professor ordinário de História da Igreja antiga e medieval na Pontifícia Universidade Lateranense.

[2] Pelos numerosos aspectos da história do sacramento da penitência, refiro-me aos estudos e às antologias de fontes (que compreendem posteriores referências bibliográficas) de E. Bourque, *Histoire de la Pénitence-Sacrement*, Ed. de la Faculté de Théologie, Québec, 1947; E. Fabbi, *La confessione dei peccati nel cristianesimo,* Pro Civitate Christiana, Assisi 1947; C. Vogel, *Il peccatore e la penitenza nella Chiesa antica* (= Vogel, I), Elle Di Ci, Leumann-Torino 1967; Idem, *Il peccatore e la penitenza nel Medioevo* (= Vogel, II), in C. Achille Cesarini (ed.), Elle Di Ci, Leumann-Torino 1988[2] (ambos os textos de Vogel são antologias de fontes relativas à penitência, reproduzidas em língua original com tradução direta, úteis pela praticidade e pela rapidez na consulta; por isso aqui são muitas vezes usados para as citações); H. Karpp, *La penitenza. Fonti sull'origine della penitenza nella Chiesa antica,* in D. Devoti (ed.), SEI, Torino, 1973; K. Hahner, *La penitenza della Chiesa. Saggi teologici e storici*, Edizioni Paoline, Cinisello Balsamo (Mi) 1992; H. B. Swete, *Penitential discipline in the first three centuries*, in E. Ferguson (ed.), *Christian Life: Ethics, Morality and Discipline in the Early Church*, New York-London 1993, 249-265; F. van de Paverd, *Disciplinarian Procedures in the Early Church*, ibidem, 267-292; A. Fitzgerald, *La pénitence dans l'Église ancienne*, in "Connaissance des pères de l'Église", 75 (1999), 17-34; Ph. Rouillard, *Storia della penitenza dalle origini ai nostri giorni.* Queriniana, Brescia 1999; C. Nardi, *Appunti sulla penitenza nella Chiesa antica.* Riflessi ecclesiologici, in "Rivista de Ascetica e Mistica" 25 (2000), 305-321; M. Maritano, *Bibliografia generale sulla penitenza nella Chiesa antica (Dal I agli inizi del VII secolo)*, in "Rivista Liturgica" 89 (2002), 669-774; G. Palmitessa, *La penitenza nell'espe-*

Não entrarei no exame crítico da produção historiográfica, mas tentarei esboçar um quadro histórico geral e sistemático, seguindo os resultados das pesquisas feitas, para fazer aflorar os traços fundamentais da disciplina eclesiástica, assim como foi elaborada e observada na Igreja antiga. Por isso preferi manter um estilo discursivo e limitar ao essencial as referências às fontes e à outra bibliografia.

Contudo, um ponto sobre o qual convergem os estudos mais sérios é dado pelo risco de incorrer no anacronismo com o acostumar-se aos testemunhos antigos observando-os sob o filtro da atualidade. Eles, de fato, compõem um conjunto de fontes não exaustivo, com respeito a práxis penitencial antiga e medieval, e não prentendem responder aos interrogativos que agora se levantam em torno da prática penitencial eclesial.

Por outro lado, eles se mostram como reflexões de uma prática adotada em resposta aos problemas concretos do seu tempo e não dependem de uma teorização pregressa, antes é esta última, às vezes, a ser condicionada pela prática. Só mais tarde a sua correlação parece ter sido invertida. Em outras palavras, não é a interpretação do dado revelado, elaborada por uma única pessoa, a fornecer a solução exata das questões levantadas, mas o ensinamento da Igreja, formulado com base na palavra de Deus e em conformidade com ela.

1. A herança da Igreja primitiva

A Igreja antiga é a herdeira direta do testemunho de fé professada pela Igreja primitiva no perdão dos pecados operado por Deus por intermédio do seu Filho

rienza ecclesiale dei primi secoli, in «Ricerche Teologiche» 21 (2010), 179-210; *La penitenza: dottrina, controversie e prassi. Atti del XV Convegno di Studio, 15-17 setembre 2009. Istituto Il Carmelo, Sassone (Ciampino-Roma)*, in "Chiesa e Storia"1 (2011), 11-420; M. Sodi – R. Salvarani (ed.), *La penitenza tra I e II milennio. Per una comprensione delle origini della Penitenzieria Apostolica*, Liberia Editrice Vaticana, Città del Vaticano 2012; C. Vincent (ed.), *Justice et Miséricorde. Discours et pratique dans l'Occident médieval*, Pulim, Limoges 2015. A atenção especial à evolução histórica da prática penitencial emerge dos estudos e manuais de teologia sacramental, por exemplo: J. Ramos-Regidor, *Il sacramento della penitenza. Riflessione teologica biblico-storico-pastorale alla luce del Vaticano II*, Elle Di Ci, Leumann--Torino 1992[6], 145-248; M. Florio, *Il sacramento della penitenza*, in C. Rocchetta (ed.), *Sacramentaria speciale, II: Penitenza, Unzione degli infermi, Ordine, Matrimonio*, EDB, Bologna 2003, 10-138; B. Petrà, *La penitenza nelle Chiese ortodosse. Aspetti storici e sacramentali*, EDB, Bologna 2005; R. Gerardi, *Il sacramento del perdono per la riconciliazione dei penitenti*, EDB, Bologna 2015. Para uma visão geral da atual problemática historiográfica, ver o ensaio de P. Prodi, *L'istituto della penitenza: nodi storici*, in "Chiesa e Storia" 1 (2011), 15-68. Embora datado, é ainda útil M. Righetti, *Manuale di Storia liturgica, IV: I sacramenti. I sacramentali*, Àncora, Milano 1959, 170-322.

Jesus Cristo. E, além disso, a Igreja primitiva sabia ter recebido de Cristo a missão de estender a todos os homens a salvação, realizada por Jesus, por meio da remissão dos pecados, e o dom da vida eterna.

Os primeiros cristãos guardavam o exemplo e o ensinamento de Jesus juntamente com as diretrizes proferidas pelo apóstolo Paulo e inerentes à prática eclesial. O ponto de partida evangélico é individuado no convite à conversão dirigido aos pecadores, que relaciona Cristo ao seu Precursor (Mt 3,10-12). Todavia o êxito da pregação de João compreendia a conjunção da palavra com o gesto simbólico, isto é, o batismo. Ele evocava a purificação dos pecados e o início de uma vida nova, ambos compreendidos como sinais significativos da conversão. O Batista, porém, advertia os seus discípulos do limite do batismo (ritual e não sacramental) que ele administrava: era um batismo de água e prefigurava o batismo (moral e sacramental) pelo Espírito e pelo fogo, do qual só o Messias seria arauto.

A atitude de Jesus em relação aos pecadores era semelhante à do Batista (Mt 3,7-10). O elemento distintivo era constituído por ambos pela reação de quem se encontrava com aquele que estimulava à conversão e recebia o conteúdo da pregação. Quando se opunha rejeição ao convite para a conversão – assim como acontecia com os fariseus, com saduceus, com os sacerdotes e com os escribas –, o perdão era negado (Mt 23,13-36). Tanto o Batista quanto Jesus se mostravam inflexíveis e severos em condenar os impenitentes e a teimosia em confronto da misericórdia divina.

Em sentido diametralmente oposto, punha-se a relação de Jesus com aqueles que se reconheciam pecadores e se convertiam. Ele explicava que a missão divina a ele confiada consistia no chamar os pecadores à conversão por meio do perdão dos pecados (Mt 9,13; Mc 2,17; Lc 5,32), por isso era do encontro com Jesus e da relação com ele que havia origem a conversão e a salvação por meio do perdão dos pecados. É o que vem descrito exatamente nos relatos evangélicos, em que são seus interlocutores – às vezes silenciosos – Pedro (Lc 5,8; 22,61-62), o paralítico (Lc 5,20), a pecadora na casa de Simão, o fariseu (Lc 7,35-50), Zaqueu (Lc 19,1-10) e um dos ladrões crucificados com Jesus (Lc 23,35-43). A nenhum deles o Mestre pediu a acusação de seus pecados. Antes, o dom da remissão dos pecados, fruto do encontro pessoal com Jesus e da fé nele, antecede ou segue a confissão dos pecados, sinal explícito da conversão.

No âmbito dessa perspectiva, compreendem-se as parábolas da *ovelha perdida* (Mt 18,12-14; Lc 13,4-7)[3] e do *filho pródigo* ou do *pai misericordioso* (Lc 15,11-32)[4], as quais não apenas aludem ao comportamento de Jesus em relação ao pecador, mas fixam além disso parâmetros da ação eclesial. Como Jesus, também a Igreja deve convidar à conversão e pôr-se em busca dos pecadores para reconduzi-los ao seu seio. Ao mesmo tempo, a acolhida do pecador convertido deve superar as expectativas de quem se converte (assim como age Deus), embora a conversão e o perdão dos pecados sejam equiparados a uma vida nova, a uma verdadeira ressurreição.

Além disso, as narrativas evangélicas apontam que o poder divino de perdoar os pecados foi transmitido aos homens para estender a todos a salvação e a redenção de Cristo (Mt 9,6-8). A Pedro foi por Jesus conferido o poder de "ligar e desligar", que não significa exclusivamente proibir ou legitimar, em vez disso excluir e reintegrar na comunidade. O destinatário dessa ação é o pecador convertido, para o qual a excomunhão ou a reconciliação com a Igreja correspondem à mesma condição nos céus.

Todavia – sempre segundo o Evangelho de Mateus – o poder de "ligar e desligar" aparece estendido a todo discípulo tornado, por sua vez, responsável da exclusão e reintegração do pecador. De fato, logo depois da parábola da ovelha perdida, seguem as instruções ditadas por Jesus com respeito à conduta a ser adotada com os pecadores (Mt 18,15-18). Os três momentos sucessivos da correção fraterna se fecham com as palavras: "tudo o que ligares na terra será ligado no céu; e tudo o que desligares na terra será desligado no céu" (Mt 18,18).

O significado de "ligar e desligar" adquire um posterior valor no Evangelho de João, em que é posta nos lábios do Ressuscitado a expressão "remeter e reter" em referência ao perdão e à reintegração dos pecadores (Jo 20,19-23)[5]. Se o "remeter" joanino encontra correspondência com o perdão dos pecadores, proferido por Jesus nos sinóticos, o "reter" de João não significa negar o perdão, mas pôr as condições para obtê-lo.

---

[3] Para versão de Mateus veja J. Jeremias, *Le parabole di Gesù*, Paideia, Brescia 1973, 162-167; J. Gnilka, *Il Vangelo di Matteo*, II, Paideia, Brescia 1991, 195-202; para a de Lucas, G. Rossé, *Il Vangelo di Luca*, Città Nuova, Roma 1992, 600-604; consideradas conjuntamente em H. Weder, *Metafore del regno. Le parabole di Gesù: ricostruzione e interpretazione*, Paideia, Brescia 1991, 206-215.

[4] Em que me refiro a Jeremias, 157-162; Rossé. 606-616; e Weder, 298-308.

[5] Sobre a interpretação exegética da passagem joanina veja R. Schnakenburg, *Il Vangelo di Giovanni*, 3, Paideia, Brescia 1981, 537-541.

A contribuição de Paulo, em seguida, é original. Por outro lado, os seus escritos precedem a redação dos Evangelhos e adotam uma expressão ausente nos outros escritos neotestamentários: a reconciliação[6]. Com ela o Apóstolo se refere seja ao dom da reconciliação com o Pai, realizada por meio do sacrifício de Cristo (Rm 5,10-11), seja à vontade posta em ato pelo Pai de reconciliar a si, em Cristo, a humanidade e o cosmo (2Cor 5,18-19).

Paulo ensina também que a reconciliação de Deus foi confiada aos homens, mas não acena para alguma ação eclesial de caráter ritual, como a fazer entender que tudo se realiza no íntimo da própria dimensão espiritual[7]. Não obstante isso, o apóstolo dita uma precisa indicação em relação ao tratamento dos pecadores, quando afronta os casos de dois cristãos de Corinto (1Cor 5,1-5; 2Cor 2,5-22). Para ambos ele justifica o recurso à expulsão, mas a pena não tem valor vindicativo, mas medicinal. Em outras palavras, a exclusão da comunhão eclesial é útil, por um lado, para salvaguardar a comunidade do perigo de prejudicar a própria santidade, e, por outro lado, para emendar a conduta do pecador para induzi-lo à conversão e à plena comunhão com Deus e com os seus irmãos na fé.

Os testemunhos alcançados do final do I século aos primeiros decênios do II são escassos, todavia parecem suficientes para dar a ideia da sua conformidade ao ensinamento neotestamentário.

Entre os padres apostólicos, Clemente Romano – por volta de 95-98 – escreve aos cristãos de Corinto uma carta – homilia em que faz referência a uma situação que se verifica na comunidade da cidade grega e tida escandalosa[8]. Alguns se rebelam com os presbíteros e interrompem a paz que reinava naquela Igreja. Clemente os exorta a cair em si e a corrigir-se, escolhendo afastar-se da comunidade para o bem dela. Os responsáveis da desavença seriam acolhidos em outro lugar por outros irmãos e de tal modo seriam reconciliados com a Igreja. Escreve Clemente:

---

[6] O tema da reconciliação é aprofundado em R. P. Martin, *Centro della teologia di Paolo*, 4: *Il tema della riconciliazione*, in G. F. Hawthorne – R. P. Martin – D. G. Reid – R. Penna (ed.), *Dizionario di Paolo e delle sue lettere*, San Paolo, Cinisello Balsamo (Mi) 1999, 209-210; J. T. Fitzgerald, *Riconciliazione (NT)*, in R. Penna – G. Perego – G. Ravasi (ed.), *Temi teologici della Bibbia*, San Paolo, Cinisello Balsamo (Mi) 2010, 1158-1162, especialmente 1160-1162; e também A. Pitta, *La seconda lettera ai Corinzi*, Borla, Roma 2006, 267-272.

[7] Contudo, em 1Tm 5,20-22, o Apóstolo alude à imposição das mãos, que poderia referir-se à reconciliação dos pecadores.

[8] Cf. P. F. Beatrice, Clemente Romano, in *Dizionario Patristico e di Antichità Cristiane* (= DPAC), I, Marietti, Casale Monferrato (Al) 1983, coll. 712-714.

> Entre vós há alguém generoso, misericordioso e cheio de amor? Diga: se por culpa minha aconteceram sedição, litígio e cisma, vou embora. Parto para onde quiseres e faço aquilo que o povo manda para que o rebanho de Cristo viva em paz com os presbíteros constituídos. Assim fazendo se obterá uma grande glória em Cristo e todo lugar o receberá[9].

À voz de Clemente – aproximadamente vinte anos depois – fez eco, com o mesmo tom, Policarpo de Esmirna na sua carta aos cristãos da Igreja de Filipos[10]. Também ele acenou a um incidente provocado pela avareza do presbítero Valente e da sua mulher. Na comunidade iniciara o escândalo, porque a avareza vinha equiparada à idolatria. Policarpo convidava a usar misericórdia em relação aos pecadores:

> Sede também vôs moderados nisso. Não os tratai como inimigos, mas, como membros sofredores e desviados, chamai-os para salvar todo o vosso corpo. Agindo assim edificareis vós mesmos[11].

Portanto, a herança transmitida à igreja antiga é multiforme. Ela compreende o perdão dos pecados por meio do batismo, porque o pecado grave que segue ao batismo permanecia uma exceção. Para ele se unem a correção fraterna e a excomunhão. A essa prática primitiva subentende o espírito da reconciliação paulina com o sentido da comunhão eclesial rompida e restabelecida.

2. Perdão e reconciliação: uma antinomia da Igreja antiga

Em face da herança transmitida pela Igreja primitiva em relação ao perdão dos pecadores e à reconciliação dos penitentes, entre o século II e III, a Igreja se viu diante de uma problemática suscitada por situações históricas particulares em que se encontrava. Permanecia a convicção comum de que o único meio para acolher os pecadores na estrutura eclesial, por meio do perdão dos pecados, fosse

---

[9] Clemente Romano, *Ai Corinti*, 54,1.

[10] Cf. P. Nautin, *Policarpo*, DPAC, II, Marietti, Casale Monferrato (Al) 1984, coll. 2867-2868.

[11] Policarpo di Smirne, *Ai Filippesi*, 11,4.

o batismo. No entanto, após o aumento numérico de membros da comunidade e da experiência direta, crescia também a consciência da possibilidade de que os batizados cometessem pecados graves, tais a corromper ou quebrar a sua ligação com a Igreja.

Levantou-se, pois, a exigência e se pôs o problema de novo do acolhimento, por meio do posterior perdão dos pecados após o batismo, dos que tivessem sido excluídos da comunhão eclesial. As culpas com que os cristãos se tinham manchado eram julgadas contrárias à moral e à fé. A prática do adultério e da fornicação, além dos episódios de apostasia, mais ou menos frequentes, difundidos e incentivados pelo fluente suceder-se de perseguições, eram julgados como um claro retorno ao paganismo. A preocupação de salvaguardar a integridade das comunidades cristãs da corrupção dos seus membros e, ao mesmo tempo, de recuperar aqueles que se mostravam arrependidos e pediam para se emendar e voltar a fazer parte da comunidade foi acompanhada de respostas diferentes e contrastante, com as consequentes repercussões na prática e na disciplina das Igrejas. Às soluções propostas e adotadas correspondiam visões eclesiológicas que eram difíceis de manter-se em harmonia. De um lado, a Igreja era configurada no modelo de um pequeno rebanho de eleitos, contrastante pela exclusividade e pela intangibilidade. De outro, considerava-se a Igreja como um povo de santos e pecadores, uma rede que comportava todo tipo de peixe e não estava fechada a ninguém.

O juízo e a atitude dos homens de Igreja se polarizavam ao redor de duas posições contrapostas, uma rigorista e outra laxista. Ambas, contudo, compartilhavam a convicção da possibilidade de oferecer aos pecadores uma nova reconciliação, um segundo batismo para o perdão dos pecados e para a reintegração na comunidade. Essa possibilidade, porém, permanecia uma exceção e não era considerada reiterável.

Testemunhos da reiterabilidade do perdão batismal são: em Roma, *Il Pastore di Erma* (surgido por volta de 150); em Cartago, o tratado de Tertuliano: *De pœnitentia* (203); na Síria, a *Didascalia Apostolorum* (220-230). Em particular, *Il Pastore*, que une dois livros anteriores ao II século, fixava para uma só vez depois do batismo a possibilidade de obter o perdão dos pecados[12]. De fato, no IV preceito é afirmado:

---

[12] C. P. NAUTIN, *Erma (Pastore)*, DPAC, I, coll. 1197-1198.

> Depois do grande e santo chamado, se alguém tentado pelo diabo peca, tem uma só penitência; se logo depois pecar e se arrepender, é inútil para ele, dificilmente viverá[13].

O limite assinalado por Erma teve uma grande influência na prática penitencial dos séculos sucessivos, porque ao texto era reconhecida a própria autoridade da inspiração divina dos escritos neotestamentários, e, embora no século IV alguns duvidassem, apenas nos inícios do século VI *Il Pastore* foi relegado aos livros apócrifos.

Na mesma linha da unicidade da penitência e da reconciliação pós-batismal, colocou-se Tertuliano[14], o qual, porém, mostrava-se um tanto severo a respeito da possibilidade de conceder o perdão depois do batismo:

> Deus previu estes venenosos assaltos do inimigo e, embora tivesse disso já fechada a via do perdão barrada pelo batismo, permitiu que nos fosse ainda aberta uma estrada: no vestíbulo pôs a segunda penitência, para que se abrisse aos que batessem, mas por esta vez apenas, porque já a segunda e não mais depois, se o último perdão tenha sido tornado vão[15].

Ele temia que a tolerância praticada com o acolhimento dos pecadores chegasse a contaminar a santidade da Igreja. Apesar disso, o testemunho de Tertuliano se reste de especial importância, pois atesta a prática em uso na comunidade. Em seu meio, é constituído um grupo de penitentes, uma *ordo poenitentium*, em conformidade com o grupo de catecúmenos, do qual segue o estilo e a disciplina. Dele entrava a fazer parte o batizado, que livre e voluntariamente confessava a própria culpa (*exomológhēsis*) diante da comunidade[16]. Seguia um período de penitência, de expiação, de mortificação e de oração, à qual se unia a comunidade:

> Com respeito à comida e ao vestido, ela impunha que o penitente se deitasse sobre os ásperos sacos e a cinza, que envelhecia o cor-

---

[13] Erma, *Il Pastore*, 31,6.

[14] Cf. P. Siniscalco, *Tertulliano*, DPAC, II, coll. 2413-2424.

[15] Tertulliano, *De pœnitentia*, 7.

[16] Tertulliano explica que a *exomológhēsis* é a disciplina que "prescrevia ao homem humilhar-se e prostrar-se, impondo-se um regime de vida, que atraía a compaixão" (*ibidem*, 9)

> po com traços sujos e abandonava a alma à tristeza, que pague com um tratamento rude os pecados cometidos. A exomologese conhece apenas um alimento e uma bebida muito simples, em conformidade com o bem da alma, não ao prazer do ventre. O penitente alimenta ordinariamente as suas orações com jejuns, geme, muge dia e noite ao Senhor seu Deus, rola aos pés dos sacerdotes, ajoelha-se diante dos que são caros a Deus e suplica aos irmãos que intercedam para obter-lhe o perdão[17].

Enfim, acontecia o perdão e a reconciliação por meio da intervenção do bispo. Do Oriente cristão, a *Didascalia Apostolorum* informa que este ato de pacificação era realizado com o gesto da imposição das mãos:[18]

> Como batiza o pagão e o admite à comunhão, assim impõe a mão no pecador, enquanto toda a assembleia ora por ele e, depois, autoriza-o a entrar na igreja e o recebe na vossa comunidade. A imposição das mãos faz as vezes de batismo para o pecador, pois nós recebemos a comunicação do Espírito Santo seja pela imposição das mãos seja pelo batismo[19].

Além disso, o texto siríaco é muito explícito ao colocar a penitência em relação com o batismo. Em suma, a penitência é tida como um segundo batismo, um seu prolongamento.

Apesar de sua rigidez e ainda que com nuances diferentes na sua aplicação, no Oriente e no Ocidente, a prática penitencial permaneceu até surgirem outros fatores que provocaram a discussão em torno dela. Um papel destacado teve o suceder-se das violentas perseguições contra os cristãos ordenadas pelos imperadores Décio (250), Valeriano (257-259), Diocleciano (283-305) e Galerio (205-311).

Décio implantou uma política de restauração do império, pela qual eram eliminados os perigos que ameaçavam a sua segurança e estabilidade, e entre estes eram colocados os cristãos. Por isso o imperador obrigou os súditos a cumprirem a obrigação de realizarem formalmente um ato de culto pagão. Desse modo, os

---

[17] Ibidem.
[18] Cf. P. Nautin, *Didascalia degli Apostoli*, DPAC, I, coll. 948-949.
[19] *Didascalia*, 2,13.

cristãos abandonariam a própria fé, ou seriam suprimidos. De qualquer forma, a Igreja seria extinta.

Durante a breve, mas intensa e violenta perseguição de Décio, foi alto o número dos apóstatas, apesar de o imperador não prever o que, em vez disso, ocorreria. Depois de sua morte (251), cessado o perigo, muitos apóstatas se arrependeram de terem renegado a fé e pediram para serem acolhidos novamente na comunidade. Alguns deles haviam queimado incenso aos ídolos (*thurificati)* ou haviam oferecido sacrifícios (*sacrificati*) para obterem o *libellus*, isto é, o certificado que atestava ter cumprido a ordem imperial e assegurava de qualquer risco de extorsão. Outros, ao contrário, tinham adquirido o libelo corrompendo os funcionários, mas sem terem realizado atos de culto pagão, nem renegado a fé (*libellatici*).

Portanto, as comunidades cristãs não foram aniquiladas pela perseguição, mas se encontraram diante das pretensões dos *lapsi* (os apóstatas arrependidos) e da arrogância dos *confessores*. Estes últimos tinham perseverado na fé, suportando as vexações dos perseguidores. Eles haviam sobrevivido e, orgulhosos do testemunho que deram, erguiam-se como juízes dos seus irmãos, usurpavam as prerrogativas dos bispos e pretendiam interditar aos *lapsi* a reintegração.

Nesse meio tempo em Roma e em Cartago, tinham-se radicalizadas posições opostas as quais alimentaram o debate e aguçaram o confronto. Na Igreja africana, difundia-se o movimento laxista liderado por Novato[20], inclinado a agilizar o perdão e a acolhida dos apóstatas, embora na Urbe Novaciano[21] montanistas[22] se opunham vigorosamente a usar de indulgência com os traidores. Papa Calisto (217-222)[23] se mostrou moderado e permitiu a reconciliação dos apóstatas depois de um período de penitência. A sua atitude não foi compartilhada por homens como Hipólito[24] e Novaciano, ferrenhos em posições mais intransigentes. Por seu lado, Tertuliano endureceu até a adotar as teses montanistas e a contestar o edito de um anônimo "pontífice máximo" (talvez o bispo Agripino de Cartago) com o que se anunciava o perdão dos adúlteros e fornicatores:

[20] Cf. E. Romero Pose, *Novato di Cartagine*, DPAC, II, coll. 24-34.

[21] Cf. M. Simonetti, *Novaziano, antipapa*, in *Enciclopedia dei Papi* (= EP), I, Istituto dell'Enciclopedia Italiana, Roma 2000, 273-278; H. J. Vogt, *Novaziano*, DPAC, II, coll., 2436-2439; e para os seguidores veja R. J. De Simone, *Novaziani, ibidem*, 2434-2436.

[22] Cf. B. Aland, *Montano-Montanisti, ibidem*, coll. 2290-2301

[23] Cf. E. Prinzivalli, *Callisto I, santo*, EP, I, 237-247.

[24] Cf. E. Prinzivalli, *Ippolito, antipapa, santo*, EP, I, 246-258; P. Nautin, *Ippolito*, DPAC, II, coll.; 1791-1798.

> Distante, distante da Esposa de Cristo tal proclama. Ela, a verdadeira, a pudica, a santa deve preservar o próprio ouvido de toda mancha. Ela não tem a quem prometer e, se tivesse, não prometeria, porque poderia chamar o templo terreno de Deus de um covil de ladrões mais que de adúlteros e fornicatores[25].

No final da controvérsia Tertuliano, intolerante, abandonou a Igreja católica.

Em lados opostos, colocaram-se as personalidades respeitáveis de papa Cornélio (†253)[26] e de Cipriano de Cartago (†258)[27]. Este, no seu epistolário e no opúsculo *De lapsis*, ofereceu ricas informações e ricos detalhes sobre a controvérsia penitencial. Nesse meio tempo em Cartago, os dois concílios convocados por Cipriano, em 251 e em 252, foram estabelecidos tratamentos diversos para com os *lapsi*, segundo o grau da sua apostasia. Inicialmente foi decidido um período de penitência indeterminado para os *thurificati* e para os *sacrificati*, os quais seriam reconciliados apenas em perigo de morte[28]. Aos *libellatici*, ao contrário, foi concedido retornar em plena comunhão depois de terem passado um conveniente tempo de penitência. Os eclesiásticos culpados perderiam a sua dignidade e seriam submetidos ao mesmo regime penitencial dos leigos. A quem não tivesse dado sinais de arrependimento o perdão era negado. Sucessivamente, no concílio de 252, o rigor do precedente sínodo foi atenuado sob o temor de uma nova perseguição[29]. Por isso a todos os *lapsi* foi concedida a reconciliação, ainda que não tivessem levado a termo a penitência imposta[30].

Em Roma, Cornélio – eleito papa em 251 – manteve a conduta moderada de Calisto em relação aos *lapsi*. O seu adversário Novaciano e os seus partidários recusaram a solução de Cornélio e reafirmaram a permanência dos *lapsi* na condição de penitentes até a morte, sem que lhes fosse garantida a reconciliação da

---

25 Tertulliano, *De pudicitia*, 1, 8-9.

26 Cf. M. Simonetti, *Cornelio, santo*, EP, I, 268-272.

27 Cf. V. Saxer, *Cipriano di Cartagin*, DPAC, I, coll. 678-683.

28 Cf. A. Greco, *Cartagine(Chartaginen), Concilio di (apr. 251)*, in *Dizionario dei Concili* (= DDC), I, Città Nuova, Roma 1963, 248-249; G. D. Dunn, *The Carthaginian Synod of 251: Cyprian's model of pastoral ministry*, in *I Concili della cristianità occidentale secoli III-IV. XXX Incontro di studiosi dell'antichità cristiana*, Institutum Patristicum Augustinianum, Roma 2002, 167-234; e também J.-B Nsuka, *Misericordia Dei in Cipriano di Cartagine. Da Dio indulgente al peccatore riconciliato*, in «Ricerche Teologiche» 21 (2001), 193-202.

29 Cf. F. Boncompagni, *Cartagine (Carthaginen), Concilio di (15 magg. 252)*, DDC, I, 249.

30 Veja, em geral, o estudo de S. Dagemark, *Example of "Excomunicatio, pœnitentia" et reconciliatio in the African Concils*, in *I Concili*, 235-257.

Igreja. No concílio de Roma em 251, Cornélio condenou Novaciano e seus seguidores como cismáticos, por quanto sua doutrina foi julgada "oposta à fraternidade e totalmente desumana", porque era dever da Igreja reconduzir ao redil quantos tivessem desviado por causa do pecado[31].

Em resumo, o perdão dos adúlteros, dos fornicatores e dos apóstatas era considerado pelos montanistas e novacianos uma inovação de não ser acolhida na prática penitencial e constituía a peça de acusação contra quem continuava a sustentar a legitimidade da reconciliação deles. Na tradição da Igreja, ao contrário, subsistia a convicção de que qualquer pecado podia ser perdoado; por isso a verdadeira inovação era constituída pela pretensão dos rigoristas de impor um limite e negar a reconciliação aos penitentes.

3. No dia depois da paz constantiniana

A dinâmica do acolhimento dos pecadores e da reconciliação dos arrependidos na Igreja antiga se ressentiu, no IV século, da influência exercida pelas novas condições históricas, em que a Igreja se viu colocada no dia seguinte da paz constantiniana, e depois, com os sucessores de Constantino, ao ver o cristianismo se constituir em religião do Estado.

O nome de cristão não era mais um crime; pelo contrário, era sinônimo de progresso e de consolidação política. O paganismo era considerado símbolo do atraso e fator de perturbação para o crescimento civil. Portanto, a conversão ao cristianismo comportava numerosas vantagens e assegurava às pessoas individuais consideráveis garantias para sua escalada social.

Tudo isso trouxe o crescimento daqueles que, convertidos ao paganismo, pediam para serem acolhidos na Igreja e para receberem o batismo para o perdão dos pecados. Um efeito do ingresso de novos convertidos na comunidade cristã foi o afrouxamento do estilo de vida rigorosa que havia caracterizado as Igrejas durante a perseguição. Progressivamente, chegou-se a extinguir a prática do catecumenato. O batismo de adultos começou a se refazer, porque se nascia cristãos e o batismo de criança se tornou corriqueiro e habitual, também pelo alto risco de mortalidade infantil.

[31] Cf. F. Boncompagni, *Roma (Romanum), Concilio di (maggio 251)*, DDC, IV, Città Nuova, Roma 1966, 124-125.

Ao mesmo tempo, porém, os casos de apostasia e de retorno ao paganismo registrava uma diminuição apreciável. De fato, a ortopraxis dos cristãos mostrava frequentemente os seus defeitos, às vezes devido à superficialidade das conversões. A tolerância, em confronto com as desafinações repetidamente presentes na vida das comunidades, suscitava a reação de alguns, aos quais, diante da evidente mistura da fé cristã com costumes e concepções estranhas a ela, preferiram não se contaminarem com esse estilo dissonante e escolheram assumir a via severa da ascese e da *fuga mundi*.[32] A escolha dessa experiência ascética, à origem da vida religiosa, foi entendida como um segundo batismo.

Contudo, desde o IV século, crescia entre os pastores da Igreja o conhecimento de que entre os cristãos podia verificar-se uma nova queda no pecado, não apenas depois do batismo, mas também posteriormente à única reconciliação prevista para os arrependidos.[33] De resto, a situação se acentuou notavelmente em consequência da irrupção violenta dos povos germanos sob o território do império e a sua sucessiva conversão à fé cristã. Também em relação a essas populações pagãs que se apresentavam no panorama do cristianismo, a eficácia da sua evangelização mostrava tais fragilidades e, muitas vezes, na vida de piedade desses novos cristãos persistiam usos e costumes da sua tradição religiosas pré-cristãs.

Diante dessas novas situações e dos contextos históricos modificados com respeito aos séculos anteriores, a disciplina da Igreja antiga não sofreu transformações. No *Tratado sobre a penitência*, Santo Ambrósio dirigia uma acurada parênese aos pecadores para convencê-los da conversão. Ele rejeitava radicalmente o rigorismo dos novacianos e permanecia irremovível em confirmar a disciplina tradicional pela qual todos os pecadores podiam ser perdoados.

> A Igreja se mostra obediente [ao mandato divino] seja em reter seja em perdoar o pecado. A heresia [novaciana], cruel [para com os pecadores] no primeiro caso; no segundo, desobediente [a Deus], que liga aquilo que não pretende desligar, não quer desatar aquilo que

[32] Sobre o argumento remeto a Z. Alzeghy, *Fuite du monde*, in *Dictionnaire de spiritualité ascetique et mystique, doctrine et histoire*, 5, Paris 1964, 1575-1599; P. Siniscalco, *Fuga del Mondo*, DPAC, I, coll. 1403-1406.

[33] Sobre o argumento veja em particular as contribuições sucintas no vol. *Catechesi battesimale e riconciliazione nei Padri del IV secolo. Convegno di studio e aggiornamento. Facoltà di Lettere cristiane e classiche (Pontificium Institutum Altioris Latinitatis). Roma, 5-6 marzo 1983*, S. Felici (ed.), LAS, Roma 1984.

> tem ligado. Nisto ela se condena com a sua própria sentença; o Senhor de fato queria que fosse igual o poder de desligar e o de ligar, consentindo a ambos a igualdade de condição. Portanto, quem não tem poder de desligar não tem sequer aquele de ligar (I, 2,7)[34].

Contudo, como o batismo, também a reconciliação – segundo batismo – pôde ser recebida apenas uma vez. A penitência dos pecadores era pública; ela, de fato, era imposta e era controlada pela hierarquia eclesiástica. Também para Santo Agostinho o perdão dos pecados, concedido pela Igreja, tinha os mesmos efeitos que o batismo. Ele, todavia, não era reiterável, embora a publicidade – reservada aos pecados graves – não tinha a finalidade de mortificar o pecador por meio da humilhação, mas envolver na penitência a comunidade dos fiéis por meio da oração. De fato, a admissão à penitência, a reconciliação e o período penitencial se desenvolviam na presença da comunidade, mas não a acusava dos pecados. Porém, Agostinho censurou aqueles que não seguiam essa disciplina, acusando-os de serem falsos penitentes:

> Vejo presente aqui uma multidão de penitentes, que formam uma longuíssima fila no momento da imposição das mãos. Orai, ó penitentes! E os penitentes vão rezar. Eis que começo a examinar esses penitentes e percebo que continuam a viver mal. E como alguém pode se arrepender de alguma coisa se continua a fazê-la? Se ele se arrependeu, pare de fazer isso! Se, ao contrário, o faz ainda, ele se dá um nome falso, porque persiste na culpa. Houve alguns que espontaneamente pediram para eles próprios fazerem parte dos penitentes; depois outros, por nós excomungados, foram admitidos entre os penitentes. Contudo, acontece que aqueles que pediram para fazer penitência pretendem continuar a fazer o mal como antes e aqueles que, por nós excomungados, foram admitidos à penitência, não querem levantar-se de onde se encontram, como se a condição de penitentes fosse uma condição de privilégio. Segue que o lugar que deveria ser um lugar de humilhação torna-se um lugar de iniquidade (*Serm.* 252, 8)[35].

---

[34] Ambrogio, *Opere dogmatiche, III: Spiegazione del Credo, i sacramenti, i misteri, la penitenza*, G. Banterle (ed.), Milano-Roma 1982, 176 (*Opera omnia, 17*).

[35] Agostino, *Discorsi* IV/2 (230-272/B): *Su i tempi liturgici*, P. Bellini – F. Cruciani – V. Tarulli (ed.), Roma 1984, 569, 571 (*Opera omnia*, 22/2).

A disciplina penitencial foi elaborada e fixada pelos concílios convocados na Gália entre os primeiros decênios do V e a primeira metade do VI século. A normativa estabelecida não obrigava ninguém a acusar-se dos próprios pecados diante de um ministro, para depois obter a absolvição. A prática contrária fora proibida. Em 459 Leão Magno, com uma carta enviada aos bispos da Itália meridional, tinha proibido expressamente a pública acusação dos pecados, porque a julgava perigosa:

> Eis um modo de agir contrário às disposições apostólicas, um modo que foi estabelecido indevidamente, como soube há pouco, o qual ordeno a supressão. Trata-se de fiéis no momento em que pedem a penitência. Nós proibimos que seja lido, em qualquer ocasião, publicamente, um escrito deles sobre o que configuram pormenorizadamente como pecados. Basta, de fato, que as culpas sejam indicadas ao bispo apenas, em um colóquio particular. Ainda que se deva, de fato, louvar a fé global dos que, por temor de Deus, não tenham medo de se envergonhar diante dos homens, contudo nem todos os que recebem penitência têm prazer de ver publicados os pecados, sobretudo certos pecados. Suprima-se, pois, um costume tão contestável, por medo de que muitos se afastem do remédio da penitência, por vergonha ou porque temem que os seus atos sejam conhecidos por seus inimigos, os quais os poderiam citar depois no tribunal. Basta a acusação, primeiro feita a Deus e depois ao bispo, o qual se faz de advogado para as culpas dos pecadores. Será possível convidar a maioria dos fiéis a se tornar penitentes, apenas se o segredo das consciências não for conhecido do público (Ep. 168)[36].

A acusação dos pecados cometidos, ao contrário, introduzia o pecador que voluntária e livremente pedia o perdão e a reconciliação, em um caminho penitencial dividido em ter momentos distintos e sucessivos, ou seja, a penitência pública.

Inicialmente, o pecador se acusava reservadamente da sua própria culpa diante do bispo, que estabelecia a duração da penitência. O concílio de Angers (433)[37]

---

[36] VOGEL, I, 156.

[37] Cf. P. B., *Angers (Andegaven.), Concilio di (4 ott. 453)*, DDC, I, 37-38.

estabelecera que "a ordem dos penitentes seria aberta a todos os pecadores, que, tendo-se convertidos, queriam reconhecer os seus erros; conforme a natureza do pecado, seria concedido o perdão conforme o juízo do bispo"[38]. Depois disso, o pecador entrava a fazer parte dos penitentes (*ordo poenitentium*). Sinal visível e simbólico desse novo status do pecador era o rito da expulsão da igreja feito pelo bispo, para significar o distanciamento da mesa eucarística, isto é, a excomunhão. A permanência do pecador na *ordo poenitentium* podia variar de acordo com o que fora estabelecido pelo bispo e a prostrar-se também por toda a vida. O penitente era obrigado a observar a abstinência das carnes e a perfeita continência, enquanto lhe eram interditadas as funções públicas. A sua vestimenta exterior devia ser modesta e austera, e também o cuidado do corpo devia ser abandonado. No concílio de Agde (506)[39] foi fixada a disciplina a observar:

> Os penitentes, no momento em que pedem a penitência, recebem a imposição das mãos como também o cilício no corpo, das mãos do bispo, como foi estabelecido por toda parte. Não se cortavam os cabelos ou, se não quisessem abandonar os seus hábitos seculares, seriam expulsos e, se não se corrigissem, não seriam recebidos[40].

As obras de caridade, a mortificação e a esmola foram consideradas sinais comprovadores de conversão e de expiação do penitente.

Em relação à gravidade dos pecados cometidos, os penitentes se colocaram no extremo da Igreja para implorar a oração dos fiéis ou no interior do edifício de culto, mas sempre próximos do ingresso, longe do altar e separados dos outros fiéis. Assim como estava previsto para os catecúmenos, os penitentes não podiam comunicar-se pela eucaristia e, às vezes, nem tomar parte da liturgia eucarística. Especialmente para os reincidentes, o concílio de Vannes (465)[41] decidiu que "os penitentes que, interrompendo a penitência pública, retornam ao seu mal procedimento de viver anterior e à vida secular, como também aos hábitos do mundo, não só seriam privados da comunhão dos sacramentos do Senhor, como também, por

[38] Vogel, I, 172.
[39] P. Larosa, *Agde (Agathen.), Concilio di (11 sett. 506)*. DDC, I, 7-8.
[40] Vogel, I, 201.
[41] Cf. *Vannes (Veneten. o Veneticum) Concilio di 461*, DDC, VI, 45-46.

outra parte, separados das reuniões dos fiéis"[42]. E, contudo, segundo os *Statuta Ecclesiae antiqua* (475)[43], os penitentes deveriam observar o jejum e orar "de joelhos, também nos dias de festa"[44]. Ao término do caminho penitencial, eles obtinham a reconciliação por meio da imposição das mãos do bispo. O rito se desenvolvia no interior da igreja e, a partir do V século, na Quinta-feira Santa, para permitir aos penitentes, como aos catecúmenos, comunicarem-se pela eucaristia durante a vigília pascal[45]. Todavia, o penitente perdoado, reconciliado e readmitido à comunhão permanecia sob alguns vínculos, por exemplo, a continência perfeita (se casado)[46] fazia par com a interdição dos cargos públicos e da profissão de armas. Era, em outras palavras, a morte civil. O concílio de Orleans (538)[47] estabelecia que, "se algum penitente, depois de ter entrado na penitência, retornasse à vida civil ou ao serviço militar, seria excomungado até o fim da sua vida; todavia lhe seria concedido o viático"[48].

O rigor dessa disciplina penitencial se manteve até o fim do VI século e com um efeito negativo sobre a acolhida dos pecadores e sobre a reconciliação dos penitentes. De fato, o perdão dos pecados tornou-se impraticável por parte dos fiéis; para algumas categorias – os jovens e os esposos não ainda em idade avançada – foi proibido entrar na *ordo poenitentium*, porque se temia que não suportassem o ônus da penitência e, recaindo no pecado, não poderiam obter nem o perdão nem uma posterior reconciliação. Para os eclesiásticos foi declarada a incompatibilidade com o *status* de penitente. Ainda que a severidade da disciplina tenha sido atenuada – sobretudo na África e em algumas regiões do Oriente cristão –, fazendo cair as várias interdições após o perdão e a conciliação, nenhuma modificação foi hipnotizada para tornar mais desfrutável a penitência a um número maior de fiéis. O batismo permanecia o sacramento para o ordinário perdão dos

[42] Vogel, I, 152.

[43] Cf. Ch. Munier, *Statuta Ecclesiæ antiqua*, DPAC, 2, coll. 3304-3306.

[44] Vogel, I, 169.

[45] O *Sacramentário gelasiano* (VII século) transmite uma oração, certamente mais antiga com a qual se procedia a reconciliação de um penitente, cf. *Liber Sacramentorum Romanae Æcclaesiæ ordinis anni circuli (Sacramentarium gelasianum)*, L. C. Mohlberg – L. Eizenöfer – P. Siffrin (ed.), Herder, Roma 1981^3, n. 356-359.

[46] O concílio de Orleans (538), preocupado com aqueles que não puderam suportar a gravidade da disciplina penitencial, dispõe que "ninguém permita conceder a penitência a pessoas ainda jovens. Ninguém permita concedê-la a pessoas casadas, sem ter obtido o consentimento do outro cônjuge, e na condição de que os cônjuges estejam já em idade avançada" (Vogel, I, 124).

[47] Cf. P.V., *Orléans (Aurelianen.), Concilio di (7 magg. 538)*, DDC, III, 249-251.

[48] Vogel, I, 124.

pecados dos adultos, assim, como se chegou a adiar o batismo até a tardia idade, quase em proximidade com o término da existência, a reconciliação pós-batismal tornou-se o sacramento dos moribundos.

Talvez a rigidez da Igreja dessa época era uma resposta à instabilidade do período histórico, marcado pela crise da estrutura social e do aparato político, devido ao suceder-se das invasões bárbaras. E, provavelmente, a severidade demonstrada pela Igreja em acolher os muitos convertidos do paganismo era julgada necessária para fazer frente ao caráter violento e à consciência coletiva das novas populações. Qualquer acomodação ou compromisso com as tradições religiosas e com a mentalidade dessas populações parecia aos pastores da Igreja um consentimento, que teria comprometido a tradição e corrompido a adesão à fé cristã na sua integridade.

E, antes de concluir, com respeito a esse aspecto ao qual se acenou, sobre a preservação da integridade da fé, a Igreja antiga conheceu o problema do acolhimento e da reconciliação dos cismáticos e dos heréticos.

Às vezes, os dois apelativos são compreendidos como sinônimos, mas o seu significado requer que se distinga e se precise. Se, desde o III século, o termo cisma – cismático (introduzido no latim eclesiástico) referia-se à divergência que surgiu no interior da comunidade, ele não significava necessariamente adesão à heterodoxia[49]. Frequentemente, o dissenso dizia respeito à prática e à disciplina eclesial e provocava um rompimento da comunhão e, às vezes, a formação de comunidades alternativas. De resto, com muita facilidade, a dissidência levava à heresia, ou originava dela, tanto que se tornou difícil distinguir os heréticos dos cismáticos[50].

De fato, na polêmica antidonatista, Santo Agostinho distinguia os cismáticos dos hereges, mas depois acabou por colocar entre as heresias o cisma dos donatistas[51]. São Basílio, por outro lado, confirmava a correspondência da heresia com a distorção e separação da fé da comunidade, embora o cisma estivesse diretamente relacionado ao desacordo sobre a conduta da vida eclesiástica. A referência mais significativa, a que se acenou anteriormente, dizia respeito à

[49] Cf. V. Grossi, *Scisma-scismatico*, DPAC, II, coll. 3113-3114.

[50] Cf. Grossi, *Eresia-eretico*, DPAC, I, coll. 1187-1191.

[51] Sobre o argumento veja P. Marone, *Le deliberazioni conciliari della Chiesa occidentale del IV e V secolo relative ai Donatisti convertiti*, in *I Concili*, 269-287; e mais globalmente J. E. Merdinger, *Rome and the African Church in the time of Augustine*, Yale University Press, New Haven-london 1997.

acolhida e à reconciliação dos *lapsi*. Se bem que o cisma consistia na tentativa arrogante de fazer prevalecer a própria opinião em questões eclesiásticas; a condição dos cismáticos não era considerada insanável, ainda que os concílios de Niceia (325)[52], de Laodiceia (antes de 345)[53], de Constantinopla (381)[54] e de Cartago (419)[55] tenham estabelecido contra eles penas severas, até a denúncia às autoridades civis por facção[56].

A heresia, ao contrário, na concepção cristã é um desvio do ensinamento de Jesus, cuja autenticidade é garantida pela Igreja. Por isso, o herético elaborou uma interpretação pessoal da revelação, independente e distorcida a respeito da doutrina da Igreja. Como tal ela é contrária à fé, e aqueles que a compartilham são inimigos da fé. Por consequência, o tratamento dos heréticos – apesar de estar associado aos cismáticos – se diferencia dos outros pecadores que pedem a reconciliação.

Segundo Tertuliano, eles não eram irmãos porque não eram mais cristãos e eram equiparados aos pagãos e aos judeus.[57] Apesar disso, podiam ser reconciliados aplicando-lhes a *correptio*[58]. Mais intransigente se mostrava Cipriano: os heréticos devem ser novamente batizados porque, negando a fé, colocaram-se fora da comunhão da Igreja[59]. Este juízo, porém, não foi compartilhado pelo papa Stefano (†257)[60] nem por Agostinho[61].

O *Doctor gratiæ* continuava a julgar irmãos os heréticos por força do único e mesmo nascimento espiritual de que gozam os batizados. Esse não vinha

---

[52] R. M. Parrinello, *Concilio Niceno I (325)*, in O. Bucci – P. Piatti (ed.), *Storia dei concili ecumenici. Attori, canoni, eredità*, Città Nuova, Roma 2014, 53-76.

[53] Cf. P. Palazzini, *Laodicea (Laodicen.), concilio di (fine IV sec.)*, DDI, II, 227-229.

[54] Cf. R. M. Pannariello, *Concilio Costantinopolitano I (381)*, in *Storia dei concili ecumenici*, 77-94.

[55] Cf. A. Greco, *Cartagine (Carthaginen.), Concilio di (25-30 mag. 419)*, DDC, I, 263-264.

[56] Também os cânones do Concílio de Antioquia (241) estabeleceram penas análogas. Veja C. Sisto, *Antiochia (Antiochen.), Concilio di (22 marzo – 1° settembre 341*, DDC, I, 48-49; e para os cânones J. D. mansi, *Sacrorum Conciliorum nova et amplissima collectio*, 2, Graz 1960, col. 130-135.

[57] Cf. Tertulliano, De praescriptionen haereticorum, 16, 2. Pelo texto cotradução italiana se pode consultar R. F. Refoulé – A. Carpin (ed), *Questione previa contro gli eretici*, Ed. San Clemente, Bologna 2012.

[58] Cf. *De præscriptione*, 12, 1; 16,2.

[59] Cipriano, *L'unità della Chiesa (de Ecclesiae catholicae Unitate)*, M. Bévenot – P. Siniscalco – P. Mattei (ed.). Ed. San Clemente, Bologna 2006, 4; *Lettere, 2*: 51-81, M. Vincelli – G. Taponecco (ed.), Città Nuova, Roma 2007, *Lettera* 55, 24.

[60] Veja-se *Ibidem*, *Lettera 74*, 1-2.

[61] Cf. Agostino, *De baptismo contra Donatistas*, 1,5, 10; 6, 30-37. Para o texto latino e a tradução veja: *Polemica con i donatisti. Contro Cresconio grammatico donatista, Unicità del battesimo contro Petiliano*, E. Cavallari (ed.), Città Nuova, Roma 2002 (Nuova Biblioteca Agostiniana, 16,1).

cancelado nos crentes incorridos na heresia e separados da Igreja. A eles era, contudo, aplicada a *correptio*, até que retornassem à ortodoxia e à plena comunhão. Apenas diante da intransponível obstinação do herético e da recusa de uma instrução que o reconduzisse à fé da Igreja, o seu pecado era considerado público, ele perdia a qualidade de cristão e, junto à justiça civil, podia ser acusado de *superstitio*, passível de pena da *praescriptio*[62].

4. Uma novidade sem precedentes: a penitência tarifada

Até o final do IV século, nada foi mudado na prática e na correspondente disciplina da acolhida dos pecadores e da reconciliação dos arrependidos, assim como tinham sido consolidadas nos três primeiros séculos, se bem que haviam cessadas as perseguições e a Igreja gozava de paz e liberdade. Prevalece um certo espírito conservador que se preocupava em salvaguardar as comunidades de possíveis corrupções. Foi mantida a norma da unicidade e da não reiterabilidade da reconciliação pós-batismal, por isso, de fato, estava fechado aos pecadores o perdão dos pecados. A perspectiva eclesial de excomunhão-reconciliação não deixou espaço à dimensão pessoal e individual de confissão-absolvição dos pecadores já batizados. Deve-se esperar a passagem ao VII século para assistir à extensão da prática da "penitência tarifada", de matriz monástica, introduzida nas comunidades monásticas irlandesas, a qual atinge progressivamente os outros países do Ocidente cristão.[63] Essa prática penitencial, preocupada com a salvação individual, com suas vantagens e seus defeitos, consistiu em uma modificação da prática tradicional e favoreceu o acesso ao perdão dos pecados e à reconciliação a um número maior de penitentes, ainda que, por longo tempo, a confissão privada dos pecados e absolvição dos pecados particulares não vieram a caracterizar difusamente a vida de piedade dos fiéis.

---

[62] Cf. Idem, *Le lettere*, 1: *1-123*, M. Pellegrino – T. Alimonti – L. Carrozzi (ed.), Città Nuova, Roma 1969, *lettera 93* (Nuova Biblioteca Agostiniana, 21). A carta remonta a 407-48. Para um aprofundamento da normativa eclesiástica e de seus reflexos sobre a legislação civil, também de fronte às razões populares contra os heréticos, veja: J. Belda Iniesta, *Il tratamento canonico dell'eretico fino all'epoca medievale*, in "Apollinaris" 88 (2015), 441-485.

[63] Para um olhar mais geral sobre a influência da tradição monástica sobre a práxis penitencial veja: V. Passarini, *La penitenza nelle regole monastiche medievali occidentali. Un confronto com la penitenza ecclesiastica: i sistemi penitenziali, i riti e le pene*, "Rivista Liturgica", 92 (2005), 715-736.

Apesar disso, parecia constante e difusa entre os cristãos a exigência do perdão e da paz com Deus e com a Igreja. Uma exigência que levou à busca de caminhos alternativos à disciplina e às práticas tradicionalmente definidas. As novidades introduzidas diziam respeito principalmente ao ministro da reconciliação e a reiterabilidade da penitência.

Embora o dado evangélico (*Pater noster*) não inclua a indicação de um ministro, mas disponha como única condição do perdão dos próprios pecados o perdão por parte do crente em relação àqueles que tivessem ofendido, grande parte dos cristãos advertia a necessidade de um intermediário que garantisse e assegurasse – sobretudo na hora da morte – a remissão dos pecados da parte de Deus.

A tentativa de superar o obstáculo é representada pela introdução da "penitência tarifada" por obra dos monges missionários irlandeses e britânicos, chegados ao continente durante a última vintena do VI século. A novidade introduzida refletia uma prática monástica não sacramental, assinalada por alguns elementos desconhecidos na precedente. Ela, ao contrário, tinha tido origem em um contexto eclesial – como o irlandês – marcadamente monástico, que tinha mantido relações com a tradição do cristianismo oriental.

Segundo essa prática penitencial, o intermediário da reconciliação não era o bispo nem um sacerdote, mas sim um monge "espiritual", isto é, um religioso apreciado pela exemplaridade de sua conduta e ao qual se reconhecia um alto valor no plano ascético. Uma opção análoga se firmava também no Oriente, onde a penitência pública tornava sempre mais rara a ponto de desaparecer. A escolha de monges "espirituais", novos ministros do perdão, era devido à crescente indignidade com que os bispos e presbíteros se mancharam. Ela tinha deslegitimado e provado os sacerdotes do poder de perdoar os pecados. A propósito Simão, o Novo Teólogo (949 circa-1022), monge de Studion, chega a afirmar:

> Antes [dos monges], os bispos, apenas, por sucessão dos divinos apóstolos, receberam o poder de ligar e desligar. Com o passar do tempo tornando inúteis os bispos, aquele terrível poder é doado por graça divina aos sacerdotes de vida irrepreensível. Depois, quando estes se confundiram com os outros e os sacerdotes, juntamente com os bispos, tornaram-se semelhantes ao resto do povo, e muitos, como acontece agora, incorreram nos espíritos do erro, em tolas conversas vazias e se corromperam, ela foi transferida, como disse, ao eleito

> povo de Deus, entendo aos monges; não porque tenha sido tirada dos sacerdotes e dos bispos, mas porque eles se tornaram alheios à lei[64].

Desses novos ministros da penitência (não necessariamente sacerdotes), o perdão dos pecados se obtinha por meio da confissão secreta e da consequente expiação, calculada em relação com a gravidade dos pecados singulares e com a condição do penitente (eclesiástico ou leigo), e absolvida por meio dos atos de mortificação pessoal (jejuns, prostração), orações onerosas (missas penitenciais), doações a igrejas e monastérios e peregrinações dirigidas para as tumbas dos santos e os santuários. As peregrinações previam distanciamento temporário ou perpétuo dos penitentes das suas residências habituais. A esses penitentes era imposta a mesma pena dada ao fratricida Caim: ser "errante e fugitivo" sobre a terra (Gn 4,12)[65].

A nova prática comportou – entre V e XII séculos, no Oriente e no Ocidentes – a redação de numerosas listas de pecados e tarifas, ditos "Livros penitenciais", por meio dos quais os confessores podiam calcular e impor as penitências de acordo com cálculos díspares, aplicando critérios de maior ou menor severidade para os mesmos pecados[66]. Um entre os "Livros" mais antigos, datado do VI século, é o *Penitenziale di Finniano* de origem irlandesa, do qual se deduz que penitência era concebida como medida de uma medicina dos males e de um eficaz remédio para os pecados cometidos, e tinha a finalidade de reconciliar o pecador arrependido. Determina, por exemplo, que:

---

[64] *Epistola sulla confessione e sul potere di legare e sciogliere*, 11 (Vogel, II, 246).

[65] Diversa era a consideração dos peregrinos devotos, tidos "*alter Christus*", por isso, imitando o Mestre, privado de um lugar onde pousar a cabeça. As regras monásticas impunham usar de caridade para com eles e acolhê-los nas comunidades como se acolhesse Cristo. O mesmo valia para o bispo e as igrejas locais. Alguns peregrinos que perderam a vida em sua viagem – realizada por amor a Cristo – tornaram objeto de cultos locais, às vezes estendido também a toda a Igreja. Sobre o argumento me permito referir a L. M. de Palma, *Pellegrini martiri di Cristo? Storia e leggenda di un culto medievale sulla costa pugliese*, in "Rivista di Storia della Chiesa in Italia" 53 (1999), 17-38; Idem, *Santuari medievali e pellegrinaggi. Contributo alla storia della pietà mariana in Puglia*, in "Odegitria" 17 (2010), 219-276.

[66] A recente obra monumental de Giovanni Andrea Di Donna oferece uma detalhada comparação entre textos orientais e textos ocidentais para confrontar as numerosas "tarifas", compostas em épocas e lugares diferentes: G. A. Di Donna, *Canones Poenitentiales*, 3 vol., 4 t., Pontificio Istituto Orientale – Valore Italiano, Roma 2017. Para uma pontual reconstrução histórica e historiográfica em torno dos "Libri penienziali", remete-se ao primeiro volume, 23-27. Veja também Righetti, IV, 253-258; e também B. Petrà, *La prassi penitenziale nelle Chiese ortodosse, in "Chiesa e Storia" 1 (2011), 133-155.*

> se um leigo se converte ao Senhor depois de ter feito o mal, isto é: fornicação e homicídio, faça três anos de penitência, não porte mais arma, exceto um bastão, e não mais permaneça com a mulher; jejue a pão e água e sal. Depois de três anos de penitência, dê ao sacerdote uma soma de dinheiro para o resgate da sua alma e ofereça uma refeição aos monges; com a ceia, considerava-se terminada a penitência e se recebia a comunhão. Retomava-se às relações com a mulher ao fim de toda aquela penitência e, se o desejasse, reunia-se ao altar (n. 35)[67].

O mesmo espírito animava os Cânones penitenciais atribuídos – mas com pouca probabilidade – a Teodoro Studita (†826),[68] com que se declarava que "a confissão é exposição contrita das palavras e dos pensamentos torpes: a satisfação é seu juízo, que reconduz para boa estrada aqueles que acessam a ela [...]. A confissão pode de fato extinguir também o fogo eterno".[69] A função medicinal da penitência privada, da qual é ministro o monge, mostra-se também por meio da frequente redução das penitências estabelecidas em respeito à congruência da prática antiga:

> O homicida deve morrer, segundo o mandato da lei. Mas São Basílio estabelece que este deva chorar quinze anos, comer apenas alimentos secos na hora nona e permanecer longe da comunhão. Nós, ao contrário, estabelecemos um terço de tempo do mesmo cânone, se se arrependeu e o seu esforço o demonstra, se, ao contrário, tiver sido negligente, leva a término os quinze anos segundo o grande Basílio (n. 17).[70]

Também, o perdão dos pecados perdia o caráter de não reincidência estabelecida pela disciplina antiga, porque, graças à penitência tarifada, o perdão podia ser pedido e obtido sempre. Nesse meio tempo, os penitentes afastados da órbita dos monastérios se voltaram aos próprios sacerdotes para obterem o perdão dos pecados, seguindo a mesma prática. Por consequência, a penitência tarifada,

[67] Vogel, II,55

[68] Para isso veja Di Donna, I, 28.

[69] Vogel, II, 192-193

[70] *Ibidem*, 194.

inicialmente privada e não necessariamente sacramental, adquiriu valor de sacramento, mas perdeu a tensão espiritual impressa originalmente no contexto da vida monástica, sobretudo porque "o padre de paróquia que comunicava a penitência e a absolvição não [tinha] sempre a qualificação espiritual do monge pleno de sabedoria e experiência"[71]. A penitência tarifada se difundiu fora do mosteiro e se tornou sacramento, mas para muitos penitentes o recurso a ela adquiriu materialidade e, às vezes, revestiu-se de mágica.

De resto, "a absolvição" andava progressivamente substituindo a antiga "reconciliação", de fato acessível aos fiéis apenas em caso de morte. As alternativas à penitência tradicional restavam apenas a consagração religiosa por meio da profissão monástica[72] ou do estilo de vida dos conversos, marcado pela continência e pela castidade também no matrimônio, juntamente com a separação dos afazeres seculares, por isso equiparado à vida monástica[73]. Ambas as opções asseguravam o

---

[71] Rouillard, *Storia della penitenza*, 47.

[72] Por séculos para a Igreja antiga "estava fora de dúvida que o monge, tendo renunciado à vida do mundo e tendo se consagrado inteiramente a Deus, obtinha com todo o direito a remissão dos pecados graves sem ter de passar antes pela penitência oficial. Como a penitência, também a profissão monástica era uma espécie de "segundo batismo" que cancelava os pecados a partir do momento em que o religioso se empenhava a servir a Deus. Qualquer que fosse a gravidade dos atos pecaminosos, o monge era dispensado da penitência canônica e era autorizado a participar da Eucaristia" (Vogel, I, 47-48).

[73] "Ao lado dos religiosos propriamente ditos, encontramos os 'conversos'. O 'converso' e a 'conversa' não vivem necessariamente em um mosteiro sob uma regra determinada ou em retiro solitário; eles podem continuar a atender às costumeiras ocupações no mundo: o essencial é que tenham uma vida mortificada, inteiramente casta e continente [...]. Agora, à "conversão" era atribuída os mesmos efeitos espirituais que a entrada na vida religiosa propriamente dita: ela dava aos seus seguidores a remissão dos pecados. É claro que nem a profissão religiosa nem a 'conversão' podiam constituir substitutivos cômodos da penitência eclesiástica, nem fáceis refúgios para aqueles relutantes às obrigações severas anexas à ordem dos penitentes. A obrigação de levar uma vida retirada e, sobretudo, uma castidade perfeita era suficiente para desencorajar o maior número de pecadores" (ibidem, 48). Sobre a figura dos conversos vejam-se os estudos de: P. Galtier, *Conversi*, in *Dictionnaire di Spiritualité Ascétique et Mystique*, 2, G. Beauchesne, Paris, 1953, coll. 2218-2224; J. Dubois, *L'institution de convers au XIIe siècle, forme de vie monastique propre aux laïcs*, in *I laici nella "societas christiana" dei secoli XI e XII. Atti della terza Settimana Internazionale di Studio, Mendola, 21-27 agosto 1965*, Vita e Pensiero, Milano 1968, 183-261; C. D. Fonseca, *I conversi nelle comunità canonicali, ivi*, 262-305; J. Dubois, *Converso*, in *Dizionario degli Istituti di Perfezione*, 3, Paoline, Roma 1976, coll. 110-120; S. Beccaria, I *conversi nel Medioevo. Un problema storico e storiografico*, in "Quaderni Medievali" 1998, n. 46, 119-156. O converso não deve ser confundido e se distingue do oblato dos mosteiros e das canônicas, do consagrado das ordens militares e do terciário dos conventos mendicantes. Sobre esta última figura veja: *Oblato*, in *Dizionario degli Istituti di Perfezione*, 6, coll. 654-676; E. Mariani, *Gli oblati olivetani fra Tre e Quattrocento : tipologie e peculiarità*, in "Benedictina" 55 (2008), 99-130; L. Tacchella, *I Donati nella storia del Sovrano Militare Ordine di Malta*, Verona 1986; G. Rocca, *Terz'Ordine*, in *Dizionario degli Istituti di Perfezione*, 9, Roma 1997, coll. 1042-1050.

perdão dos pecados tanto aos leigos, quanto aos eclesiásticos, para os quais o status de penitente, de acordo com a antiga disciplina, era vedado barrado. Apesar disso, as duas soluções extrapenitenciais continuavam a manter distante a maioria dos fiéis do perdão e da reconciliação.

A aplicação da penitência tarifada mostrou os seus defeitos e revelou o limite da impraticabilidade, porque a soma das penitências, muitas vezes, superava as concretas e reais possibilidades do penitente. Em outras palavras, a idade dos pecadores, às vezes, as doenças e as onerosas condições impostas não consentiam realizar pessoalmente as obrigações das penitências acrescidas segundo as tarifas. Por isso foi adotada a solução das comutações com a faculdade do penitente de delegar a outros o cumprimento das penitências. Tudo isso provocou a difusão de abusos, a recusa por parte das autoridades eclesiásticas das novidades introduzidas, e a intervenção das autoridades políticas para alcançar as necessárias correções. Às penitências impostas, e de difícil cumprimento, faziam-se corresponder as variadas equivalências. Inicialmente elas consistiam em um certo número de orações e de mortificações pessoais, ou em conspícuas ofertas de dinheiro para a celebração de missas "penitenciais" para depois consentir o resgate das penitências por intermédio de terceiros, os quais cumpriam as penitências (mediante compensação) substituindo os penitentes. O mais antigo testemunho de comutações (listas) aplicado às penitências tarifadas é o *De arreis* (*Trattato delle equivalenze penitenziali*), de origem irlandesa e datado do VI século, no qual, entre outra, dispõe-se:

> Comutação por um jejum prolongado: 100 salmos e 100 genuflexões ou três voltas de cinquenta por volta e 7 cânticos.
>
> Comutação de um ano: um dia e uma noite em pé sem dormir, a não ser um pouco, ou 150 salmos com cânticos e a leitura das 12 horas e 12 genuflexões em cada hora e as mãos levantadas em oração.
>
> Comutação de um ano: três dias no sepulcro com um santo morto sem alimento e bebida, mas vestido e cantando os salmos e as orações das horas depois da confissão e o voto do sacerdote (n. 1-3)[74].

As comutações contribuíram para a degradação da prática penitencial não apenas porque ofereceram a possibilidade de subtrair-se à penitência, mas tam-

[74] VOGEL, II, 198-201.

bém porque contribuíram para a perda da dimensão comunitária e eclesial da penitência.

Elas, também, justificavam a disparidade de tratamento entre pessoas pobres e ricas, assim como se infere dos *Canoni dello pseudo-Edgardo* (X século), no qual se estabelece que

> [O homem poderoso] deporá as armas, deixará o luxo inútil das vestimentas, tomará o bastão de peregrino e caminhará a pé descalço. Revestir-se-á de lama e com um cilício, não dormirá mais em uma cama, mas por terra, e assim descartará 7 anos de penitência por 3 dias. Tomará 12 homens que jejuarão em seu lugar por três dias, com pão, água e legumes verdes. Andará depois a buscar 7 vezes 120 homens que jejuarão cada um no seu lugar por 3 dias. Os dias de jejum assim obtidos são iguais ao número de dias contido em sete anos. Tal é a comutação penitencial que se poderá permitir a um homem rico e que tem amigos. O pobre não poderá agir do mesmo modo, deverá fazer tudo por si. E é muito justo que cada um expie por si as próprias culpas, pois está escrito: "Cada um levará o seu próprio fardo" (Gl 6,5) (n. 3,4)[75].

De tal modo se dava inúmeras situações escandalosas por nada evangélicas, porque se incentivava a avareza do clero secular e regular, às vezes ávido de esmolas, e, ao mesmo tempo, agilizava-se a fuga dos penitentes, sobretudo os mais abastados, diante das suas responsabilidades e das suas obrigações, especialmente no plano da real conversão.

O concílio de Toledo II (589)[76] estigmatizou a difusão da penitência tarifada entre as igrejas da Espanha e rejeitou a pretensão de reiterar a reconciliação dos penitentes, querendo reafirmar a irreformabilidade da disciplina antiga pela penitência canônica:

> Soubemos – declararam os bispos – que, em algumas igrejas da Espanha, os fiéis fazem penitência dos seus pecados não segundo a maneira canônica, mas de modo escandaloso: cada vez que pecam

[75] *Ibidem*, 205.
[76] Cf. A. Matanic, *Toledo (Toletanum), Concilio di (8 maggio ss 589)*, DDC, V, 319-323.

> pedem para serem reconciliados pelo sacerdote. Para reprimir uma tão execranda audácia, a nossa santa assembleia decretou que se dê a penitência segundo a forma canônica dos antigos, isto é: aquele que se arrepende das suas culpas seja privado da comunhão e posto na fila dos penitentes. Terminado o seu tempo de expiação, seja readmitido à comunhão, segundo o juízo do bispo. Quanto àqueles que reincidem no precedente vício, quer no tempo da penitência, quer depois da reconciliação, sejam punidos com toda a severidade prescrita pelos antigos cânones (n. 11)[77].

Porém, transcorridos alguns decênios, a voz dos bispos ao concílio de Chalon-sur-Saône (647-653)[78] testemunha a pregressa introdução na Gália da nova prática penitencial por obra dos monges-missionários celtas, com os quais os prelados partilhavam a função medicinal e salvífica e a necessidade da penitência, em proveito de todos os fiéis:

> Quanto à penitência dos pecados, que é a medula da alma, pensamos que seja útil a todos os homens; também é consenso unânime dos bispos desta assembleia que aos penitentes, depois que tiverem feito a confissão, seja indicada pelos sacerdotes a penitência (n. 8)[79].

Aos juízos discordantes dos bispos, provenientes de diferentes áreas geográficas (Roma ficou calada porque não conhecia a penitência tarifada), foram acrescidos os problemas relativos às comutações, elaboradas tanto no Ocidente quanto no Oriente, que surgiram concomitantemente nos Livros penitenciais, sob modalidades distintas, e com elas desapareceram.

5. Uma "terceira" via

Uma tentativa de remediar os abusos introduzidos pela penitência tarifada junto às comutações e de corrigir os seus reflexos na vida de piedade dos fiéis, foi

---

[77] Vogel, II, 282.
[78] Cf. Ch. De Clercq, *Chalon-sur-Saône (Cabillonen.), Concilio di (647/654)*, DDC, I, 276
[79] Vogel, II, 283.

buscado no período da reforma carolíngia (768-814), a qual, entre outra coisa, visava moralizar, sobretudo, o estilo de vida do clero. As normas fixadas por numerosos concílios, celebrados durante o império de Carlos Magno, foram finalizadas para extirpar os abusos e, em parte, rejeitavam a nova prática dos Livros penitenciais porque era estranha à tradição e enfraquecia a prospectiva eclesial do perdão dos pecados e da reconciliação.

Por outro lado, a penitência tarifada insistia na acusação dos pecados apenas para calcular a medida da expiação (mais ou menos severa), que permanecia essencial para obter a absolvição; mas esta última entrava no cumprimento da penitência (mais ou menos longa). A nova prática está completamente dissociada da penitência antiga, e, portanto, devia ser rejeitada porque foi considerada contrária a ela. Apesar disso, não se podia ignorar que ela tinha produzido uma rachadura no maciço e antigo princípio da não reiterabilidade da reconciliação.

As primeiras iniciativas reformadoras tiveram como alvo a penitência tarifada. Entre o VII e o IX séculos, tentaram-se eliminar os abusos introduzidos pelos Livros penitenciais e compartilhar – mas sem sucesso – um único penitencial oficial. Todavia, no concílio de Chalon-sur-Saône (815)[80] foi posto em xeque o problema: a penitência tarifada não pertencia à tradição, por isso se devia proceder à restauração da prática antiga a única considerada ser canonicamente legítima. O concílio tinha constatado que "em muitas partes se perdia o hábito de fazer penitência segundo o antigo uso canônico, e não se observava mais a antiga maneira de excomungar e reconciliar" (n. 25)[81]. Portanto, pedia "a ajuda do imperador para que o pecador, cuja culpa é pública, fizesse penitência pública e fosse excomungado, depois reconciliado segundo as suas obras, seguindo os regulamentos canônicos"[82]. Sancionava, também, o retorno à disciplina tradicional e pronunciava a condenação contra os Livros penitenciais.

> A penitência deve ser imposta, como dissemos, aos pecadores arrependidos, ou segundo o antigo uso canônico, ou seguindo o testemunho das Escrituras, ou o costume eclesiástico, eliminando e rejeitando sem compromisso os livretos chamados penitenciais, cujos erros são evidentes e autores pouco dignos de fé. Destes autores anôni-

[80] Cf. M. Belardinelli, *Chalon-sur-Saône (Cabillonen.), Concilio di (813)*, DDC, I, 276-277.
[81] Vogel. II, 289.
[82] Cf. *Ibidem*, 290.

> mos se pode dizer com justiça: *Assassinavam as almas que não deviam morrer e declaravam em vida aquelas que estavam mortas* (Ez 3,19). Impunham expiações do nada e insólitas para os pecados graves, e, segundo a palavra profética, confeccionavam almofadas para todos os dias e costuravam travesseiro para cada cabeça, qualquer que fosse a idade, para reduzir as almas à escravidão (Ez 13,18) (n. 18)[83].

A eliminação dos Livros penitenciais, imposta pelo concílio, fez eco, alguns anos depois, no concílio de Paris (829)[84], remarcando a ordem de destruí-los com tom mais grave: "A todos nós pareceu necessário que todo bispo busque em sua diocese estes opúsculos não autênticos e os faça queimar, para evitar que no futuro certos sacerdotes ignorantes levem ao erro os seus fiéis" (n. 32)[85].

Os livros penitenciais foram substituídos pela *Suma dos confessores*, e, em seguida, com seu cálculo das penitências, por obra da Escolástica, foi feita "uma classificação das culpas [elaboradas] partindo de uma análise intrínseca do ato pecaminoso, e não segundo o modo de expiação seguido até então"[86].

A intervenção imperial, de natureza religiosa e política, entendia chegar a uma união entre a tradição romana e aquela das populações bárbaras. Por isso alcançou um compromisso, segundo o qual se aceitou a coexistência das duas formas penitenciais, distintas entre penitência pública e penitência privada, conforme a publicidade dos pecados ou o seu caráter oculto.

Portanto, foi recuperada a dimensão eclesial da forma tradicional da penitência pública e, ao mesmo tempo, recebeu-se a reiterabilidade da reconciliação por meio da penitência privada. As duas formas tornaram-se complementares e favoreceram a reconciliação dos penitentes, segundo a sua situação pessoal e social.

Todavia, o desenvolvimento da crítica em relação à penitência tarifada levou a aguçar a atenção sobre a acusação dos pecados. Se a penitência tarifada – assim como se acenou anteriormente – atribuía a ela uma função instrumental em relação à expiação (tida essencial), o baixo medieval viu aflorar uma diferente concepção da acusação, segundo a qual "a vergonha inerente na acusação atuava por si

[83] *Ibidem*, 290-291.

[84] Cf. F. Boncompagni, *Paris, Parigi (Parisien.), Concilio di (6 giugno 829)*, DDC, III, 301-303.

[85] Vogel, II, 291.

[86] *Ibidem*, 26. Para um aprofundamento ver R. Rusconi, *L'ordine dei peccati. La confessione tra medioevo ed età moderna*, il Mulino, Bologna 2002.

mesma uma grande parte da remissão"[87]. Tanto que fora afirmado pelo anônimo autor (XI século) da carta: *De vera e falsa poenitentia*, endereçada a uma religiosa, que ganhou grande autoridade durante os últimos séculos da idade média. Portanto, a humilhação de confessar os próprios pecados era tida como essencial para a sua remissão e para a reconciliação dos penitentes: "Por meio da acusação feita pessoalmete ao sacerdote, por meio da vitória que o pecador alcança sobre que prova, por meio do temor que sente da ira de Deus, opera-se o perdão". Em outras palavras, a acusação dos pecados equivalia à sua expiação, mas a absolvição permanecia sempre poterior à confissão. A confissão dos pecados era considerada o remédio do espírito, ou o autor de *De vera et falsa poenitentia* reconhecia na acusação um formidável poder e uma eficácia indiscutível até afirmar:

> O poder da acusação e tal que, se não há no lugar um sacerdote, o pecador se confesse a um leigo. Sucede muitas vezes que o pecador não pode humilhar-se diante de um sacerdote, que o tempo e o lugar não lhe permitem de vir. Ainda que ele a quem confessa não possa perdoar, o pecador torna-se, todavia, digno de perdão, se se confessar com seu companheiro, porque teve o desejo de dirigir-se a um sacerdote. Os leprosos foram curados enquanto iam se mostrar aos sacerdotes e antes de lhes ter alcançado (cf. Lc 17,14). Daqui, resulta que Deus olha a intenção e as circunstâncias que impedem o pecador de ir encontrar um sacerdote. Sucede, às vezes, que alguns se movem em busca do confessor, em boa saúde e feliz, e ao longo da estrada, antes de chegarem, morrem. Mas a misericórdia de Deus está em todo lugar, e é concedida aos pecadores sinceros, ainda que não se manifeste tão rapidamente como com a absolvição sacerdotal (n. 25)[88].

Embora chegasse a favorecer a reconciliação de um vasto número de penitentes, os homens da Idade Média continuaram a buscar intermediários de disponibilidade mais imediata, especialmente em perigo de morte.

Conscientes da exortação de São Tiago apóstolo – "Confessai, pois, vossos pecados uns aos outros" (Tg 5,16) –, a confissão aos leigos tornou-se um atalho percorrido de muito bom grado pelos fiéis. Até o final do X século, a liturgia

---

87 *De vera et falsa poenitentia*, n. 25 (Vogel, II, 258).

88 *Ibidem*.

viu introduzir-se a recitação do *Confiteor* no curso da celebração eucarística, a qual se concluía com uma fórmula de absolvição recíproca entre o celebrante e os fiéis[89]. Em casos extremos – com a proximidade da morte ou de morte imprevista –, numerosos cristãos se acusavam publicamente dos próprios pecados, não podendo recorrer a um sacerdote[90]. Outros, especialmente os combatentes, faziam-no ao próprio cavalo, ou à espada, isto é, àquilo que para eles representava de mais precioso. Depois, comungavam comendo fios de erva, símbolos do Corpo de Cristo[91]. Esses atos, hoje, poderiam ser considerados confissão e comunhão de "desejo" *in articulo mortis*. Apesar disso, à confissão aos leigos foi negado qualquer valor sacramental, embora continuasse a ser praticada e recomendada como ato de humildade por alguns mestres espirituais.

Portanto, a confissão dos pecados era considerada a expiação deles, mas a absolvição permanecia reservada ao sacerdote. A confissão aos leigos, na ausência do sacerdote, era, contudo, considerada eficaz para predispor dignamente o fiel a receber o perdão de Deus.

Uma outra forma de penitência, introduzida pelos Livros penitenciais, foi a peregrinação. Ela tinha valor expiatório e se aproximava da forma propiciatória e devota da peregrinação cristã[92]. A peregrinação penitencial era uma penitência pública, mas não solene, utilizada para a expiação dos pecados públicos menos escandalosos e tributável por qualquer confessor. Podia ser praticada também pelos eclesiásticos, normalmente excluídos da penitência solene, para os pecados públicos menos escandalosos. Ela era repetível e comportava o afastamento do penitente do ambiente em que morava habitualmente. Desse modo afastava o perigo da vingança e promovia a remoção do escândalo da memória coletiva.

A vagabundagem penitencial junto aos santuários e ao longo dos caminhos de peregrinação levantou muitos problemas, porque frequentemente os penitentes

---

[89] Veja a respeito em M. Righetti, *Manuale di Stotia liturgica*, III: *La Messa. Commento storico-liturgico alla luce del Concilio Vaticano II*, Àncora, Milano 1998, 202-204.

[90] Cf. *Ibidem*, IV, 275-277.

[91] Alguns testemunhos da prática, entre os textos tirados da literatura cavalheiresca, estão recolhidos em Vogel, II, 25-26. Veja também Righetti, IV, 275-277.

[92] A bibliografia sobre a peregrinação é vastíssima, por isso se refira àquela compressa em R. Lavarini, *Il pellegrinaggio cristiano dalle sue origini al turismo religioso del XX secolo*, Marietti, Genova 1997, 707-729; L. Vaccaro (ed.), *L'Europa dei pellegrini*, Centro Ambrosiano, Millano 2004; J. Chélini – H. Branthomme (ed.), *Le vie di Dio. Storia dei pellegrinaggi cristiani dalle origini al Medioevo*, Jaca Book, Milano 2004, 169-176; J. Chélini – H. Branthomme (ed.), *Le vie di Dio. Storia dei pellegrinaggi cristiani dalla fine del Medioevo al XX secolo*, Jaca Book, Milano 2006, 204-2010.

eram bandidos que sem escrúpulos se abandonavam a comportamentos pouco condizentes à sua condição e, às vezes, tornavam-se responsáveis de posteriores delitos. Todavia, para muitos deles, a peregrinação penitencial representou um eficaz itinerário de conversão.

Comumente, alcançado o objetivo, os peregrinos arrependidos podiam dizer-se absolvidos e reconciliados porque haviam expiado os pecados cometidos. Com o seu ajuntar-se aos peregrinos devotos encaminhados especialmente às tumbas dos santos Pedro e Paulo (*ad limina Apostolorum*) foram introduzidos os "casos reservados", isto é, as absolvições das censuras canônicas (excomunhão, suspensão e interdição) prescritas para os *pecados mais graves*, subtraídas à jurisdição dos bispos e concedida pelo papa por intermédio de sacerdotes delegados[93]. O exemplo mais antigo de uma lista de casos reservados é uma bula de Gregório IX (1230), a qual, provavelmente, foi promulgada e lida publicamente na proximidade da Páscoa (4 de abril). O documento se estrutura do mesmo modo das sucessivas bulas *In Coena Domini*, em que eram elencadas as excomunhões e as absolvições concedidas na Quinta-feira Santa, segundo a prática (datadas do IX século) de reconciliar naquele dia os pecadores e declarar excomungados (ao menos implicitamente) os não confessados[94]. Deve-se chegar a 1364 para encontrar, na sua forma plena, o primeiro exemplo de bula *In Coena Domini*, contida na constituição apostólica *Apostolatus officium* de Urbano V[95].

Um posterior incentivo contribuiu a atrair a participação dos fiéis para a prática penitencial da peregrinação, isto é, o benefício espiritual da indulgência, consistindo na remissão extrassacramental, parcial ou total, "da penitência imposta ao fiel depois da confissão dos pecados"[96]. Tratava-se, portanto, de uma graça que

[93] Cf. E. Brambilla, *Casi riservati*, in *Dizionario storico dell'Inquisizione* (= DSI), A. Prosperi (ed.), 4 volumi, Edizioni della Normale, Pisa 2010, aqui I, 290-291.

[94] Cf. S. Pagano, In *Coena Domini*, *ibidem*, 774-775.

[95] As bulas continuaram a ser emitidas até 1770, quando Clemente XIV renunciou a publicar uma nova.

[96] Cf. R. Paciocco, *Indulgenze*, ivi, II, 789-790. Para a história das indulgências ver: N. Paulus, *Geschichte des Ablasses im Mittelalters*, Darmstad 2000²; e também É. Magnin, *Indulgences*, in *Dictionnaire de Théologie Catholique*, 7, Paris 1923, coll. 1594-1636; Righetti, IV, 307-322; C. Vasil', *Le indulgenze e le Chiese orientali ortodosse*, in "La Civiltà Cattolica" 151 (2000), q. 3611, 451-462; A. Paravicini Bagliani, *Il papato nel secolo XIII. Cent'anni di bibliografia (1875-2009)*, Edizioni del Galluzo, Firenze 2010, 612; H. Pietras, *La genesi delle indulgenze*, in "Gregorianum" 99 (2018) 315-335. E para as ordens militares empenhadas na Terra Santa, ver: A. Ehlers, *Indulgence*, in *Prier et combattre. Dictionnaire européen des ordres militaires au Moyen Âge*, Fayard, Paris 2009, 468-469; embora para as mesmas indulgências estendidas às cruzadas contra os heréticos me permito referir a L. M. De Palma, *Eresia e repressione: la crociata contro gli Albigesi*, in "Lateranum" 82 (2016), 629-643.

– sobre a pegada da tradição patrística – era concedida, a começar pelo século XI, primeiramente pelos bispos da França e da Espanha e depois pelo papa. Significativa foi a promessa feita por Urbano II em Clermont, em 27 de novembro de 1096, para solicitar aos fiéis iniciar o *iter transmarinus*, levar socorro armado aos cristãos do Oriente, ameaçados e perseguidos pelos turcos, e libertar a Terra Santa dos infiéis:

> Para todos aqueles que partirem, se encontrarem a morte em viagem ou durante a travessia ou em batalha contra os infiéis, haverá a imediata remissão dos pecados: isto eu concedo aos parentes pela autoridade que Deus me concede[97].

A concessão da indulgência "plenária" continuou a constituir o maior benefício espiritual lucrável por um penitente que pronunciava o voto da cruzada: uma graça de tudo excepcional. Em seguida, porém, da queda do Reino Latino de Jerusalém (1291), o *iter transmarinus* tornou-se impraticável, embora não se tenha atenuado o desejo de lucrar a indulgência plenária por parte dos fiéis, desejosos da plena remissão dos pecados.

Durante o século XIII, os papas haviam concedido indulgências especialmente em ocasiões das canonizações. A ampliação dessas graças especiais havia incrementado as peregrinações, as tumbas dos santos, transformadas de tal modo em santuários. Antes do pontificado de Bonifácio VIII (1294-1303), tinham suscitado amplo consenso as indulgências da Porciúncula em Assis e a "Perdonanza"[98] da basílica de *Collemaggio in L'Aquila*, instituída por Celestino V em 1294, por ocasião da sua coroação[99]. Apesar desses precedentes, foi um episódio imprevisto a induzir papa Caetano – não sem uma certa resistência – à concessão de uma indulgência equivalente daquela cruzada. Às vésperas do Natal de 1299, uma multidão inumerável de fiéis havia-se apinhada em São Pedro na expectativa de gozar o "grande perdão" do *Centesinus*, isto é, do advento do novo século. Tratava-se de uma "legenda urbana"

[97] Tradução [do latim ao italiano] em F. Cardini, *Il movimento crociato*. Sansoni, Firenze 1973, 74.

[98] Cf. R. Bartolini, *La "novitas" dell'Indulgenza dela Porziuncola alla luce del IV Concilio Lateranense e della storia dei pellegrinaggi*, in "Convivium Assisiense", n.s., IV (2002), 195-264; e também D. Cooper – J. Robson, *Assisi e Padova, penitenza e taumaturgia due esperienze diverse di pellegrinaggio nel primo Trecento*, in "Il Santo" 51 (2011), 475-489.

[99] Veja-se particularmente o estudo de C. Frugoni, *Due papi per un giubileo. Celestino V, Bonifacio VIII e il primo Anno Santo*, Rizzoli, Milano, 2000.

(excogitada pelos canônicos da basílica para aumentar a afluência dos peregrinos) porque nenhuma fonte histórico-jurídica atestava a sua fundamentação (exceto alguns testemunhos orais), por isso – com razão – Bonifácio VIII mostrou uma certa dúvida em condescender a um pedido de indulgência equivalente daquela cruzada, porque o voto dos *crucesegnati* envolvia um ato de caridade muito alto, até a perda da própria vida por amor de Cristo. A peregrinação a São Pedro, mesmo sendo um ato de piedade, não podia ser equiparada, com os seus riscos menores, à cruzada. Apesar das iniciais perplexidades, diante da insistência dos fiéis, que também vieram de fora de Roma, o papa concordou em conceder indulgência plenária em 22 de fevereiro de 13000 (Festa da Cátedra de São Pedro), com efeito retroativo a 25 de dezembro (na Cúria era começo do ano de 1300), e de fato, por meio da bula *Antiquorum habet*, instituiu o Ano Santo, fixando para o início de cada novo século a concessão da indulgência[100]. De fato, lê-se na bula:

> Concedemos a todos aqueles que no presente ano de 1300 iniciado na próxima passada festa da Natividade do Senhor nosso, Jesus Cristo, e em cada ano centenário que se seguir, se forem com reverência nas mesmas basílicas verdadeiramente arrependidos e tendo se confessado, ou que no presente ano centenário desta maneira e em qualquer ano centenário que se seguir se arrependerem verdadeiramente e se confessarem, não só um pleno ou mais amplo, mas um pleníssimo perdão de todos os seus pecados[101].

É significativo que a meta da peregrinação fixada pelo papa compreendesse não apenas São Pedro, mas também a basílica de São Paulo, com o objetivo de honrar os Príncipes dos Apóstolos, relembrando explicitamente a antiga visita *ad limina Apostolorum* realizada pelos devotos às duas basílicas cemitérios da Urbe.

---

[100] Em nenhum documento de Bonifácio VIII se fala de "ano santo" nem se usa o substantivo "jubileu" de origem veterotestamentária. Um e outro entraram sucessivamente na linguagem eclesiástica ocidental. Para a história dos anos santos ver: *La storia dei giubilei*, 4 vol., BNL, edizioni – Giunti Gruppo Editoriale Prato 1997-2000; e em particular a contribuição de F. Cardini, *L'eclissi di Gerusalemme. Fallimento della crociata in Terrasanta, nascita del Giubileo, I, 56-59.* Veja-se também: E. Doublier, *Libra misericordiae. Le indulgenze di Bonifacio VIII*, in "Rivista di Storia della Chiesa in Italia" 64 (2010), 347-380.

[101] Original e tradução em *Bollario dell'Anno Santo. Documenti di indicazione dal Giubileo del 1300*, Bologna, EDB, 1998, n. 1-5.

O papa também tinha fixado as condições para lucrar a indulgência, diferenciando-as para os peregrinos romanos e para os estrangeiros[102], mas com uma outra bula emitida na mesma data *Nuper per alias*, excluindo da indulgência os rebeldes e inimigos da Sede Apostólica.

> Mas, já que muitos se tornam indignos da graça desse tipo de indulgências, declaramos expressamente e expomos claramente que não queremos que estes falsos e ímpios cristãos que trouxeram ou que trarão mercadorias ou coisas proibidas ao sarracenos; ou que os trazem ou os trarão de volta de suas próprias terras, como também Federico, filho do defunto Pedro, rei há algum tempo dos aragoneses, e os sicilianos, nossos inimigos e da igreja romana; e também os condenados em Colona por nós, nossos rebeldes e da Sede Apostólica, e aqueles que acolherão os mesmos em Colona e, em geral, todos os simples inimigos públicos e rebeldes presentes e futuros da igreja mencionada, e quem a atacar e, de modo consciente, der aos supramencionados ou a qualquer um ou a alguns sua ajuda, conselho ou favor pública ou ocultamente, até quando persistirem na sua malícia, e não procurarem voltar aos preceitos da mencionada sede, [não queremos que] sejam participantes desse tipo de indulgências, e não estando dispostos a isso, excluímo-los totalmente delas[103].

Com um último ato, a conclusão do *Centésimo* ano, Bonifácio estendeu a indulgência aos peregrinos ainda presentes em Roma em 25 de dezembro de 1300, como também a quantos tinham permanecido impedidos durante a peregrinação ou tinham morrido (bula *Ad honorem Dei*)[104]. Desde então, o Ano Santo viu mudar frequentemente a sua periodicidade e também a indicação de jubileus extraordinários. Portanto, o Ano Santo representava para o homem medieval uma ocasião excepcional para alcançar a remissão dos pecados e das penas por meio da intercessão dos santos e constituía uma ótima segurança para a vida eterna. Ao mesmo tempo, a peregrinação penitencial jubilar (depois estendida a outras circunstâncias e outros lugares) acrescentou um traço posterior à poliédrica prática penitencial da Igreja durante a Idade Média.

[102] Enquanto os romanos deviam dirigir-se às tumbas dos Apóstolos por trinta dias, os forasteiros dirigir-se-iam às basílicas por quinze dias.
[103] *Ibidem*, n. 8.
[104] *Ibidem*, n. 10-14.

6. A REVIRAVOLTA LATERANENSE

Os últimos séculos da baixa Idade Média seguem a etapa final do nosso percurso histórico[105]. O Século XIII registrou uma reviravolta radical na prática e na disciplina penitencial em sequência a uma norma sancionada pelo concílio Lateranense IV (1215), confirmada cinquenta anos depois pelo concílio de Lião II (1274), quer dizer, a obrigatoriedade para todos os fiéis da confissão anual e da comunhão pascal[106]. A norma conciliar, depois, abriu o caminho para um outro modo de viver o sacramento da penitência, isto é, a confissão frequente. Ambas as práticas marcaram profundamente a vida de piedade dos fiéis e ainda, por muitos aspectos, identificam e dão a reconhecer a pertença à Igreja católica.

O concílio Lateranense IV, convocado por Inocêncio III (1198-1216), legislou no contexto de um vasto programa de reforma eclesiástica, que compreendeu tanto o clero quanto o laicato, dentro do que se coloca a constituição 21 *Omnis utriusque sexus*[107]. Ela é composta de duas partes, cada uma delas dita regras destinadas a regular a disciplina penitencial de acordo com os assuntos envolvidos, isto é, os fiéis e os confessores. Na primeira parte da constituição, estabelece-se que

> todo fiel de um ou outro sexo, alcançado a idade da razão, confesse sinceramente, sozinho, todos os seus pecados ao próprio pároco ao menos uma vez por ano, e cumpra a penitência que lhe for imposta segundo as suas possibilidades; receba com reverência, ao menos na Páscoa, o sacramento da eucaristia, ao menos que, sob conselho do próprio pároco, por um motivo razoável, lhe seja negado o ingresso na igreja em vida e a sepultura cristã na morte. Esta salutar disposição seja publicada frequentemente nas igrejas para que ninguém se esconda atrás da desculpa da ignorância. Se alguém, por um justo motivo, deseja confessar os próprios pecados a um outro sacerdote,

[105] Sobre este período da história da penitência cristã ver os estudos de E. Brambilla, *Penitenza, confessione e giustizia spirituale dal medioevo al XVI secolo*, il Mulino, Bologna 2000; Rusconi, *L'ordine dei peccati* (citato a nota 86); A. Carpin, *La confessione tra il XII e il XIII secolo. Teologia e prassi nella legislazione canonica medievale*, Edizioni Studio Domenicano, Bologna 2006.

[106] Para ambos os concílios remeto às respectivas contribuições (e às indicações bibliográficas) de Mario Sensi e Pierantonio Piatti no volume: *Storia dei Concili Ecumenici* (citato a nota 52), 227-257; 273-290.

[107] R. Gerardi, *"Regimen animarum", predicazione e disciplina dei sacramenti al Concilio Lateranense IV*, in "Lateranum" 82 (2016), 529-563, in particolare 543-547.

antes peça e obtenha a licença do próprio pároco, caso contrário o outro não teria o poder de absolvê-lo ou de ligá-lo[108].

Deve-se notar que não se faz acento algum à penitência pública nem à peregrinação penitencial, mas apenas à penitência privada sacramental. O acesso a essa última não é mais deixado à livre vontade do penitente, mas tornou-se obrigatoriamente reiterável para qualquer fiel que tenha alcançado o uso da razão. A acusação dos pecados (não se especifica se grave ou menos grave) tornou-se essencial; para ela segue a absolvição e o cumprimento da penitência, imposta na base da real possibilidade do penitente. Também, o valor da confissão (definida *iudicium poenitentiale*) supera a expiação, embora esta última seja considerada da maneira de um esforço espiritual para emendar-se. A frequência mínima obrigatória da confissão é anual e faz par com a comunhão eucarística na festa da Páscoa. Portanto, também para a comunhão pascal, o concílio fixa a obrigação anual; contudo essa disposição não tem o mesmo caráter peremptório que assinala a confissão dos fiéis, porque o cumprimento da obrigação está subordinado ao prudente juízo do confessor.

De um ponto de vista pastoral, as normas conciliares aludiriam à exígua frequência dos dois sacramentos da parte dos fiéis e, portanto, à vontade do concílio de incentivar a frequência, fixando o mínimo indispensável e imprescritível pelo cristão que quisesse dizer-se tal. Tanto é verdade que a constituição continuou ameaçando com a excomunhão quem não obedecesse às obrigações prescritas, até nega-lhe a sepultura religiosa, que significava impedir-lhe o ingresso no paraíso. O concílio, também, estabelece que o fiel deva confessar-se ao próprio sacerdote (*proprio sacerdoti*), mas oferece a possiblidade de alternativa desde que fosse autorizada. Ninguém deve sentir-se escusado pela ignorância dessas normas, às quais é indispensável assegurar a necessária publicidade.

A constituição prossegue ditando os preceitos com respeito ao confessor (sempre sacerdote). Seu modelo é ser médico das almas, prudente e discreto no examinar a vida de fé e a conduta moral do penitente, como também compreender as circunstâncias que o induziram ao pecado[109]. Os seus conselhos tinham a

[108] Original e tradução em *Conciliorum Oecumenicorum Decreta*, G. Alberigo – G. L. Dossetti – P.-P. Joannou – C. Leonardi – P. Prodi (ed.), EDB, Bologna 1991, 245.

[109] Cf. D. Tarantino, *De la escucha al perdón. Notas acerca del rol del confesor como curatus medicus animarum en la normativa canónica y la reflexión doctrinal*, in "Vergentis" 4 (2017), 211-231.

finalidade de curar o pecador, por isso ao confessor, sabedor dos seus limites, foi consentido consultar alguns peritos que o ajudassem no discernimento, mas sua grande preocupação deveria ser manter secreta a identidade do penitente[110]. De outra forma, continua a constituição, ele seria golpeado por penas severas, que iriam da perda da dignidade sacerdotal à privação da liberdade individual: "Decretamos que não só seja deposto do ofício sacerdotal, mas que seja trancado sob rígida vigilância em um mosteiro, a fazer penitência para sempre".

O concílio não se firma tanto sobre o conteúdo da confissão, quanto sobre a frequência da parte dos fiéis; e torna difícil chegar às intenções que levaram à promulgação da constituição *Omnis utriusque sexus*. Deve-se levar em conta, contudo, a dupla recepção que ela teve no seio da cristandade ocidental e as consequências inerentes à *cura animarum*[111]. Nas áreas interessadas pela difusão de movimentos heterodoxos, as autoridades eclesiásticas se preocuparam em exercitar, por meio da confissão, um controle sobre os fiéis. A confissão anual servia para descobrir os heréticos, consolidava a ligação dos fiéis com a Igreja e consentia em verificar a pertença. Se nos territórios invadidos pela heresia e pela presença dos heréticos a confissão anual fugia do controle e do impedimento, porque o falho absolvimento da obrigação comportava a excomunhão, entre as populações não atingidas pela influência dos grupos heréticos, a confissão prescrita pelo Lateranense IV introduziu na vida de piedade dos fiéis a frequência do sacramento como remédio às quedas ao longo do percurso da própria santificação.

A intervenção de alguns concílios locais e, sobretudo, os efeitos da ação das ordens mendicantes intensificaram a periodicidade da confissão e da comunhão eucarística[112]. Especialmente o teor da vida espiritual de franciscanos e domenicanos teve uma incidência positiva nos leigos das ordens terceiras e das confraternidades por eles dirigidas.[113] Assim como acontecia para os frades, também os

---

[110] Cf. D. Tarantino, *Confesión y sigilo sacramental en el Concilio Lateranense IV: de la normativa a la reflexión doctrinal*, in J. Belda Iniesta – M. Nacci (ed.), *Innocent III and his time. From absolute papal monarch to the Fourth Lateran Council*, Guadalupe, Murcia 2017, 405-422.

[111] Cf. C. Vincent, *La pastorale de la pénitence du IVe Concile du Latran : relecture des canones 21, 60 et 62*, in G. Melville – J. Helmrath (ed.), *The Fourth Lateran Council. Istitutional Reform and Spiritual Renewal. Proceedings of the Conference marking the Eight Hundredth Anniversary of the Council organized by Pontificio Comitato di Scienze Storiche (Rome, 15-17 October 2015)*, Didymos-Verlag, Affalterbach 2017, 143-161.

[112] Cf. C. Canonici, *"Hoc salutare statutum frequenter in ecclesiis publicetur". La ricezione del canone XXI "de Confessione" nella normativa pre-tridentina (secoli XIII-XV)*, in "Lateranum" 82 (2016), 575-599.

[113] Cf. R. Rusconi, *I francescani e la confessione nel secolo XIII*, in *Fracescanesimo e vita religiosa dei laici nel secolo XIII*, Assisi 1981, 251-309.

membros dessas associações introduziram na própria disciplina a confissão frequente juntamente com a obrigação de comungar de três a seis vezes ao ano. Por outro, a possibilidade de aproximar-se facilmente dos confessores de indiscutível probidade consentiu desenvolver e intensificar a relação entre os fiéis e o confessor no plano da direção espiritual, recuperando a prática monástica tradicional na perspectiva sacramental. Isso deu origem a melhorias na formação de uma consciência cristã e a se lançar na busca da perfeição.[114] De outro lado – considerados os limites expostos à comunhão, segundo o juízo do confessor –, a confissão acabou por ultrapassar a eucaristia na vida de piedade vivida pelos fiéis. "Os cristãos que a um tempo buscavam e encontravam purificação sacramental das suas culpas na eucaristia dominical buscaram-na no sacramento da penitência, que se tornou o sacramento da ablução no sangue Cristo"[115].

À vigília do concílio de Trento, o "preceito pascal" e a confissão frequente inaugurara estilos de vida cristã diferentes.[116] Embora na massa dos fiéis prevalecesse a observância da confissão anual, para os ânimos mais sensíveis à interiorização da fé a confissão frequente constituiu um elemento caracterizador da vida de piedade. A ligação da confissão com a comunhão eucarística fizera recuperar para a penitência a relação entre comunhão e excomunhão, quer dizer, a sua dimensão sacramental.

Conclusão

Um olhar retrospectivo proporciona reconstruir as linhas principais de desenvolvimento da penitência cristã de suas origens até o início da era moderna. A Igreja antiga, guardiã do poder divino de perdoar qualquer pecado, conhecia uma única forma de penitência sucessiva ao batismo e relativa aos pecados mais graves cometidos pelos fiéis. Marcada pela publicidade, ela não era reiterável, excluía da comunhão e permanecia fechada a algumas categorias de fiéis. O rigor da sua aplica-

[114] Sobre este aspecto refiro-me aos apontamentos oferecidos por G. Como, *Conversione e penitenza. La "confessione frequente di devozione" e Il suo vissuto spirituale*, in "La Scuola Cattolica" 136 (2008), 273-293.

[115] Rouillard, *Storia della penitenza*, 72.

[116] Cf. M. Vidal, *El sacramento de la penitencia en le eje de dos concilios: Lateranense IV (1215) y Trento (1545-1563)*, in "Chiesa e Storia", 1 (2011) 69-132; G. Pani, *Il sacramento della penitenza e della riconciliazione fra medioevo ed età moderna*, in "La Civiltà Cattolica" 166 (2015), q. 3967, 18-31.

ção impedia, de fato, o acesso à reconciliação para grande parte dos fiéis e terminou por ser praticada prevalentemente por aqueles que estavam no fim da vida.

Com a passagem dos séculos da alta Idade Média, difundiu-se uma prática desconhecida pela tradição antiga, isto é, a penitência tarifada, trazida para o sul do continente pelos monges irlandeses e britânicos. A novidade encontrou inicialmente uma ampla simpatia junto aos fiéis, principalmente por sua reserva e reiterabilidade, mas depois se demonstrou impraticável não só pelo sistema adotado de cômputo das penitências, mas também pelas respectivas comutações, as quais criavam fortes discriminações entre os penitentes e davam origem a situações escandalosas. De resto, a hierarquia eclesiástica olhava com suspeita para a nova prática penitencial (não sacramental) e a reprovava, seja pela sua estanheza à tradição eclesial, seja pela falta de envolvimento do ministro sacro.

O advento da reforma carolíngia comportou a tentativa de dar remédio aos abusos e à degradação em que versava a penitência praticada pelos fiéis, às vezes caída em um plano privado, pessoal e quase comercial, se não mágico. Todavia a reiterabilidade da penitência tarifada fizera brecha no muro intransponível da tradição, embora tivesse chegado a rejeitar a penitência tarifada, assumiu um sistema bipartido, pelo qual foi mantida a penitência pública na forma antiga para os pecados graves e públicos (reservada ao bispo), e, ao mesmo tempo, foi introduzida a penitência reiterável e expiatória (imposta pelos sacerdotes) para os pecados ocultos. Esta última se traduzia, muitas vezes, no cumprimento de peregrinações, também da parte de quem não podia ser admitido entre os penitentes públicos (os clérigos maiores). A dinâmica dos peregrinos penitenciais não era sem defeitos, antes mostrou logo os seus limites e tornou-se intolerável para os escândalos que suscitava.

Os primeiros séculos do segundo milênio viram o empenho da Igreja ocidental em corrigir as distorções das persistentes práticas penitenciais. Normas mais severas foram adotadas para a peregrinação penitencial, introduzida anteriormente à penitência tarifada. Isso consentia de repetir mais vezes a reconciliação dos penitentes, embora para a valência da expiação concluída lhe era reconhecida a eficácia da remissão dos pecados. Antes, por força das indulgências conjuntas, também as penas temporais (calculadas também elas com base nas taxas) eram definitivamente canceladas. Em resumo, desde o século XII conviviam três modalidades de prática penitencial para a reconciliação dos pecados: a penitência pública solene, a penitência privada sacramental e a peregrinação penitencial. A possibilidade de obter o perdão dos pecados havia sido multiplicada e diversificada, mas ocorreu uma intervenção autorizada para modificar posteriormente a prática penitencial. O concílio Lateranense IV (1215) introduziu para os fiéis a obrigatoriedade da confissão dos pecados com periodicidade anual, conjulgando-a com a comunhão eucarística. Desse modo, a reiterabilidade da penitência tornou-se obrigatória, embora até então a penitência era deixada à liberdade dos fiéis. O preceito conciliar determinou uma mudança radical na vida de piedade dos fiéis, tanto que a sua observância começou a constituir o critério de reconhecimento de pertença à Igreja católica, segundo o parâmetro de inclusão – exclusão da mesa eucarística, isto é, comunhão – excomunhão. E isso continuou a valer também nos séculos seguintes.

DESENVOLVIMENTOS HISTÓRICOS DO SACRAMENTO DA RECONCILIAÇÃO

DO CONCÍLIO DE TRENTO AO CONCÍLIO VATICANO II

Alfonso V. Amarante[1]

Nestas páginas buscaremos traçar, por resumidos capítulos, a evolução histórica e teológica do quarto sacramento nos últimos quinhentos anos de história da Igreja, remetendo para estudos setoriais à literatura específica.

O período histórico que vai do concílio de Trento ao concílio Vaticano II é particularmente rico de revoltas políticas e eclesiais, é capaz de nos fazer compreender as raízes profundas da crise da civilização ocidental e, portanto, também desse sacramento. De fato, crise do quarto sacramento tem raízes profundas devido a múltiplos fatores desenvolvidos na idade moderna e contemporânea.

Se o concílio de Trento sistematizou e precisou a reflexão teológica dos séculos anteriores, fixando a forma e a matéria do quarto sacramento, os séculos posteriores, com a prática pastoral que lhe seguiu, prepararam o desafeto lento e inexorável desse encontro salvífico. Em certo sentido, poderemos falar de crise de identidade desse sacramento que ressente da evolução que separa o nosso mundo daquele de Cinquecentos.

1. Da crise protestante à reforma tridentina

1.1. A doutrina protestante sobre a reconciliação

Com a pressão da reforma protestante, foram colocados em discussão todos os sacramentos e, consequentemente, também esse da reconciliação. Na teologia dos reformadores, o tema teológico da penitência desempenha um papel determinante. Nas primeiras três teses, das novecentas e cinco de Lutero (1483-1546),

[1] Professor ordinário de História da Moral na Academia Alfonsiana de Roma.

lê-se: "1) O Senhor e mestre, nosso Jesus Cristo, dizendo 'Fazei penitência', quis que toda a vida dos fiéis fosse uma penitência. 2) E essa penitência não poderia ser estendida pela penitência sacramental (isto é, pela confissão e pela satisfação que se realizava por meio do ministério dos sacerdotes). 3) Nem tinha em vista, portanto, apenas a penitência interior, pois, de fato, não existe penitência interior se esta não produz externamente as diversas mortificações da carne"[2].

Na teologia de Lutero[3] e de seus seguidores, marcada por forte pessimismo antropológico, a penitência está ligada ao batismo. A penitência não é outra coisa que um novo batismo tornado eficaz graças à fé. Na doutrina do monge agostiniano, o sacramento da penitência da reconciliação não foi instituído por Cristo. A razão teológica para não considerar a confissão como sacramento está na ideia de pecado que adquire um papel determinante na reflexão dos protestantes. Para Lutero, o pecado não é ato do homem, mas da natureza corrompida do próprio homem. Nessa ótica, até os atos virtuosos em si mesmos são pecados porque tiveram sua raiz na natureza pecaminosa do homem. Esse seu modo de pensar o levou a abolir a distinção entre pecado venial e mortal, pois o homem em quanto tal está em condição pecaminosa.

A reflexão luterana repousa no pecado original, pelo qual o homem deve provar dor profunda, e não tanto daquele atual. Segundo os reformadores, a mediação da palavra de Deus faz o homem tomar consciência de sua pequenez. O abandono na fé, entendida como confiança, justificará o homem pelos méritos de Jesus Cristo, embora permanecendo pecador. Deus perdoa ao homem não pelo ato de contrição, mas *sola fide* do homem em Deus. Aquilo que é fundamental no pensamento de Lutero não é o ato do homem diante de Deus, mas o que Deus opera no homem. O homem está diante de Deus com a fé somente, portanto, a mediação da igreja é mínima.

O teólogo de Wittenberg exorta à confissão, não como acusação dos singulares atos, quase como ato meritório diante de Deus, mas como conforto para as consciências. Consequentemente, para os protestantes o perdão oferecido vem de Deus e a função judicial do sacerdote é refutada[4]. Gradualmente, os reformadores

---

[2] Https://www.chiesaluterana.it/le-95-tesi-di-lutero/ (consultado em 3.9.2018).

[3] Cf. G. Moioli, *Il quarto sacramento*, Ed. Glossa, Milano, 1996, 347-364. Cf. K. Rahner, *La penitenza della Chiesa. Saggi teologigi e storici*, Ed. Paoline, Cinisello Balsano (MI) 1992; R. Gerardi, *Il sacramento del perdono per la riconciliazione dei penitenti*. EDB, Bologna 2015.

[4] Cf. C. Collo, *Riconciliazione e penitenza. Comprendere, vivere, celebrare*, Ed. Paoline, Cinisello Balsamo (MI) 1993, 127-142.

começam a ver a confissão como momento formativo para se acercar de que quem participa da ceia do Senhor tem a compreensão do sacramento.

Calvino (1509-1564)[5], como Lutero, nega que a reconciliação seja um sacramento e sustenta que ela é apenas uma instituição introduzida por Inocêncio III (1296-1216s) em 1215, durante os trabalhos do concílio Lateranense IV. A própria promessa, feita por Jesus a Pedro, de ligar e desligar (Mt 16,13-20), ele a entende como pedido do perdão divino. Absolvição concedida durante a celebração do sacramento não é outra coisa que a recordação do perdão já recebido no batismo.

Ao mesmo tempo, o reformador genebrino considera a penitência útil e propõe aos cristãos várias modalidades para confessar os próprios pecados e receber a absolvição. Fala da penitência como disciplina da Igreja, para tornar o corpo coeso, desenvolvendo várias formas de penitência que vão da advertência à excomunhão. Institui também um colegiado de doze anciãos, denominado "consistório", chamado a pronunciar as penas.

1.2. Alguns pronunciamentos tridentinos sobre o sacramento da penitência

Muitos resistem em definir os trabalhos do concílio de Trento (1545-1567) com o termo "Contrarreforma". Na realidade, por parte da Igreja católica não se tratou unicamente de uma resposta aos protestantes, isto é, uma reação a uma ação de contrarreforma, mas de um projeto de reforma de amplo alcance para toda a Igreja, de fato, sob o estímulo de uma autêntica e própria reforma. Antes do concílio de Trento foram propostas várias reformas da Igreja com uma diversa abordagem pastoral e teológica.

No âmbito desse amplo projeto reformador, os padres tridentinos esclareceram também a doutrina em torno do sacramento da penitência[6] em dois diversos momentos. De fato, a temática da penitência como sacramento foi tratada, pela primeira vez, na reflexão ao redor do decreto sobre a justificação durante a sexta

---

[5] *Ibidem*, 143-156.

[6] Para a história deste sacramento, assinalo o seguinte texto pelo rico aparto documental: P. ROUILLARD, *Storia della penitenza dalle origini ai nostri giorni* (Giornale di teologia 265), Queriniana, Brescia 2005.

sessão de 1547 e exatamente no capítulo XV[7]. De modo sistemático, o quarto sacramento foi tratado durante a décima quarta sessão, realizada de 15 de outubro a 25 de novembro de 1551.

O texto final dedica ao sacramento da penitência nove capítulos doutrinais e quinze canônicos. Nos capítulos é apresentada de forma positiva a exposição da matéria. Nos cânones são condenados os erros dos reformadores. Consequentemente os cânones, chamados *dogmata fidei*, contêm o núcleo da doutrina católica. Os padres conciliares dedicaram muito tempo à formulação dos cânones e pouco àquela dos capítulos. Os cânones são concluídos pelo anátema ("seja excomungado"), que não tem o mesmo significado único de heresia que lhe foi atribuído pelo concílio Vaticano I[8]. O concílio de Trento utiliza o substantivo *anátema* (literalmente significa seja oferta votiva, seja maldição) em duplo sentido: o anátema pode ser de natureza dogmática ou disciplinar. O seu verdadeiro significado é dado pelo cânon ao qual se refere.

Nestas páginas não podemos oferecer uma análise completa dos cânones conciliares, mas aqui ofereceremos apenas alguns aspectos, como a contrição, absolvição e o ato judicial.

Para uma correta hermenêutica dos cânones conciliares, é importante ter sempre presente que eles são o fruto de um fatigoso trabalho de elaboração, não isento de compromissos. Em alguns casos, tem-se a impressão de que vários elementos são sobrepostos uns aos outros.

Nos primeiros capítulos, a teologia tridentina afirma contra os reformadores protestantes que a instituição do sacramento da penitência provém de Cristo e é

[7] É interessante recordar o que os padres conciliares afirmavam sobre o sacramento da penitência quatro anos antes de ser objeto de reflexão sistemática. "Aqueles, pois, que com o pecado se aproximaram menos da graça da reconciliação, poderão novamente ser justificados, se procurarem, sob a inspiração de Deus, recuperar a graça perdida por meio do sacramento da penitência, por mérito de Cristo. Esse modo de ser justificado consiste na reparação daqueles que caíram; aquela reparação que os santos padres chamaram, com expressão adaptada, da segunda tábua depois do naufrágio da graça perdida. De fato, para aqueles que caem em pecado depois do batismo, Jesus Cristo instituiu o sacramento da penitência, quando disse: Recebei o Espírito Santo. A quem perdoardes os pecados serão perdoados, e a quem os retiverdes serão retidos" Cf. H. Denzinger, *Enchiridion Symbolorum*, P. Hünermann (ed.), EDB, Bologna 2001, 1542, 659-660.

[8] O sentido de heresia atribuído ao anátema no concílio Vaticano I está delineado na constituição dogmática *Dei Filius*, a qual afirma que "se deve crer com toda a fé divina e católica todas aquelas coisas que estão contidas na palavra de Deus, escritas ou transmitidas pela tradição, e que foram propostas pela Igreja, ou com solene definição, ou com o magistério ordinário e universal, como divinamente inspiradas, e, portanto que se devem crer": cf. Concilio Vaticano I, Costituzione dogmatica sulla fede cattolica *Dei Filius*, 24.4.1870, cap. III, § 4.

um sacramento distinto do batismo. No primeiro cânon, pois, há sutileza teológica: exatamente porque é Cristo mesmo, e não a Igreja, a fonte desse sacramento, que tem qualidade de *jure divino* e não apenas de *jure humano*[9].

O efeito principal do sacramento da penitência é a reconciliação com Deus acompanhada de outros frutos, como a paz interior e o gozo espiritual. Tudo isso é explicitado pelo cânon 4, no qual são retomados os três atos do penitente, isto é, a contrição, a confissão e a satisfação, como partes integrantes do sacramento.

No capítulo terceiro é definido que a forma do sacramento consiste nas palavras proferidas pelo ministro: "Eu te absolvo". Essa afirmação vai contra os reformadores, os quais sustentam que a penitência consiste no terror da consciência, que só percebe isso na fé despertada pela pregação.

No quarto capítulo, os padres indicam na contrição o primeiro ato do penitente: "A contrição, que entre os mencionados atos do penitente ocupa o primeiro lugar, é a dor da alma e o ódio ao pecado cometido, com o propósito de não pecar mais no futuro". A discussão teológica em torno da contrição torna um dos pontos *dolens* de toda a teologia pós-tridentina. Os padres falam no quinto capítulo também da atrição como caminho que prepara para a graça. De fato, os padres conciliares não entram na discussão teológica em torno de um tema assim delicado e controverso, e muito menos excluem a atrição como primeiro passo ao arrependimento[10].

Nos cânones 6-8 é tratado, como no sexto capítulo, a temática da integridade da acusação dos pecados e é reafirmado que esse sacramento é de direito divino e não eclesiástico. Diz respeito ao ministro instituído à absolvição dos pecados. Tal ato é de índole judiciária e comporta o conhecimento do estado do pecador de modo a poder impor penas proporcionais. Nesses cânones o concílio põe os fundamentos do *ius divinum*, que exige a integridade da confissão, a qual é sempre subjetiva e formal (cânon 7). Para os padres conciliares o pecado mortal é constituído pelo ato objetivamente mau e pelo conhecimento por parte da consciência da malícia de tal ato e do seu consentimento livre[11].

[9] Para os capítulos e cânones do quarto sacramento ver DENZINGER, *Enchiridion symbolorum*, 1667-1715.

[10] Cf. MOIOLI, *Il quarto sacramento*, 359-360.

[11] Cf. A. AMATO, *Il pronunciamenti tridentini sulla necessità della confessione sacramentale nei canoni 6-9 della sessione XIV (25 novembre 1551)*, LAS, Roma 1974.

Os cânones 9-11 têm como objeto a absolvição. Os padres conciliares sustentam firmemente que a absolvição é um ato judicial – e não um ministério de pregação como afirmam os protestantes –, confiado exclusivamente ao sacerdote[12]. Para a teologia do tempo é claro que um ato judicial era possível apenas aos reis, os quais não só condenavam, como também concediam indulto e benefícios. Isso nos faz compreender como o ato judicial para os teólogos tridentinos é sim uma sentença, para conceder um indulto. E aos ministros ordinários é dado um enorme poder de reconciliação[13].

2. A PRÁTICA DO SACRAMENTO DA PENITÊNCIA NO PÓS-CONCÍLIO TRIDENTINO

Até que as normas conciliares se tornassem praticadas, transcorreram muitíssimos anos. De fato, até o século XVIII não tivemos discussão teológica a respeito da natureza ou da estrutura do sacramento, somente em torno da consciência duvidosa. Nos primeiros cem anos do pós-concílio, os pastores esforçavam-se para aplicar as normas conciliares, como a formação de seminários para formar os futuros sacerdotes, a obrigação da residência dos bispos e sacerdotes, e o atender as confissões, até então, determinado, principalmente, aos religiosos.

As questões enfrentadas sobre o sacramento do perdão, nesse arco de tempo, podem ser reduzidas a duas: 1) como confessar; 2) como formar os futuros confessores.

2.1. Como confessar segundo o concílio de Trento

Em 1614, isto é, cinquenta e um anos do encerramento do concílio tridentino, foi pulicado o *Rituale Romanorum*[14], em que que estava descrito o modo como se administrava esse sacramento.

---

[12] Cf. J. Saraiva Martins, *Il mistero del perdono*, Urbaniana University Press, Roma 1991.

[13] E. Miragoli, *Il confessore giudice e medico: natura della confessione*, in E. Miragoli, *Il sacramento della penitenza*, Àncora, Milano 1999, 29-31. Cf, H. Boelaars, *L'indole giurisdizionale e la struttura giuridica del sacramento della penitenza*, in «Studia Moralia» 8 (1970), 387-413.

[14] Cf. M. Sodi – J. J. Flores Arcas (ed.), *Rituale Romanum. Editio Princeps (1964). Edizione anastatica.* Introduzione e Appendice (= Monumenta Liturgica Concilii Tridentini 5), LEV, Città del Vaticano, 2004. Veja-se também E. Mazza, *La liturgia della penitenza nella storia. Le grandi tappe*, EDB, Bologna 2013.

O ritual litúrgico prescrevia que o sacerdote, vestido o roquete e a estola, ouvia as confissões na igreja dentro do confessionário. Entre o confessor e o penitente devia haver uma pequena grade forrada. Depois do sinal da cruz, o sacerdote devia perguntar ao penitente por quanto tempo não se confessava e se tinha cumprido a satisfação imposta na confissão anterior. Nesse ponto, o confessor devia acercar-se se o penitente conhecia os *rudimenta fidei* e, no caso em que fossem ignorados, devia instruí-lo. A confissão do penitente devia respeitar as indicações conciliares com respeito a todos os singulares pecados, elencando-os pelo número, pela espécie e pelas circunstâncias. Se o penitente não enumerasse esses dados, o confessor devia interrogá-lo com muita prudência. No final da confissão, o sacerdote devia avaliar se podia absolver o penitente e, então, impunha-lhe a devida satisfação (penitência)[15].

O ritual romano indicava a confissão como ato preliminar para receber a eucaristia[16]. No texto, encontra-se a seguinte expressão *premissa sacramentali confessioni*. De fato, os fiéis, separados os homens das mulheres, em jejum desde a meia-noite, depois da confissão, eram chamados a adorar nosso Senhor antes de recebê-lo. Isso nos faz compreender porque na prática pastoral tenha permanecido na memória coletiva dos fiéis o costume de recorrer à confissão poucos minutos antes da celebração eucarística.

Essa indicação entrava em conflito com o que foi prescrito no Catecismo *ad parochos* em 1566, que, relembrando a indicações conciliares, especificou que os pecados objetos da confissão deviam ser só aqueles mortais[17]. Com o tempo prevaleceu a prática da confissão frequente e da acusação também dos pecados veniais, contradizendo, portanto, as indicações do Lateranense IV, reafirmadas pelo tridentino.

A pastoral pós-tridentina apresenta o sacramento da penitência como momento do encontro do homem com Deus. Mesmo quando a tarefa de juiz, realizada pelo confessor, parecia ser o que mais atingia o imaginário coletivo, foram três características sublinhadas do penitenciário: é um confidente caridoso e compreensivo; não pode infringir o sigilo do segredo sacramental; e, por fim, é um pecador entre os pecadores[18].

---

[15] Cf. *Ibidem*, 48-55. Cf. L. Vereecke, *La confession auriculaire au XVIe siècle: crise et renouveau*, in "Studia Moralia" 21/1 (1983), 51-77.

[16] Cf. *Ibidem*, 56.

[17] Cf. *Catechismus Romanus seu Catechismus ex decreto Concilii Tridentini ad parochos Pii Quinti Pont. Max. Iussu editus*, a cura di P. Rodrigues – I. Adeva – F. Domingo – R. Lanzetti – M. Merino, LEV, Città del Vaticano 1989.

[18] Cf. J. Delumeau, *La confessione e il perdono*, Edizione Paoline, Cinisello Balsamo (MI) 1992, 39.

Com o tempo, a confissão se revela um instrumento utilíssimo para limitar a difusão da reforma protestante[19]. De fato, seja a confissão anual, com a obrigação da comunhão pascal, seja a confissão frequente, elas ajudam a formar, dirigir e controlar as consciências da época[20].

Para ajudar os confessores nesse ministério, iniciou-se a publicação de alguns textos que tinham como objeto as indicações pastorais sobre o que perguntar aos penitentes e como comportar-se. Os textos mais difundidos da época eram: *Monita circa confesiones* (1544) de Pedro Favre (1506-1546), *Istruzioni ai confessori* (1572) de São Carlos Borromeu (1538-1584), *Advertissements aux confesseurs* (1603) de São Francisco de Sales (1567-1622).

2.2. *A formação dos confessores*

Se em âmbito pastoral o ritual romano dava indicações concretas sobre como oficiar esse ministério, na prática restavam algumas questões não resolvidas. As questões que os teólogos deveriam enfrentar, a partir do final do século XVIII e início do século seguinte, substancialmente versavam sobre como formar bons pastores de almas, capazes de reconduzir os fiéis à lei de Deus, e sobre como os confessores deveriam agir diante dos casos de consciência duvidosa. Os teólogos pós-tridentinos polarizaram também a sua atenção sobre a *questio* se, para absolver validamente, era suficiente que o penitente fosse movido pela atrição.

Para responder a essas problemáticas, começaram a ser publicados os primeiros manuais, para formar os futuros sacerdotes, chamados *Institutiones morales*. Atrás desses manuais, havia uma clara impostação teológica, que relembra apenas nominalmente o tomismo, do qual nasceram os sistemas morais para enfrentar os vários casos de consciência. Substancialmente, tivemos dois tipos de sistemas morais: aqueles objetivos (do tuciorismo absoluto ao probabiliorismo) e aqueles subjetivos (do probabilismo ao equiprobabilismo). O nascimento dos sistemas morais foi também a sorte das *Institutiones morales* porque cada escola teológica publicava e difundia os seus manuais divididos em três partes: princípios, aplicações e casos controvertidos.

---

[19] Cf. A. Prosperi, *Tribunali della coscienza*, Piccola Biblioteca Einaudi, Torino 1996.

[20] Sobre a confissão frequente cf. Collo, *Riconciliazione e penitenza*, 177-182.

Seja em torno à questão da contrição, seja sobre a consciência duvidosa, foi determinante a influência exercida por Santo Afonso de Ligório (1696-1787) com a sua teologia moral.

Para o santo napolitano, a consciência se coloca como "regra formal", necessária para se aderir à "regra material" no agir. Ligório dedica grande espaço à reflexão da consciência duvidosa, a qual

> é aquela que permanece não resolvida e suspende o consentimento por uma ou por outra parte. Mas é necessário aqui distinguir a dúvida negativa da positiva. A negativa é quando falta motivo suficiente para consentir a [alguma] das partes, e isto é o que propriamente se entende por dúvida...; a positiva, então, é quando há séria razão para dar o consentimento a ambas as partes, ou ao menos a uma delas, embora com formidinas do oposto; assim que a dúvida positiva é o mesmo que a opinião provável[21].

O modo de raciocinar de Afonso se defrontou com os autores que sustentavam que a verdade moral é proposta e aplicada partindo da própria verdade. Afonso respondia:

> O confessor não só é doutor, mas agora médico; quando vê que o medicamento, isto é, a advertência, reduz em ruína o penitente, deve abster-se dela. E ainda que seja doutor, não menos porque o seu ofício é de caridade, instituído pelo Redentor apenas para o bem das almas, deve ele ensinar muito bem a verdade, mas somente as que beneficiam, e não as que trazem condenação aos penitentes[22].

À luz do ensinamento alfonsiano, a decisão do bem a ser cumprida compete à consciência retamente formada. Na visão alfonsiana, a verdade moral é essencialmente prática. Não é possível identificá-la com a única formulação normativa mesmo se relevante. Diante da dúvida, deve-se seguir a opinião favorável à lei, se

[21] A. De Liguori, *Theologia moralis*, ed. Gaudé, I, Roma 1905, lib. I, cap. II, n. 20.

[22] A. De Liguori, *Istruzione e pratica per li confessori*, in *Opere di S. Alfonso M. De Liguori*, G. Marietti, Torino 1887, cap. XVI, punto VI, n. 110, 415. Para uma visão de conjunto da proposa moral alfonsiana cf. D. Capone, *La proposta morale di sant'Alfonso. Sviluppo e attualità*. S. Botero – S. Majiroano (ed.), Edacalf, Roma, 1997.

ela parecer mais segura. Quando, ao contrário, a opinião favorável à lei e aquela que favorece a livre escolha se equivalem, pode-se escolher também a opinião em favor da liberdade, porque goza da mesma probabilidade que a primeira.

É inútil recordar que as posições alfonsianas foram atacadas pelos rigoristas, os quais sustentavam a observância cega da lei moral e a contrição para a validade da confissão. Os jansenistas, referindo-se a santo Agostinho, puseram em discussão a doutrina tridentina sobre a contrição e a atrição[23]. "Sendo moral apenas o que é inspirado pela caridade e reduzindo-se esta à *delectatio victrix*, deduz-se disso que a dor dos pecados inspirada por um motivo de temor não poderia ser sobrenatural"[24].

Os padres tridentinos haviam deixado toda a questão mais que outra a um nível de motivação da qual surgisse o tipo de arrependimento:

> Falando da contrição perfeita, o Tridentino a tinha apresentado como motivada pelo amor de Deus. Duas linhas se desenvolveram a propósito: uma mais próxima às exigências agostinianas, e outra mais distante. Esta segunda, apoiando-se em um discurso scotista, tendia a reduzir a motivação formal de caridade em motivação mais geral *proper Deum*: reconduzindo para ela o arrependimento motivado pela justiça, pela gratidão, pelo desejo de beatitude. Assim se tornava mais fácil a "dor perfeita" e, portanto, a possibilidade de uma justificação extrassacramental[25].

Desde o fim do século XVII e início do século XVIII, a atrição foi aceita pela maioria dos teólogos como suficiente para receber a absolvição. Bento XIV fazia sua a norma do ritual de Estrasburgo na qual se diz: "Não vos canseis de advertir

[23] Segundo Caspani, os contricionistas – cujos maiores representantes eram de Lovaine, de Sorbone e de vários centros teológicos que seguiam santo Tomás –, apoiando-se nos cânones tridentinos, sustentavam que para a graça do sacramentos era necessária a *contritio ex caritate remissa*. Ao contrário, os sustentadores da atrição – encarnada principalmente pela escola de Salamanca, pelos franciscanos, pelos jesuítas – sustentavam que esta era suficiente para a válida absolvição. O autor sustenta ainda que tudo era trazido pelo ato interior do penitente. Cf. P. Caspani, *Lasciatevi riconciliare in Cristo. Il sacramento della penitenza*, Ed. Cittadella, Assisi 2013, 151. Sempre sobre o tema da contrição cf. P. Stella, *Attrizione e contrizione in età moderna: l'importanza storica di una disputa irrisolta*, in "Annali di scienze religiose" 3 (1998), 151-174. Cf. A. V. Amarante, *Probabilismo, attrizionismo e contrizionismo*, in "Chiesa e storia" 1 (2011), 239-258.

[24] Moioli, *Il quarto sacramento*, 367.

[25] *Ibidem*, 368.

os vossos penitentes que, para receber com segurança o sacramento da penitência, é preciso não só atos de fé e de esperança, mas também começar a amar a Deus, como fonte de toda justiça, segundo a fórmula do concílio de Trento"[26]. A experiência de Afonso, em contato com o povo simples e abandonado, fez-lhe compreender como a estrada mais estreita nem sempre é a que conduz à salvação. Afonso não nega a exigência de um início de amor a Deus, mas a atrição, que nasce do medo do inferno, move o coração para a esperança, ainda que de modo imperfeito[27].

Passadas as tempestades das grandes disputas do século XVII, esse sacramento, nos séculos seguintes, viveu certa estabilidade dada pela nova ordem mundial, em sequência da revolução francesa, estabelecida em Viena no ano de 1815. Com o retorno de Pio VII a Roma e a consequente restauração mundial, até o século XX, o quarto sacramento foi atingido por grandes discussões doutrinais.

3. O desenvolvimento do sacramento da reconciliação

No século XIX, como nos séculos anteriores, o quarto sacramento foi objeto de muitas questões pastorais. Ao iniciar o século XX com o surgimento dos movimentos de renovação litúrgica, bíblica e histórica, recomeça-se a refletir sistematicamente sobre a natureza desse sacramento.

3.1. Da comunhão frequente à confissão frequente

Em sequência à publicação do Catecismo da Doutrina Cristiana[28] por Pio X, a difusão da prática da comunhão frequente encontra a sua plena legitimação. Nas

---

[26] Delumeau, *La confessione e il perdono*, 71.

[27] Cf. Vereecke, *La confession auriculaire*, 60-65; S. Majorano, *Il confessore pastore ideale nelle opere di sant'Alfonso*, in "Studia Moralia" 38 (2000) 321-346; Idem, *Sant'Alfonso Maria de'Liguori: il confessore "officio di carità istituito dal Redentore solamente in bene delle anime*, in "Chiesa e storia" 1 (2001) 285-306. Cf. A. V. Amarante, *Pratica del confessore per ben esercitare il suo ministero*, in "Studia Moralia" 45/2 (2007) 349-376. Cf. F. Sacco, *Il dinamismo della carità. La vita cristiana nel pensiero di santo'Alfonso Maria de Liguori* (Copiosa Redemptio, 9). Editrice san Gerardo, Materdomini 2015.

[28] Cf. *Catechismo della dottrina cristiana pubblicato per ordine di sua santità papa Pio X*, Tipologia Poliglotta Vaticana, Roma 1912.

disposições desse texto, afirma-se que podia receber a eucaristia quem tivesse "a consciência pura e limpa de todo pecado mortal" (n. 629). Mais adiante, falando da confissão, sustenta que "estamos obrigados a nos confessar de todos os pecados mortais; é bom, contudo, confessar também os veniais" (n. 743).

Inicia a desenvolver-se também uma corrente espiritual que insiste muito nos atos do penitente para pagar as culpas. As indicações de Pio X, juntamente com a literatura espiritual vigente, fazem com que a confissão seja anteposta sempre ao ato de receber a eucaristia.

O afirmar-se dessa prática acende um debate teológico sobre a necessidade da confissão frequente. Em 1931 intervém também o magistério sobre a problemática como uma "instrução reservada". O "documento diz respeito à generalização da comunhão diária nos seminários, colégios e nas comunidades religiosas, com o objetivo de corrigir os abusos [...]. Para evitar tais abusos, pregadores e diretores de consciência devem ensinar que a comunhão frequente seja acompanhada das necessárias condições, entre as quais especifica a confissão frequente"[29].

Pio XII com as encíclicas *Mystici Corporis* (1943) e *Mediator Dei* (1947) insiste na necessidade da confissão frequente contra aqueles que sustentam que o ato penitencial da celebração eucarística seja suficiente para a remissão dos pecados leves. De fato, ainda uma vez foi excluído o problema teológico de fundo, isto é, a relação entre o sacramento da reconciliação e o da eucaristia.

Começam a nascer, depois de séculos, em torno da reconciliação, algumas perguntas. Os primeiros teológicos a ocupar-se da questão são J. M. R. Tillard (1927-2000), P. Galtier (1872-1961) e B. F. M. Xiberta (1897-1967). Inicia-se assim uma lenta e cansativa reconstrução histórica desse sacramento quando é redescoberta a dimensão eclesial por C. Collo:

a) a exclusão de determinados pecados pelo procedimento penitencial eclesial;

b) a reconciliação com a Igreja desempenha um papel determinante na antiga prática penitencial. Não consta que na Igreja antiga existisse uma penitência sacramental privada juntamente com aquela pública e oficial[30].

Essa pesquisa histórica sublinha como a Igreja, na idade antiga, aparecia como lugar de salvação.

---

[29] Caspani, *Lasciatevi riconciliare in Cristo*, 157.
[30] C. Collo, *Riconciliazione e penitenza*, 181.

A Igreja como lugar de salvação é a tese de fundo de M. de La Taille que sustentou que "a reconciliação com a Igreja é a *res et sacramentum*"[31]. Na linguagem dos teólogos escolásticos, a Igreja como *res et sacramentum* é efeito imediato da absolvição e da paz interior.

A discussão teológica antes da celebração do concílio Vaticano II gira, portanto, em torno da relação entre eucaristia e penitência. Os teólogos tinham refletido sobre uma pergunta particular: se a eucaristia perdoa os pecados, porque celebrar o sacramento da penitência? A reflexão que a isso se seguiu colocou em nível de signo sacramental os sacramentos do batismo, eucaristia, penitência e unção dos enfermos[32]. À luz dessas reflexões foram aprofundados, pois, a natureza do quarto sacramento e os seus efeitos, em âmbito eclesial e social, tendo em conta também o seu valor antropológico.

3.2. O concílio Vaticano II e o "de Ordo Paenitentiae"

A reforma do novo *Ordo Paenitentiae* tem como base as indicações conciliares. Nos vários documentos do Vaticano II encontramos, muitas vezes, a referência a esse sacramento. De modo sintético, assinalo apenas algumas passagens, como na *Sacrosanctum concilium*, em que é pedido para se refletir sobre a natureza e sobre o efeito do sacramaneto da penitência (n. 72) seja em âmbito social, seja eclesial (n. 110). A *Lumen gentium* se refere à dimensão da Igreja penitente (n. 8). Na *Presbyterorum ordinis* é recordado que o ministro desse sacramento é o presbítero que, por meio desse sacramento, reconcilia os pecadores com Deus e a Igreja (n. 5)[33]. Na *Gaudium et spes*, falando do pecado original, põe-se em evidência como o homem, erguendo-se contra Deus, tem orientado o olhar não mais para o criador, mas para si mesmo, e as criaturas iniciam a dramática luta entre o bem e o mal (n. 13).

Sem entrar no mérito da história do texto e da dupla comissão chamada a elaborá-lo, limitamo-nos a destacar alguns pontos nodais precisados pelo novo *Ordo*.

---

[31] M. de La Taille, "Bulletin de théologie historique", in Caspani, *Lasciatevi riconciliare in Cristo*, 159. Esta tese foi aceita – como escrevem Collo e Caspani – por muitos e influentes teólogos como H. de Lubac, K. Mersch, M. Schmaus, K. Rahner, O. Semmelroth, E. Schillebeeckx.

[32] Permanecem ainda hoje de grande valor os estudos de Ramos-Regidor, de modo particular ver *Il sacramento della penitenza: riflessione teologica, biblico-storico-pastorale alla luce del Vaticano II*, Elle di Ci, Leumann-Torino 1974.

[33] Cf. M. Busca, *Verso un nuovo sistema penitenziale?*, Edizioni Liturgiche, Roma, 2002, 45-49.

Em junho de 1972, são publicadas as normas pastorais para a absolvição geral[34]. Nesse texto são precisadas as condições em que se pode recorrer à absolvição geral, a fim de evitar abusos e reafirmar que a confissão individual com a absolvição permanece o único meio ordiário com o qual os fiéis se reconciliam com Deus e com a Igreja. São, entretanto, aclaradas outras duas questões: são reconhecidas "a utilidade das celebrações comunitárias, da qual, porém, excluem a eficácia sacramental; pedem para não contrapô-las à confissão sacramental e à absolução"[35] e proclamam que o rito da absolvição geral é distinta da celebração eucarística.

Em 1973, é publicado em latim o novo *Ordo Paenitentiae*. Esse texto, fruto de duas comissões e com mais de trezentas observações de modificação, já no título reserva algumas novidades. O título inicial devia ser *Ordo reconciliandi paenitentes*. A modificação do título mostra também uma modificação de conteúdo. De fato, "a clara afirmação de não valor sacramental das celebrações sacramentais"[36] reafirma que o modo ordinário de receber a absolvição dos pecados graves é aquele individual. O caminho de redescobeta histórico-patrística desse sacramento foi sacrificado às exigências tridentinas.

O Ordo está dividido em quatro partes. Depois de expor os fundamentos bíblicos e teológicos da penitência, é proposto o rito da penitência, segundo três modalidades: uma para um único penitente e duas para mais penitentes. Segue uma ampla proposta de leitura bíblica e, por fim, – em apêndice – encontram-se as fórmulas para a absolvição da censura e a dispensa das irregularidades, algumas propostas de liturgias penitenciais para os períodos fortes do ano litúrgico e um esquema para o exame de consciência.

O Ordo fala da reconciliação como mistério porque o sacramento nos faz viver a experiência do amor de Deus. Nas premissas doutrinais, são realçadas a dimensão trinitária e cristológica desse sacramento (n. 5) e, ao mesmo tempo, a dimensão eclesial (n. 3) e pessoal (n. 6), para depois se concentrar na dimensão celebrativa[37].

---

[34] Sacra Congregatio pro Doctrina Fidei, *Normae pastorales circa absolutionem sacramentalem generali modo impertiendam, in "Acta Apostolicae Sedis"* (= AAS), 64 (1972), 510-514.

[35] Caspani, *Lasciatevi riconciliare in Cristo*, 185.

[36] *Ibidem*, 189. Refiro-me a este estudo para a história da elaboração do *Ordo Paenitentiae*. Sobre as mesmas questões, cf. Busca, *Verso un nuovo sistema penitenziale?* 95-212.

[37] Cf. Busca, *Verso un nuovo sistema penitenziale?*, 273-402.

Creio que dois aspectos no *Ordo Paenitentiae* sejam merecedores de atenção. O primeiro diz respeito ao grande esforço de receber todo o trabalho de recuperação das dimensões celebrativas dos séculos anteriores como também a estrutura bíblico-patrística como o papel da comunidade eclesial na remissão dos pecados. Não mais uma confissão fechada no âmbito pessoal, mas aberta à dimensão social e eclesial dos batizados. Exatamente essa dimensão abre a uma novidade introduzida no novo Ordo, isto é, a possibilidade de celebrar esse sacramento de modo comunitário, mas com todos os destaques provenientes das normas para a absolvição. Enfim as fórmulas de absolvição merecem uma reflexão à parte por sua riqueza e suas indicações teológicas.

Conclusão

O caminho que vai da celebração do concílio de Trento ao concílio Vaticano II reserva muitos problemas para o quarto sacramento. Os cânones fixados pelo concílio tridentino exigiram dos pastores, no cuidado da alma, uma notável criatividade pastoral para serem aplicados. O confessor pós-tridentino foi chamado a aplicar um esquema de matriz escolástica que tem o seu centro na confissão auricular. Nos séculos seguintes, as perguntas surgidas da prática pastoral levaram os teólogos a buscar respostas sistemáticas a problemas práticos.

A reforma do concílio Vaticano II, concluída no *Ordo Paenitentiae,* sacrificou algumas dimensões que os estudos recentes tinham alcançado, como: a eficácia da eucaristia para a remissão dos pecados, o papel de todos os batizados na remissão dos pecados e o sacramento da penitência como novo batismo.

No pós-concílio a reforma desse sacramento continuou até chegar ao sínodo dos bispos de 1983, cujo fruto é a exortação pós-sinodal *Reconciliatio et paenitentia.* Esta, porém, pertence à nossa história recente e é uma outra história.

SEÇÃO ANTROPOLÓGICA

A EMPATIA COMO CHAVE DE RELEITURA DO PERDÃO E DA RECONCILIAÇÃO

Mario Boies[1]

Introdução

Hoje, é muito importante enriquecer a nossa compreensão do sacramento da reconciliação à luz da psicologia, pois essa pode ser um instrumento de crescimento pessoal para nos ajudar a viver o perdão.

Em seu livro sobre o perdão, Desmond Tutu[2] escreveu esta frase que foi o ponto de partida da minha reflexão: "A empatia é a chave do perdão, para si mesmo e para aqueles que tenhamos ferido"[3]. Por isso, escolhi aprofundar o sacramento da reconciliação à luz da empatia.

Sobre o tema da empatia, papa Francisco disse: "Não pode haver diálogo autêntico se não formos capazes de abrir a mente e o coração, pela empatia e pelo sincero acolhimento àqueles com os quais falamos [...] Um claro sentido da identidade pessoal de cada um e uma capacidade de empatia são, portanto, o ponto de partida para qualquer diálogo"[4].

À luz dessas colocações do papa Francisco, a escuta empática com a mente e com o coração pode ser uma precisa atitude evangélica e psicológica para os pastores no sacramento da reconciliação, a fim de oferecer ao penitente um acolhimento e uma ajuda cheia de amor incondicional, de compaixão e de misericórdia do Senhor.

---

[1] Professor convidado de Antropologia empírica junto à Academia Alfonsiana de Roma.

[2] Desmond Tutu é um arcebispo anglicano da África do Sul, que militou contra o apartheid. Durante a presidência de Nelson Mandela, foi presidente da comissão da verdade e da reconciliação para pôr fim ao *apartheid*. Recebeu o prêmio Nobel da paz em 1984.

[3] D. Tutu – M. Tutu, *Le livre du pardon: quatre étapes pour transformer nos vies et le monde*, Guy Trédaniel Editeur, Paris 2015, 175. Nota: neste artigo, as traduções de outras línguas (por exemplo, francês, inglês, espanhol) para o italiano são do autor.

[4] Francesco, *Incontro con i vescovi dell'Asia (17.8.2014)*, in AAS 106 (2014), 714-715.

Os dois objetivos, portanto, que perseguiremos neste artigo serão:

1. Como a empatia constitui, para o pastor, uma atitude psicopastoral pertinente, a fim de ajudar o penitente a viver gradualmente um processo de cura por meio do perdão e da reconciliação.

2. Como a empatia constitui, para o penitente, uma atitude psicoespiritual imprescindível, a fim de crescer no caminho do perdão e da reconciliação, consigo mesmo e com os outros.

Para realizar esses objetivos, apresentaremos uma definição etimológica e psicológica da empatia. Depois veremos a aplicação da noção de empatia nas aproximações psicológicas de Rogers, Kohlberg e Hoffman; depois, estabeleceremos uma correlação com o perdão e o sacramento de reconciliação. Por fim, para ajudar o pastor a acompanhar empaticamente o penitente no longo caminho do perdão e da reconciliação, terminaremos com a apresentação do modelo terapêutico psicoespiritual de Monbourquette.

1. O QUE É A EMPATIA?

Para reconhecer a pertinência da empatia no perdão e na reconciliação, é necessário compreender o que é empatia. Para isso é útil definir esse conceito à luz da etimologia, da psicologia e da diferença com a compaixão e a simpatia.

1.1. Significado etimológico de "empatia"

O termo "empatia" foi criado em 1872 a partir da palavra alemã *Einfühlung* que significa "sentir dentro de si". Foi inventada pelo filósofo Robert Vischer para designar "o sentimento que se prova diante de uma obra de arte"[5]. Mais especificamente, segundo Challita: "A palavra *Einfühlung* literalmente se traduz por 'o sentir em', como se houvesse o sentir emoções de uma outra pessoa no nosso corpo"[6].

[5] E. Giusti – B. Corte, *La terapia del per-dono: dal risentimento alla riconciliazione*, (Psicoterapie & Counseling, 73), Sovera Edizioni, Roma 2009, 102. Cf. P. Tourev, *Empathie*, 2018, in http://www.toupie.org/Dictionnaire/Empathie.htm [accesso: 04.02.2018 in Google "Définition empathie"].

[6] M. Challita, *Il cevello empatico come base neurale del comportamento morale: impostazione interdisciplinare*, Humanitas edizioni, Rende (CS) 2016, 7.

Em 1909 o psicólogo americano Edward B. Tichener traduziu *Einfühlung* com o neologismo "empatia", para exprimir a diferença com a simpatia[7].

Em nível etimológico, "empatia" vem do grego *em-patheia*, formada pelo prefixo *em*, que significa "no interior de" ou "em"; e pela palavra *pathos*, que significa "sofrimento", no sentido de sentir dor[8]. Portanto, etimologicamente, *em-patia* quer dizer: sentir dentro de si mesmo o sofrimento do outro.

1.2. Definição psicológica da empatia

Em âmbito psicológico, a empatia é a capacidade de sentir e de compreender dentro de si as emoções e a situação de uma pessoa, imaginando como seria se estivesse na mesma situação, mas sem ser pessoalmente atingido e envolvido emocionalmente[9]. Brevemente, a empatia é um "sentir o outro por dentro"[10].

Marta e Alfieri fornecem esta definição: "A empatia pode ser definida como a capacidade de assumir o ponto de vista de uma pessoa, de reconhecer e provar as emoções que se está vivendo, todavia com o conhecimento de que tal experiência não é a nossa, mas a de outro"[11].

Mais precisamente, segundo D'Auria,

> trata-se da capacidade de pôr-se no lugar da outra pessoa e de compreender os seus processos psíquicos e emotivos [...]. A empatia chama em causa, portanto, a capacidade de pôr atenção no outro de modo autêntico por meio da escuta ativa, participando não só do mundo emotivo, mas também daquele iterativo e espiritual do outro, sem exprimir juízos, mas com o desejo e a plena disponibilidade em compreender quem nos está de fronte[12].

---

[7] Cf. GOOGLE-SITES, *Empathie*, 2018, in http://sites.google.com/site/etymologielatingrec/home [acesso: 21.03.2018 nel Sito Internet "Étymologie français, latin, grec, sanskrit"].

[8] Cf. M. BOURRET, *La puissance de l'empathie: une solution aux problèmes relationnels*, Éditions Québec-Livres, Montréal, 2014², 16 ; P. TOUREV, *Empathie*.

[9] Cf. BOURRET, *La puissance de l'empathie, 16;* CHALLITA, *Il cevello empatico, 7-8;* A. D'AURIA, *Il potere terapeutico del perdono: per stare bene con se stessi e con gli altri,* (Argomenti), Sugarco Edizioni, Milano, 2017², 88.

[10] GIUSTI – CORTE, *La terapia del per-dono*, 106.

[11] E. MARTA – S. ALFIERI, *Empatia e altruismo: come e perché aiutiamo gli altri entrando nei loro panni.* Edizioni San Paolo, Milano 2017, 22.

[12] D'AURIA, *Il potere terapeutico del perdono*, 88-89.

Em síntese, a empatia é a capacidade psicológica de pôr-se no lugar da outra pessoa para compreender e sentir a sua situação, nos níveis racionais (cognoscitivo), emocionais e espirituais, mas sempre se colocando com um olhar objetivo, com um certo desprendimento, a fim de ajudar a pessoa.

Essas colocações psicológicas permitem compreender melhor a penitência da empatia no contexto do sacramento da reconciliação porque ajuda o pastor:

– a compreender interiormente a situação do penitente (com a própria mente);

– a perceber as emoções do penitente (com o próprio coração);

– e a refletir de modo neutro o vivido pelo penitente, sem julgá-lo e sem sentir-se implicado pessoalmente.

1.3. Diferença com a compaixão e a simpatia

Na prática do sacramento da reconciliação, é muito importante distinguir a empatia da compaixão e da simpatia.

1.3.1. A compaixão

A palavra compaixão provém do latim *cum-patire* que significa estar com o outro no sofrimento[13]. Pois, "a compaixão é uma atitude que consiste em ser sensível ao sofrimento de alguém, mas com o desejo de lhe pôr remédio"[14].

Portanto, a compaixão vai além da empatia, no sentido que suscita na pessoa uma motivação, um impulso de colocar uma ação orientada para ajudar o outro em seu sofrimento[15]. De modo metafórico, pode-se dizer que a compaixão é de fato "o abraço da empatia"[16]. Por isso, a compaixão é uma atitude muito importante na prática do sacramento da reconciliação. Porque ela impele interiormente o pastor a passar para a ação:

– de oferecer ao penitente uma ajuda e um apoio moral, espiritual e sacramental;

---

[13] Cf. GIUSTI – CORTE, *La terapia del per-dono*, 106.

[14] BOURRET, *La puissance de l'empathie*, 22.

[15] Por exemplo, a compaixão do bom samaritano (cf. Lc 10,33-35) o motiva, interiormente, a ajudar o homem ferido.

[16] M. BOIES, *Psychologie et morale: réception de la psychologie cognitive-développementale au sein de la théologie morale post-conciliare*, Universidad Comillas, Madrid 2006, 498; W. C. SPOHN, *Go and to Likewise: Jesus and Ethics*, Continuum, New York 2003^3. 90.

– de aliviá-lo de seu sofrimento, de seu pecado, de seu senso de culpa, de sua situação difícil etc.

1.3.2. A simpatia

O termo "simpatia" deriva da *pathos* (sentir o sofrimento) e *syn* (com)[17]. Pois, a simpatia é "sentir com o outro"[18] as suas emoções. É como viver em função emotiva com o outro[19]. Um pastor que vive uma relação de simpatia compartilha a situação, as emoções do penitente, sem adotar uma distância cognoscitiva, afetiva e objetiva. Pois, no sacramento da reconciliação, a simpatia não é desejável, para evitar que o pastor viva uma relação de fusão emocional com o paciente.

2. Três aplicações da empatia na psicologia e implicações para o sacramento de reconciliação

Damos um passo avante ao analisarmos como a empatia fora estudada e aplicada nas aproximações psicológicas de Rogers, Kohlberg e Hoffman. Depois de uma breve apresentação desses aspectos psicológicos, veremos a sua aplicação no sacramento de reconciliação.

2.1. A empatia na psicologia humanística-existencial de Rogers

O famoso psicólogo humanístico-existencial Carl Rogers pôs o conceito de empatia no centro da relação de ajuda, baseada na aceitação incondicional da pessoa, como bem evidencia Giusti e Corte: "Rogers pôs a atenção sobre o papel da empatia na relação terapêutica; considerando-a modalidade privilegiada para entrar no mundo da outra pessoa, sem julgá-la, e criar assim o ambiente adaptado para o processo de autorrealização do paciente"[20].

À luz dessa contribuição de Rogers sobre a relação de ajuda empática, podemos reconhecer a importância da empatia do pastor no sacramento da reconciliação:

---

[17] Cf. Marta-Alfieri, *Empatia e altruismo*, 28.
[18] Giusti – Corte, *La terapia del per-dono*, 106.
[19] Por exemplo, a simpatia é chorar com o outro a perda de uma pessoa querida.
[20] Giusti – Corte, *La terapia del per-dono*, 102.

– ao acolher o penitente com amor incondicional, isto é, com uma profunda caridade evangélica, reflexo da misericórdia de Deus;

– ao compreender interiormente a situação do penitente, o seu sofrimento como se o pastor estivesse no lugar do penitente;

– e ao ouvir atentamente a experiência emocional do penitente, para poder levá-lo a "refletir" mais tarde, mas sem juízo e sem ser influenciado pessoalmente por essas emoções.

2.2. A empatia na psicologia cognoscitivo-evolutiva de Kohlberg

No campo da psicologia moral cognoscitivo-evolutiva, os estudos de Lawrence Kohlberg permitiram descobrir como a empatia tem um papel determinante no desenvolvimento do juízo moral da pessoa em relação com a solução dos conflitos éticos.

2.2.1. A empatia é assumir a perspectiva do outro

Segundo Kohlberg, a empatia faz referência à capacidade cognitiva e racional da pessoa:

– para "assumir a perspectiva do outro"[21] (isto é, a adoção de papel ou de "role taking")[22];

– pôr-se no lugar do outro, para compreender o seu ponto de vista na problemática vivida por ele.[23]

Pois, em um contexto de conflito ético ou interpessoal, a empatia, por meio da adoção da perspectiva do outro, permitirá à pessoa sair de si mesma (descentramento cognitivo[24]) para abrir-se ao outro, a fim de compreender e levar em consideração os raciocínios, os valores, as emoções, as motivações do outro implicado na problemática ética ou interpessoal.

---

[21] Marta – Alfieri, *Empatia e altruismo*, 17.

[22] Cf. Boies, *Psychologie et morale*, 289.

[23] Cf. L. Kohlberg, *From Is to Ought: How to Commit the Naturalistic Fallacy and Get Away with It in the Study of Moral Development*, in L. Kohlberg (ed.), *Essays on Moral Development. The Philosophy of Moral Development*, vol. 1, Harper & Row, San Francisco 1981, 140.

[24] Cf. Boies, *Psychologie et morale*, 290.

A empatia, portanto, ajudará a pessoa a considerar o ponto de vista do outro, fará uma reorganização das cognições (reestruturação cognitiva) que facilitará a solução dos conflitos éticos ou interpessoais.

Por isso, Kohlberg estima que a empatia, a adoção da perspectiva do outro e o descentramento cognitivo contribuam ao desenvolvimento moral, porque permitem à pessoa integrar o ponto de vista do outro e de formular um juízo moral mais elevado e maduro do nível anterior[25].

2.2.2. Incidência da adoção empática da perspectiva do outro pelo ofensor no processo do perdão e da reconciliação

Essa contribuição de Kohlberg na compreensão empática pode ajudar o penitente a crescer no processo do perdão e da reconciliação para com o seu ofensor. De fato, os autores, Giusti e Corte, ressaltam como a adoção empática da perspectiva do ofensor pode ajudar a pessoa ferida (ou a vítima) no processo de perdão do ofensor.

> Diversos teóricos julgam que a empatia seja um fator que facilita o perdão por permitir à vítima colher a perspectiva e, sobretudo, as emoções do ofensor [...]. A vítima é habitualmente mais propensa a perdoar se puder identificar acuradamente a perspectiva e as emoções experimentadas pelo ofensor[26].

D'Auria insiste também na importância de assumir a perspectiva do ofensor para empatizar-se com ele:

> Esta capacidade de entrar em contato com o outro está na base de um percurso como aquele do perdão. Consente em andar além da própria raiva e de colher as emoções do ofensor, para assumir uma atitude mais tolerante e livre de juízos[27] [...]. Empatizar-se com o ofensor trata-se [...] de provar e colocar-se no lugar do outro, de mudar o ponto de vista[28].

---

[25] Cf. *Ibidem*, 290; Kohlberg, *From Is to Ought*, 140-144; L. Embola Dena, *Le développement moral selon Lawrence Kohlberg* (Thèse doctorale). Université Laval, Québec 1993, 33.

[26] Giusti – Corte, *La terapia del per-dono*, 104-105.

[27] D'Auria, *Il potere terapeutico del perdono*, 91.

[28] *Ibidem*, 97

Essas citações colocam em evidência claramente como a empatia ajuda o penitente a assumir a perspectiva do ofensor e a colocar-se no seu lugar para compreender melhor: a sua dinâmica psicológica, o seu raciocínio e valores, a sua cultura e educação, as suas emoções, as motivações de seu comportamento na situação vivida etc.

Essa consciência empática, objetiva e global da realidade do ofensor suscitará no penitente uma reestruturação objetiva que, de uma parte, favorecerá o processo do perdão; de outra, permitirá livrar-se de um peso emocional (por exemplo, tristeza, vergonha, humilhação, senso de culpa, cólera etc.), pois o penitente será capaz de reconhecer a responsabilidade do ofensor no conflito interpessoal.

Enfim, o pastor, no contexto do sacramento da reconciliação, poderia ser um facilitador para ajudar o penitente a assumir empaticamente a perspectiva da outra pessoa implicada na relação, a se colocar em seu lugar. Assim, graças a essa compreensão empática, tanto a pessoa ferida quanto o ofensor prosseguirão mais serenamente pelo caminho do perdão.

2.3. A empatia na psicologia social de Hoffman

2.3.1. Uma aproximação multidimensional da empatia

A partir da psicologia social, Martin Hoffman pôs em evidência uma aproximação multidimensional que integra quatro dimensões da pessoa: cognitiva, afetiva, motivacional é pró-social[29].

A dimensão cognitiva da empatia se refere à capacidade racional de compreender adequadamente aquilo que está vivendo a outra pessoa, a sua problemática[30]. A dimensão afetiva reenvia a emoção que uma pessoa vive diante da situação vivida por alguém[31]. A dimensão motivacional corresponde à compaixão que impele uma pessoa a ajudar o outro no seu sofrimento. Por fim, a dimensão pró-social faz referência à ação altruísta concreta que a pessoa adota para ir realmente ajudar uma pessoa sofredora[32].

---

[29] Cf. Boies, *Psychologie et morale*, 162-163.

[30] Cf. M. L. Hoffman, *Empatia e sviluppo morale* (Saggi 701), Il Mulino, Bologna 2008, 53.

[31] Cf. *Ibidem*, 53; D. Bacchini, *Lo sviluppo morale*, in L. Barone (ed.), *Manuale di psicologia dello sviluppo*, Carocci Editore, Roma 2016[10], 344.

[32] Cf. Ch. M. Shelton, *Achieving moral health: an exercise plan for your conscience*. The Crossroad Publishing Company, New York 2000, 127, 234; Boies, *Psychologie et morale*, 492-493.

2.3.2. O fundamento altruísta e motivacional da empatia

Segundo Hoffman, a empatia é uma motivação altruísta universal dos seres humanos que consiste no perceber, em âmbito cognitivo e emocional, o sofrimento dos outros.[33] Por essa razão, a empatia contém uma dimensão altruísta motivacional que suscita duas disposições interiores para o outro:

– de uma parte, o sofrimento vivido pelo outro leva a pessoa para uma atitude altruísta que Hoffman chama de "sofrimento empático" ou "empathic distress";

– de outra parte, o sofrimento empático motiva a execução de uma ação pró-social que Hoffman chama de "sofrimento simpatética" ou "compaixão" ou "sympathetic distress"[34].

Em síntese:

– Quando um sujeito toma consciência do sofrimento de outra pessoa, tenta assumir racionalmente a perspectiva dela para compreender melhor o contexto da sua dificuldade (dimensão cognitiva da empatia).

– Em seguida, adota uma atitude altruísta e sente dentro de si um sofrimento empático em confronto dessa pessoa (dimensão afetiva).

– O sofrimento empático pode induzir um sofrimento simpatético ou uma compaixão que motiva o sujeito a oferecer a sua ajuda à pessoa sofredora (dimensão motivacional).

– O sofrimento simpático poderá impelir o sujeito a adotar uma ação moral pró-social compassiva e benévola, a fim de sustentar, acompanhar e ajudar concretamente essa pessoa na sua situação difícil (dimensão pró-social)[35].

Portanto, para Hoffman a inter-relação entre o sofrimento empático e o sofrimento simpático constitui o fundamento altruísta e motivacional da empatia.

---

[33] Cf. M. L. Hoffman, *Empathy, Role Taking; Guilt and Development of Altruistic Movies*, in T. Lickona (ed.), *Moral Development and Behavior*, Holt, Rinehart and Winston Editions, New York 1976, 126-127; Idem, *The Development of Altruistic Motivation*, in D. J. DePalma – J. M. Foley (ed.), *Moral Development an advanced textbook*, Lawrence Erlbaum, Hillsdale, New Jersey 1975, 137-151.

[34] Cf. Boies, *Psychologie et morale*, 163; Hoffman, *Empatia e sviluppo morale*, 115-118; Idem, *Empathy, Social Cognition and Moral Education*, In A. Garrod (ed.*), Approaches To Moral Development*, Teachers College Press, New York 1993, 164; Idem, *La aportación de la empatía a la justicia y al juicio moral*, in N. Eisenberg – J. Strayer (ed.), *La empatía y su desarrollo*, Desclée De Brouwer, Bilbao 1992, 61, 65-66; Idem, *Development of Prosocial Motivation: Empathy and Guilt*, in N. Eisenberg (ed.) *Development of Prosocial Behavior*, Academic Press, New York, 1982, 281.

[35] Cf. Boies, *Psychologie et morale*, 493.

2.3.3. A empatia e a compaixão contribuem para o desenvolvimento moral

Partindo dessa explicação sobre os fundamentos motivacionais da empatia, outra contribuição notável de Hoffman foi demonstrar como a empatia pode ser um fator afetivo determinante no desenvolvimento moral[36]. As bases do comportamento moral, segundo Hoffmann, encontram-se, de uma parte, na reação empática a uma pessoa sofredora (sofrimento empático) e, de outra parte, em uma atitude compassiva (sofrimento simpático) que impulsiona um sujeito a ajudar uma pessoa em necessidade[37]. Bacchini explica bem esse processo da empatia para a moral:

> A experiência de um estado de ânimo negativo em contato com a vítima representa um estímulo motivacional para pôr em ato comportamentos reparadores de tipo moral-pró-social [...]. O "distress empático" tende a transformar-se em simpatia, uma resposta emotiva caracterizada pela preocupação com o estado emotivo do outro e que contribui para a promoção de mais elevados níveis de desenvolvimento moral[38].

Portanto, para Hoffman, o sofrimento simpático, ou a compaixão, contribui ativamente para o desenvolvimento do comportamento moral pró-social[39].

2.3.4. Incidência da atitude empática e compassiva do pastor no sacramento de reconciliação

À luz da contribuição de Hoffman, podemos compreender melhor a dinâmica psicológica da empatia e da compaixão do pastor no contexto do sacramento de reconciliação.

Em primeiro lugar, diante do sofrimento de seus irmãos e suas irmãs, o pastor adotará uma atitude empática que lhe permitirá assumir a perspectiva do penitente, a fim de compreender melhor, em âmbito cognitivo, a sua sofredora situação (dimensão cognitiva da empatia).

---

[36] Cf. BACCHINI, *Lo sviluppo morale*, 343 ; IDEM, *L'empatia come fondamento dello sviluppo morale*, in L. BARONE – D. BACCHINI (ed.), *Le emozioni nello sviluppo relazionale e morale*, Raffaello Cortina Editore, Milano 2013⁵, 123-146.

[37] Cf. M.V. MESTRE-ESCRIVÁ – P. SAMPER-GARCÍA, *Empatìa y desarrollo moral*, in M. V. MESTRE-ESCRIVÁ – E. PÉREZ-DELGADO (ed.), *Cognición y afecto en el desarrollo moral*, Promolibro, Valencia 1997, 36, 42.

[38] BACCHINI, *Lo sviluppo morale*, 346.

[39] Cf. HOFFMAN, *Empatia e sviluppo morale*, 53; BOIES, *Psychologie et morale*, 163.

Em segundo lugar, o pastor sentirá dentro de si as emoções associadas ao sofrimento do penitente e, portanto, exprimirá um sofrimento empático visceral (dimensão afetiva).

Em terceiro lugar, esse sofrimento empático suscitará no coração do pastor um sofrimento simpatético ou compaixão, que o motivará a oferecer a sua ajuda misericordiosa e amorosa ao penitente (dimensão motivacional).

Enfim, a compaixão impelirá o pastor a realizar ações morais (dimensão pró-social), como:

– cuidar do penitente em âmbito humano, psicológico e espiritual;

– ajudar o penitente a encontrar uma solução para a sua dificuldade;

– fazer o penitente experimentar a misericórdia, o amor incondicional de Deus e o seu perdão;

– convidar o penitente a ser empático, compassivo e misericordioso para com a outra pessoa implicada no conflito.

– E assim favorecer o crescimento do penitente no caminho do perdão e da reconciliação com Deus e com os outros[40].

3. O PODER TERAPÊUTICO DA EMPATIA NO PERDÃO E NA RECONCILIAÇÃO

Depois dessa apresentação da empatia, segundo as contribuições psicológicas de Rogers, Kohlberg e Hoffaman, é pertinente expor o modelo terapêutico psicoespiritual do perdão do sacerdote, psicólogo, canadense, Jean Monblurquette. Revela-se um modelo muito útil para os moralistas, os sacerdotes e os agentes pastorais, com o objetivo de acompanhar uma pessoa no caminho do perdão empático. Porque, sem esquecer a dimensão psicológica, essa aproximação oferece uma integração da dimensão espiritual e da fé em Deus para se abrir à graça do perdão.

3.1. O modelo psicoespiritual do perdão de Monbourquette

Perdoar, segundo Monbourquette, é um processo gradual que visa:

– de uma parte, a uma cura psicológica da pessoa ferida;

[40] Cf. CH.M. SHELTON, *Morality of the heart: a psychology for the christian moral life*, The Crossroad Publishing Company, New York 1997², 109.

– e da outra parte, a um caminho espiritual de abertura da alma à graça de Deus, de vivência de um amor incondicional pelo ofensor[41].

O modelo psicoespiritual de Monbourquette é, portanto, um processo gradual que se desenvolve em treze etapas resumíveis em cinco fases[42]:

1. *A primeira fase*, que consiste na primeira etapa, diz respeito às condições de base para o perdão: a escolha de não se vingar e fazer cessar os gestos ofensivos.

2. *A segunda fase* reagrupa as etapas de 2 a 6. Diz respeito à cura psicológica, isto é, a integração das emoções dolorosas em relação com a ofensa e a ferida.

Etapa 2: reconhecer a própria ferida e a própria pobreza.

Etapa 3: compartilhar a própria ferida com alguém.

Etapa 4: identificar bem a própria perda para elaborar o luto.

Etapa 5: aceitar a cólera e o desejo de se vingar.

Etapa 6: perdoar a si mesmo.

3. *A terceira fase* reagrupa as etapas 7 e 8. Diz respeito à cura espiritual, isto é, à capacidade de compreender o ofensor para além do seu gesto e ver como a ofensa pode ser uma oportunidade de crescimento positivo.

Etapa 7: compreender o ofensor.

Etapa 8: encontra um sentido à ofensa.

4. *A quarta fase* reagrupa as etapas de 9 a 11. Diz respeito ao perdão integral, isto é, à abertura e ao abandono à graça divina para viver o perdão misericordioso de Deus e o amor incondicional para consigo mesmo e para com o ofensor.

Etapa 9: reconhecer-se digno de perdão e já perdoado.

Etapa 10: parar de irritar-se por querer perdoar.

Etapa 11: abrir-se à graça de perdoar.

5. *A quinta fase* reagrupa as etapas 12 e 13. Diz respeito à possibilidade de reconciliar-se com o ofensor ou, quando não é possível, de ao menos ter uma atitude de benevolência para com ele. Enfim, celebrar o crescimento pessoal realizado por meio desse percurso do perdão.

[41] Cf. J. MONBOURQUETTE, *Chiedere perdono senza umiliarsi: guida pratica*, Paoline, Milano 2008, 167-168.

[42] Cf. J. MONBOURQUETTE, *L'arte di perdonare: guida pratica per imparare a perdonare e guarire*, Paoline, Milano 2015[13], 85-219. Monbourquette apresenta um resumo do seu modelo no livro *Chiedere perdono*, 167-178. Também os autores D'Auria e Giusta e Corte apresentam um resumo do modelo de Monbourquette: D'AURIA, *Il potere terapeutico del perdono*, 98-103; GIUSTI – CORTE, *La terapia del per-dono*, 264-270.

Etapa 12: decidir pôr fim à relação com quem nos ofendeu ou renová-la;
Etapa 13: celebrar o próprio perdão[43].

3.2. Importância da sétima etapa: compreender empiricamente o ofensor

Em relação ao tema do poder terapêutico da empatia, é imprescindível insistir na sétima etapa do modelo de Monbourquette, a fim de que o pastor possa ajudar o penitente a crescer ao longo do caminho do perdão e da reconciliação[44].

Essa sétima etapa consiste em adotar um olhar empático para com o próprio ofensor, para conseguir compreender melhor o porquê do seu gesto ofensivo. Para ser empático com o ofensor, a pessoa ferida (ou a vítima) tem necessidade:

– em âmbito cognitivo, assumir a perspectiva do ofensor, isto é, de pôr-se no seu lugar;

– em âmbito afetivo, sentir as emoções do ofensor.

Por isso Monbourquette sugere cinco atitudes para compreender o ofensor de modo empático.

3.2.1. Parar de recriminar o ofensor e tentar conhecer a sua sombra (ou o lado frágil de si mesmo)

Em primeiro lugar, compreender empaticamente o ofensor implica cessar de recriminá-lo para poder identificar o aspecto da própria dinâmica psicológica, que foi ferida por meio de gesto do ofensor. Porque, segundo Monbourquette:

> grande parte daquilo que desaprovo no outro é, às vezes, uma parte de mim mesmo que recuso reconhecer [...]. De fato, no contexto do perdão, o inimigo ou quem me ofendeu me envia àquelas partes pouco amadas de mim mesmo que constituem a minha “sombra” [...]. O ato do perdão leva de algum modo a uma reconciliação com quem nos ofendeu, mas sobretudo a uma reconciliação com o lado frágil, obscuro e tenebroso de nós mesmos, que pode resultar em um imenso recurso pessoal[45].

---

[43] Cf. Monbourquette, *Chiedere perdono*, 172-178.
[44] Cf. Monbourquette, *L'arte di perdonare*, 154-163.
[45] *Ibidem*, 156-157.

Em definitivo, esse olhar empático sobre a situação do ofensor nos faz compreender a importância de reconhecer os nossos próprios defeitos, a fim de reconciliarmo-nos com a própria sombra[46]. De fato, a ofensa de uma pessoa pode refletir traços do caráter reprimidos dentro de si, os quais podem fazer parte da própria sombra[47]. Por isso o ofensor pode ajudar a pessoa ofendida a reconhecer e aceitar dimensões da sua personalidade e dar-lhe a oportunidade de dominar esses aspectos da sua sombra[48].

Para realizar esse processo, D'Auria insiste na necessidade de ser empático consigo mesmo para descobrir e integrar as próprias feridas, o lado obscuro e vulnerável de si mesmo:

> O perdão do outro, pois, parte de si mesmo, o outro nos reenvia aos nossos medos, às nossas fragilidades e imperfeições. Ele torna-se a ocasião para descobrir e aceitá-las. Aceitar significa desenvolver sentimentos de empatia e compaixão para consigo mesmo, que se transformarão sucessivamente em sentimentos de abertura em relação ao outro[49].

No contexto do sacramento de reconciliação, isso quer dizer que, se o pastor quer ser empático com o penitente, deve, antes de tudo, aprender a ser empático consigo mesmo, reconhecendo os aspectos da sua sombra inibidos dentro de si, para depois ser mais livre para perdoar aos outros.

3.2.2. Conhecer melhor o passado vivido do ofensor

Monbourquette afirma que a segunda atitude, para ajudar a pessoa ferida a compreender o próprio ofensor de uma maneira empática, é conhecer melhor o seu passado vivido ou a sua história de vida. Porque, segundo Monbourquette, "está claro que uma melhor compreensão dos precedentes familiares, sociais e culturais de uma pessoa ajudará a perdoar-lhe. Esses condicionamentos, ainda que não justifiquem o seu comportamento negativo, pelo menos o explicarão em parte"[50].

---

[46] A sombra é um conceito da psicologia de Carl Gustav Jung que se refere à parte frágil de si mesmo, aos aspectos negativos da personalidade que não se quer reconhecer e aceitar: defeitos, feridas, vulnerabilidade etc.

[47] Cf. Monbourquette, *Chiedere perdono*, 82.

[48] Giusti e Corte apresentam um exercício muito interessante para favorecer a descoberta e a integração da sombra. É muito pertinente para compreender como a aceitação do lado obscuro da personalidade pode ajudar no processo do perdão: cf. Giusti – Corte, *La terapia del per-dono*, 267-268.

[49] D'Auria, *Il potere terapeutico del perdono*, 105.

[50] Monbourquette, *L'arte di perdonare*, 158.

3.2.3. Buscar a intenção positiva do ofensor

Em terceiro lugar, compreender empaticamente o ofensor significa buscar a sua intenção positiva. Porque, segundo Monbourquette, "em cada indivíduo se encontra uma vontade irredutível de crescimento, também nos gestos de grande maldade"[51].

De fato, há sempre uma motivação positiva no ato de uma pessoa, ainda que essa ação seja equivocada e má. Por exemplo, o desejo da afirmação de si mesmo, de ser reconhecido, da autoestima, da confiança em si mesmo etc.

3.2.4. Descobrir o valor e a dignidade do ofensor

Em quarto lugar, compreender empiricamente o ofensor significa descobrir o seu valor e a sua dignidade. Nesse sentido, Enzo Bianchi insiste na importância de ver uma pessoa humana, além do ato maldoso do ofensor: "O outro não é o mal, não o encarna [...]: o outro permanece um homem, uma mulher que cometeu uma ação que é má, mas cada um é sempre maior do que o mal cometido"[52].

Na mesma linha de pensamento, Monbourquette considera que, "não obstante as suas culpas, a pessoa continua capaz de mudar e de melhorar"[53].

3.2.5. Aceitar não compreender tudo do ofensor

Enfim, compreender empaticamente o ofensor significa aceitar não compreender tudo. Porque, segundo Monbourquette, "ainda que se desejasse saber tudo sobre quem nos ofendeu, não se poderia jamais penetrar totalmente no segredo da sua pessoa, nem descobrir todos os motivos do seu gesto, que, às vezes, são desconhecidos também por ele"[54].

3.3. Implicações para o sacramento de reconciliação

A partir dessa contribuição significativa de Montourquette, pode-se afirmar que, no contexto do sacramento de reconciliação, seria desejável que o pastor pudesse ajudar o penitente a adotar gradualmente um olhar empático para com seu ofensor a partir dessas cinco precedentes atitudes.

---

[51] *Ibidem*, 158-159.

[52] E. Bianchi, *Dono e perdono: per un'etica della compassione*, Giulio Einaudi Editore, Torino, 2014, 43.

[53] Monbourquette, *L'arte di perdonare*, 160.

[54] *Ibidem*, 161.

Assim, essa compreensão empática, cognitiva e afetiva do pastor ajudará o penitente a:

– ter um melhor conhecimento de si mesmo;

– compreender a situação e a dinâmica pessoal do ofensor;

– e, portanto, crescer no processo do perdão, da reconciliação e da cura psicoespiritual[55].

Conclusão

Neste estudo sobre a empatia, como chave de releitura do perdão e da reconciliação, talvez tenhamos aprendido uma coisa muito importante: "O perdão do outro sai de si mesmo"[56].

Para viver o perdão e a reconciliação, a psicologia de Rogers, Kohlberg, Hoffman e o modelo psicoespiritual de Monbourquette nos convidam a colocar um olhar empático na pessoa que nos ofendeu, assumindo a sua perspectiva para compreender melhor, com a mente e o coração (cognitiva e afetivamente), a situação de vida que o impeliu a assumir essa atitude má.

Mas esse olhar empático sobre a ação do ofensor e sobre seus defeitos remete-nos a nós mesmos, à nossa sombra, às partes obscuras da nossa personalidade. Por consequência, para vivermos o perdão e a reconciliação com os outros, é necessário, em primeiro lugar, pormos um olhar cheio de empatia e de compaixão sobre nós mesmos, a fim de compreendermos, acolhermos, aceitarmos e integrarmos as nossas fragilidades e feridas, para amar-nos finalmente por aquilo que somos. Assim, o perdão de nós mesmos pode se abrir ao perdão para os outros.

A partir do percurso psicoespiritual do modelo de Monbourquette, o discípulo de Cristo poderá experimentar uma libertação interior e uma paz do coração que lhe consentirão avançar serenamente no seu caminho de perdão com Deus, consigo mesmo e com os outros. D'Auria insiste na importância de "perdoar para ser livres":

---

[55] Cf. Monbourquette, *Chiedere perdono*, 173-176.

[56] D'Aura, *Il potere terapeutico del perdono*, 105.

> Perdoar é importante, e nós temos necessidade de conceder-nos a possibilidade de perdoar para sermos verdadeiramente livres nos nossos pensamentos e nos nossos gestos cotidianos. Devemos recordar que, quando perdoamos, perdoamos antes de tudo a nós mesmos, juntamente aos outros[57].

Seguramente, o olhar empático e misericordioso de Deus Pai e de Jesus Cristo, que experimentamos no sacramento de reconciliação, dá-nos força e graças espirituais para crescermos com esperança no caminho do perdão e da liberdade interior. Assim podemos ser reflexos da empatia compassiva do senhor diante dos sofrimentos dos outros.

Todavia, para chegar a essa libertação psicoespiritual, no perdão, é imprescindível insistir no papel crucial do acompanhamento empático do pastor, porque, no sacramento de reconciliação, a empatia do pastor será um reflexo do amor incondicional, da compaixão e da misericórdia de Cristo, que permitirá ao penitente viver a tríplice dimensão do perdão, isto é, perdão de Deus, o perdão de si mesmo e o perdão dos outros.

[57] *Ibidem*, 109.

A RECONCILIAÇÃO COMO LIBERTAÇÃO E TRANSFORMAÇÃO HUMANA

Antonio G. Fidalgo[1]

Introdução

A realidade da penitência e da reconciliação assim como a forma sacramental formam sem dúvida, uma parte importante e muito significativa da identidade católica. Contemporaneamente, por vários motivos, apresenta-se por muito tempo como a realidade mais crítica, ao ponto de nem mesmo o impulso renovador do Vaticano II poder encontrar uma resposta adequada.

Assim, as confissões sacramentais, abundantes na prática comum da Igreja, passaram para uma realidade quase inexistente, pouco regular e apenas excepcional. Essa exceção a encontramos, por exemplo, nos grandes santuários ou lugares de peregrinação, em alguns momentos particulares de celebração pastoral, como missões, festas do padroeiro etc. Mas, ainda que em alguns momentos particulares tenha uma grande afluência de penitentes, não quer dizer que a confissão, como tal, tenha melhorado em seus conteúdos, nem que a prática de uma vida reconciliada ou o exercício constante da reconciliação faça parte integrante de nossa cultura, sempre mais inclinada à vingança, ao egoísmo, ao individualismo, às violências nas suas múltiplas manifestações.

Este é o paradoxo maior: quando parece mais necessário que nunca encontrar caminhos e lugares de reconciliação entre as pessoas e na sociedade, mais se perde a realidade e a prática da reconciliação entre os crentes cristãos, ao menos entre os católicos.

Diante dessa realidade parece óbvia a necessidade de uma resposta séria e urgente. Ambos os desafios teológicos devem ser abordados, revendo ainda uma

[1] Professor extraordinário de Antropologia sistemática na Academia Alfonsiana de Roma.

vez o conceito de pecado (pessoal e estrutural)[2] e o sentido sacramental do perdão (pessoal e comunitário), bem como a prática sacramental, na qual a Igreja deverá pôr toda a sua fantasia criativa para encorajar outras formas celebrativas, partindo daquelas que, a tempo, fazem caminho em algumas Igrejas particulares, e depois inventar também, se necessárias, outras novas formas que respondam às exigências das diversas situações pessoais, comunitárias e sociais[3].

Em todo caso, não pode ser negado que, desde a renovação promovida pelo Concílio Vaticano II[4] até hoje, a Igreja de vários modos buscou oferecer algumas respostas a essa crise. Para fazer isso, antes de tudo, buscou pôr em evidência o caráter necessário e permanente da conversão (como uma mudança de atitude); o aspecto integral do sacramento (pessoal-comunitário); a centralidade da palavra de Deus; a dimensão eclesial do pecado e da reconciliação; a necessidade de um itinerário penitencial; e tentou provar diversos modos de celebrar (daqueles contidos no Ritual aos outros em sintonia com eles, mas um pouco mais apropriados às diversas situações socioculturais)[5].

---

[2] Falando do pecado estrutural, sistêmico, entendemos o que também o magistério reconheceu como "estruturas de pecado", "mecanismos perversos"; por exemplo: "Não está fora de lugar falar de 'estruturas de pecado', que – como afirmei na exortação apostólica *Reconciliação e penitência* (= RP) – se enraízam no pecado pessoal e, portanto, estão sempre ligadas a atos concretos das pessoas, que os introduzem, consolidam-nos e os tornam difíceis de remover. Desse modo, eles se reforçam, difundem-se e se tornam fontes de outros pecados, condicionando a conduta dos homens", *Sollicitudo rei socialis* (30.12.1987), n. 36-38; n. 40 [AAS 80(1988), 513-586]; cf. *Riconciliazione e penitenza* (02.12.1984) [AAS 77 (1985), 185-275], n. 16. Mais explicitamente, papa Bento XVI afirmou, por exemplo, que se devem "eliminar as causas estruturais das disfunções da economia mundial e corrigir os modelos de crescimento que parecem incapazes de garantir o respeito do ambiente", *Discorso al Corpo diplomatico accreditato presso la Santa Sede* (08.01.2007), AAS 99 (2007), 73; fala de "causas estruturais" in *Caritas in veritate* (29.06.2009). 27; cf. n. 32, 35, 42, 70 [AAS 101 (2009), 641-709]. E papa Francisco fala de "um sistema de relações comerciais e de propriedade estruturalmente perverso", *Laudato si'* (24.05.2015 = LS), 52 [AAS 107 (2015) 847-945). Entre outros, ver: B. Sorge [et Alii], *Strutture di peccato. Una sfida teologica e pastorale*, Piemme, Casale Monferrato (AL) 1989; M. Vidal García, *Pecado estructural y responsabilidad personal*, Fundación Santa María, Madrid 1991. Interessante que o episcopado latino-americano já em Medellín (1968) falava nestes termos: "ao falar de um sistema de injustiça, referimo-nos àquelas realidades que expressam uma situação de pecado" (Medellín, II Paz, A. A situação latino-americana e a paz, n. 1).

[3] Cf. C. Duquoc, *Riconciliazione reale e riconciliazione sacramentale*, in "Concilium" 7/1 (1971), 43-56; CTI, *La riconciliazione e la penitenza*, II, n. 5, in "La Civiltà Cattolica" 135/I (1984), 67.

[4] Cf. Sc, n. 27, 72, 109-110 [AAS 56 (1964), 97-138]; LG, n. 11 [AAS 57 (1965), 5-71].

[5] Um exemplo recente é possível encontrar na publicação do Pontificio Consiglio per la Promozione della Nuova Evangelizzazione, *La Confessione. Sacramento della Misericordia*, San Paolo, Cinisello Balsamo (MI) 2015. Um pouco antes houve o Sínodo dos Bispos de 1983 sobre o tema *Reconciliação e penitência na missão da Igreja*, no qual entre outros temas havia a preocupação dos padres com a crise da confissão, da prática sacramental. Como resultado desses trabalhos,

Além disso, para esse processo iniciado, mas nem sempre bem cuidado, a Igreja continua a ter o desafio de propor a mensagem da boa nova com toda a sua carga de reconciliação e a sua abundância de redenção. Portanto, diante de uma humanidade frágil, ferida e, muitas vezes, fragmentada e dividida, a Igreja pode propor a sua oferta de vida nova, por meio de processos de libertação, animados pelo espírito da comunhão no amor, que pode curar todo tipo de divergência respeitando as diversidades e endereçando-as para a comunhão[6].

Desse modo, diante das experiências de divisões de desencontros ideológicos, pode oferecer espaços de diálogo, de comunhão e de participação; diante das experiências de injustiça, pode oferecer o seu empenho pela dignidade humana a partir da lógica do reino de Deus, que é sempre serviço integral à nova humanidade entrelaçada pela fraternidade e solidariedade; diante da experiência de injustiças, pode oferecer diretrizes éticas, estabelecidas pela e para a configuração da realidade para servir a verdade e a dignidade da vida. A reconciliação é o caminho que tem a Igreja para oferecer a possibilidade de dar lugar à ação da graça libertadora na história, em âmbito pessoal e estrutural (cf. RP, n. 4).

A partir desse fundo, em que segue, buscar-se-á apresentar o tema da reconciliação de modo transversal, considerando sempre a importância que tem na vida e na prática da Igreja (cf. RP, n. 10-11), assumindo a chave da sua missão de bom samaritano da reconciliação, e também outras mediações de reconciliação (eclesial, social). E também as dimensões do ser humano em relação a toda realidade pessoal e cósmica.

---

surgiu, um ano depois, a exortação apostólica *Reconciliação e penitência* (1984), em que se encontram muitos elementos preciosos, sem indicar uma adequada resposta à questão de fundo, e em que se reafirmam, como única prática, a confissão individual e prática pastoral, centradas na prática sacramental; portanto, reforça-se, em certo sentido, uma visão objetiva e privatizada da relação com Deus para resolver o drama das feridas causadas pelo pecado e por suas alienações (Cf. RP, n. 28, 32, 34). Nesta mesma linha, continuou a insistir papa João Paulo II, na sua carta apostólica, em forma de "*motu proprio*" *Misericordia Dei* (07.04.2002) [AAS 94 (2002). 452-459], sobre alguns aspectos da celebração do sacramento da penitência. Encontra-se sempre, nesses documentos, como em outros, a declaração feita a tempo pela Congregação para a Doutrina da Fé: "A confissão individual e completa com a absolvição permanece o único meio ordinário (*unicus modus ordinarius*), em que os fiéis se reconciliam com Deus e com a Igreja", in *Sacramentum paenitentiae. Normae pastorales circa absolutionem sacramentalem generali modo impertiendam*, AAS 64 (1972), 510-514; n. 1.

[6] A conversão e a reconciliação são tarefas e empenhos de toda a Igreja (cf. RP, n. 5-12).

A HUMANIDADE FERIDA: ASPECTOS PESSOAIS, SOCIAIS E ESTRUTURAIS DA RECONCILIAÇÃO

Papa Francisco, na sua viagem à Colômbia, teve um encontro no qual a sua mensagem sobre a reconciliação não era fácil, considerando a história de sofrimento acontecida nesse país. Mas, com clareza, depois de um diálogo no qual escutou muitos testemunhos, disse:

> Colômbia, abre o teu coração de povo de Deus e deixa-te reconciliar. Não temas a verdade e a justiça. Caros colombianos: não tenhas medo de pedir e oferecer perdão. Não resistas à reconciliação para aproximar-te, reunir-te com irmãos e superar as inimizades. É o momento de curar as feridas, construir pontes, de aparar as diferenças. É o momento de desativar os ódios, renunciar à vingança e abrir-se à coexistência baseada na justiça, na verdade e na criação de uma verdadeira cultura do encontro fraterno. Que possamos viver em harmonia e fraternidade, como desejava o Senhor. Peçamos ser construtores de paz, para que, onde há ódio e ressentimento, coloquemos amor e misericórdia[7].

Esse convite, esse programa de mudança, de comportamento, em busca de uma vida mais livre, de dignidade e paz, nasce a partir do diálogo e da experiência de tantas pessoas feridas, que, a seu modo, percorreram um caminho de cura. Quisemos partir com esse exemplo concreto e próximo no tempo para pôr em destaque a realidade da nossa humanidade ferida e a necessidade de cura, e como a oferta cristã tem algo para trazer de modo significativo e transformador[8].

---

[7] Francisco, Discurso durante *o Grande Encontro de oração pela Reconciliação Nacional* (08.09.2017), http://es.radiovaticana.va/news/2017/09/08/discurso_papa_francisco_-_reconciliacion_nacional_colombia_/1335614 (consultado em 21.01.18).

[8] Já o papa João Paulo II advertia a realidade deste mundo fraturado e necessitado de reconhecer os dolorosos fenômenos sociais do nosso tempo (cf. RP, n. 2-3). Trazemos aqui outros exemplos em que a perspectiva de fé e a intervenção de agentes cristãos deram uma verdadeira contribuição aos processos de paz e reconciliação: O processo de reconciliação na África do Sul (Verdade e Reconciliação) [*Truth and Reconciliation Commission* (= TRC) 1995-1998]; O Processo de justiça e reconciliação em Ruanda (1997-2012); Processo de paz e reconciliação em Moçambique (julho de 1990 a outubro de 1992); Comissão da Verdade e Reconciliação (= CVR) no Peru (2001-2003). Cf. R. Morozzo Della Rocca, *Mozambico. Dalla guerra alla pace*, San Paolo, Cinisello Balsamo (Mi) 1994; M. Flores, *Verità senza vendetta. L'esperienza della commissione sudafricana per la verità e la riconciliazione*, Manifestolibri, Roma 1999; A. Nociti, *Guarire dall'odio. Come costruire una pace multirazzialie: lo straordinario insegnamento del Sudafrica*, FrancoAngeli, Milano 2000; D. Tutu, *Non c'è futuro senza perdono*, Feltrinelli, Milano 2001; AA.VV, *Teoria e pratica della riconciliazione*, Edizioni Qualevita, Torre dei Nolfi (AQ) 2009.

Como Jesus ressuscitado, também a nossa humanidade peregrina traz consigo as feridas, fruto do pecado pessoal, social e estrutural. A nossa unidade se identifica sob esse aspecto com Jesus crucificado e ressuscitado, querendo assim fazer também ela a mesma passagem da morte para a vida, para alcançar a liberdade e dignidade. Uma visão teológica enriquece o olhar, fá-lo tornar mais agudo e crítico, ao mesmo tempo aberto a uma via de esperança.

Antes de tudo, deve-se reconhecer a realidade da *condição humana* sempre limitada e falível, sempre pronta a ser magnífica na sua limitação, porque tem em si o desejo de progredir, de ser sempre melhor, de ir além dos seus limites. Pois, deve-se também reconhecer a realidade da *humana condição*, sempre levada a se deixar ir em sentido negativo, a ser terrificante na sua mais profunda autorreferência egoísta e individualista. Nesse paradoxo, nós existimos, e não é possível escondê-lo sem trair a realidade humana como tal. É essa humanidade paradoxal amada por Deus, assumida e redimida, de modo tal que possa sair do paradoxo, uma e outra vez, em um processo de humanização constante.

Dito isso, deveria ser óbvio que a humanidade progredisse por meio de longos processos de educação e transformação. Portanto, sermões e normas não são suficientes para mudar o mundo, por mais bons e sábios que sejam. É necessário iniciar e sustentar *processos de transformação*, partindo da compreensão e assunção do ser humano, acompanhando a sua realidade histórica em todas as suas dimensões, para que ele seja capaz de ir além dos seus fracassos, superando assim não só os efeitos de toda violência, mas de algum modo as causas mais profundas.

Nesses processos de educação e transformação entra a *reconciliação como mediação salvífica*. Precisamente assim porque deve assumir o ser humano de maneira integral, o que significa considerar a reconciliação, antes de tudo, como um processo que levará a uma situação reconciliada. A reconciliação como processo pode reconstruir as relações. Nisso se deveria ser realista, não pedir demais, mas só aquilo que é possível e desejável. Isto é, curar as feridas e, por consequência, obter relações melhores, que não quer dizer conseguir um *status* paradisíaco nem necessariamente reconduzir a um estado anterior de relacionamento. Isso, em geral, não é possível, nem desejável. Depois que feridas e rupturas, pessoais e interpessoais, estruturais e sistemáticas se enraizaram, a coisa melhor é visar construir algo de novo, alternativo, em que se busque preservar o melhor da situação de antes, mas abrindo-se fundamentalmente a novas experiências de vida reconciliada. A reconciliação é um processo que, por ser diretamente responsável pelas feridas mais profundas, que têm a ver com as relações humanas e também com a criação (cf. LS n. 218), deve considerar em seus instrumentos as mediações sociais, culturais, psicológicas, religiosas, sempre em âmbito pessoal e estrutural.

Um elemento que não pode ser ignorado em todos esses *processos de reconciliação* é a mesma *dificuldade de realizar o perdão.* Todavia, realizando a justiça humana, sistematizando mais ou menos todas as coisas, reconhecendo o senso de culpa e os culpados, oferecendo as remunerações possíveis, não quer dizer que tudo é dito e feito. Esses são processos longos e abertos. Necessitam de tempo e espaços adequados para serem amadurecidos e desenvolvidos. O perdão requer gratuidade e generosidade, e isso não é possível sem alcançar uma pacificação ao menos mínima em confronto com as próprias dores. De outra parte, o perdão exige uma certa obrigatoriedade, porque de outra forma não se chega a estabelecer mutuamente níveis de perdão; portanto a espiral de violência, qualquer que seja, permanecerá latente e/ou aberta. E essa é uma ameaça que não só pode invalidar o inteiro *processo de reconciliação*, como também, pior ainda, continuar a criar maiores e piores feridas e traumas.

A reconciliação supõe *o desejo e a decisão de encontrar uma solução* diante de toda situação de conflito (pessoal, interpessoal, social, estrutural, sistemático). Por isso, deve-se começar por reconhecer o erro e buscar a verdade; nesse movimento a memória afetiva e eficaz intervém. Dar um lugar ao fato de recordar não é sempre fácil, porque requer afrontar, às vezes, velhas feridas, discursos deixados para trás etc. Em definitivo, é necessário abrir e deixar todo fechamento. Esse início exige muitas vezes derrubar os juros, internos e externos, andar além de toda suscetibilidade e todos os prejuízos. Aqui se deve recordar que a primeira coisa é interromper a violência, que os conflitos acendem, e que talvez isso não seja outra coisa que simplesmente o início de um *processo de reconciliação.* É um ótimo momento para uma prática de oração, para fazer silêncio e ouvir os movimentos do Espírito, deixar que seja ele a guiar-nos para a humildade e o desejo verdadeiro de reconstruir todo tipo de comunhão.

Em sequência a esse primeiro movimento, devem aparecer logo *o desejo e a necessidade de uma verdadeira justiça*[9], ou seja, buscar purificar toda compreensão

[9] Uma justiça em clara relação com o amor e o perdão, já o dizia João Paulo II, a exemplo, em *Dives in misericordia* (30.11.1990), n. 14 [AAS 72 (1980), 117-1232]. Na mesma linha recentemente sublinhou Papa Francisco que "não será inútil neste contexto invocar o relacionamento entre justiça e misericórdia. Não são dois aspectos em oposição entre si, mas duas dimensões de uma única realidade que se desenvolve progressivamente até alcançar o seu ápice na plenitude do amor [...]. A justiça de Deus é o seu perdão", *Misericordiae vultus* [11.04.2015 = MV), n. 20; cf. n. 21 [AAS 107 (2015), 399-420].

equivocada e caminhar para uma compreensão mais cuidadosa do que aconteceu, olhar com mais serenidade os fatos, buscando obter uma certa objetividade, para favorecer o desenvolvimento de um percurso que supere toda possível impunidade (cf. Jo 4,16-18). Aqui se devem vencer as tentações de querer se autojustificar, porque uma coisa é compreender com misericórdia e outra é esconder ou mascarar a verdade, como diz Paulo: "Com efeito, a ira de Deus se manifesta do alto céu contra toda impiedade e toda injustiça dos homens que prendem a verdade na injustiça" (Rm 1,18).

Um terceiro elemento importante do *processo de reconciliação* será *preparar, por meio de um processo de cura, possíveis reparações*. Esse é muito importante, seja do ponto de vista pedagógico, seja do ponto de vista simbólico. A primeira coisa é assumir que não é sadio e, portanto, conveniente deixar para sempre abertas as feridas: têm necessidade de serem curadas, removidas do melhor modo possível. Aqui ocorre a pedagogia sapiencial do amor misericordioso[10], a ternura, a paciência, a capacidade de esperar, de compreender, de acolher. A segunda coisa é que, em âmbito simbólico, quase sacramental, pode-se dizer: é necessário tornar presente na vida pessoal, interpessoal, comunitária etc. sinais que indiquem claramente não só que foi feito algo, mas que alguma coisa mudou, que se chegou a uma situação melhor, de paz e de concórdia.

Esses três elementos não se dão no ar, de modo abstrato, pois tem-se que lidar com a realidade contextual, em todos os níveis possíveis. Porque aqui intervêm, diretamente ou indiretamente, processos políticos, socioculturais, econômicos, ambientais etc., e se deve aprender a compreendê-los, analisando como intervêm no *processo de reconciliação*. Aqui é preciso também muita lucidez e honestidade, para não esconder ou desfigurar a realidade. Esses elementos que podem ser considerados secundários, no sentido de que não pertencem ao coração como tal do processo de reconciliação, têm ao invés uma máxima importância, porque eles não apenas funcionam como moldura, como também contribuem estruturalmente para a compreensão ou incompreensão de muitas situações difíceis de estabelecer.

[10] Sobre a importância e a dinamicidade desse amor misericordioso falava papa João Paulo II, nestes termos: "O homem chega ao amor misericordioso de Deus, à sua misericórdia, quando ele mesmo interiormente se transforma no espírito de tal amor para com o próximo. Esse processo autenticamente evangélico não é apenas uma mudança espiritual realizada de uma vez para sempre, mas é todo um estilo de vida, uma característica essencial e contínua da vocação cristã", por exemplo, in *Dives in misericordia*, n. 14; cf. n. 15. Papa Francisco acrescenta ainda um desafio, afirmando que "a credibilidade da Igreja passa através da estrada do amor misericordioso e compassivo": MV, n. 10.

Em âmbito social é mais evidente, talvez, que em âmbito pessoal que o objetivo do *processo de reconciliação* visa favorecer a reconstrução do laço sociocultural[11]. Desse ponto de vista, é mais evidente ainda que a reconciliação não é um fim em si, mas um instrumento, uma mediação que permite alcançar um novo modo de ser. Uma mediação que se torna necessária toda vez que surgem os conflitos, ou seja, a reconciliação é a mediação processual que acompanha a construção sociocultural contribuindo para a resolução de todo conflito. Falamos de "resolução" e não só de "conclusão", porque para concluir um conflito ainda não é necessária, ao menos em todo o seu potencial, a reconciliação, mas são suficientes, por exemplo, os *processos de negociação*, o equilíbrio das forças, os pactos de não agressão etc.; poder-se-ia dizer que esse momento conduz a uma *pacificação*, que não é ainda uma verdadeira paz social; para esta última ocorre viabilizar um verdadeiro *processo de reconciliação*. Apenas por meio desse processo se pode chegar a uma verdadeira *transformação* do tecido sociocultural. Pode-se pacificar mais ou menos logo, mas reconciliar leva mais tempo, requer paciência histórica e abre espaço para algumas ações representativas.

Sem nos alongarmos muito, assinalamos algumas dessas ações que não podem faltar em um *processo de reconciliação*, porque são como elementos constitutivos:

1. Aceitar e reconhecer a mútua dignidade e o valor inviolável de todos os atores do processo, pois a verdade não está só em uma parte, mas deve ser descoberta e respeitada por todas as partes implicadas no conflito.
2. Ajustar bem os termos que intervêm no conflito, buscando cancelar o dano por meio da sinceridade e da abertura para outras possíveis formas de afrontá-las e de resolvê-las.
3. Encaminhar a configuração de um novo projeto comum com atitudes novas e prevendo estratégias que evitem novos possíveis conflitos.

São três ações e passagens que, muitas vezes, encontramos na prática de Jesus, por exemplo, no seu encontro com a samaritana (Jo 4,1-26); com o fariseu Simão (Lc 7,36-50); com Zaqueu (Lc 19,1-9).

---

[11] Uma reflexão sempre estimulante resulta da contribuição de R. J. Schreiter, *Percorsi di riconciliazione. Spiritualità e strategie*. EMI, Bologna 2009, em que não se oferecem apenas elementos cristológicos com certa novidade, mas também os percursos estratégicos para enfrentar os processos de reconciliação.

É importante pôr em evidência ainda um elemento, já acenado antes, porém, talvez, por sua importância mereça ser apresentado melhor. Diz respeito à *centralidade do perdão*, considerado como uma componente cristã significativa em qualquer *processo de reconciliação*.

Deus, em Jesus, fez-se próximo e acessível na forma de uma palavra, de um verbo, que podemos sintetizar com "perdão", "perdoar", "misericórdia" "ser misericordioso", porque Deus, manifestando-se como oferta de perdão, de reconciliação, doa-se necessariamente como misericórdia, sendo misericordioso. Por esse motivo, não há palavras mais proféticas em Jesus que: "Os teus pecados te são perdoados" (cf. Mc 2,5; Mt 9,2; Lc 5,20), ou quando faz com que o perdão seja integral revolucionando toda a vida (cf. Lc 5,27-32; Lc 7,36-50; Lc 19,1-10)[12]. A presença e a prática de Jesus, anunciando a *misericórdia* como princípio e como pedagogia de Deus na história, prepara um *processo de conversão*, em que o pecado permanece desmascarado, dando lugar à *transformação* por meio da libertação de todo medo, de toda cegueira, de todo fechamento autorreferencial, abrindo as portas a um horizonte maior de vida nova (cf. Mc 1,21-28).

Só essa lógica nos salva de toda espiral de violência da lógica da vingança, do olho por olho. Por isso a forma máxima de perdão se manifesta no amor aos inimigos (cf. Mt 5,43-47; Lc 5,27-36). Seja o pecado, mesmo considerado sob a forma de um inimigo, sejam as pessoas concretas que fazem o mal; só por meio do amor se pode curar. O caminho para amar é apenas o amor; o caminho para a paz é a paz. O amor, não apenas como sentimento, mas como opção, como escolha de vida, como convicção profunda, como modo de ser. Trata-se antes de *empatia* que de *simpatia*. O inimigo não será jamais simpático nem amigo, mas deverá sempre ser considerado de modo empático um outro ser humano, digno e necessitado de amor, de ser reconhecido, salvo também de si mesmo. Portanto, é necessário "fazer o bem", desenvolver uma prática de benevolência (cf. Tt 3,4). Diria ainda Paulo: "Vencer com o bem o mal" (Rm 12,21). O perdão requer tanto uma mútua reciprocidade na compreensão quanto a generosidade transbordante.

---

[12] Papa Francisco nos recorda ainda esta perspectiva: "Jesus Cristo é o vulto da misericórdia do Pai [...]. Jesus de Nazaré com a sua palavra, com seus gestos e com a sua pessoa revela a misericórdia de Deus" (MV, n. 1); "Deus será para sempre na história da humanidade como Aquele que está presente, próximo, providente, santo e misericordioso. "Paciente e misericordioso" é o binômio que recorre, muitas vezes, no Antigo Testamento para descrever a natureza de Deus. O seu ser misericordioso encontra correspondência concreta em tantas ações da história da salvação em que a sua bondade prevalece sobre a punição e a destruição" (MV, n. 6 e 7).

É a lógica da superabundância que domina o movimento interior da dinâmica do perdão. Perdoar, segundo essa lógica de Jesus, na vida cristã, envolve sempre a configuração dela em sintonia com a manifestação de Deus, cuja expressão, como dissemos, é sempre a misericórdia. Por esse motivo, é claro que o projeto de *nova humanidade* é iniciado por meio de um *processo de transformação* do tecido da vida das pessoas por uma *prática de reconciliação e de perdão.*

Pode-se dizer que a base antropológica do ser humano é o perdão. O perdão estrutura antropologicamente a *nova humanidade*, torna-a capaz de exercitar sempre a reconciliação, sob a guia da prudência e da misericórdia, ambas necessárias para preparar algum processo de libertação e cura. Um ser humano que começa em sua configuração humana por meio de relacionamentos estruturalmente determinados pela benevolência e beneficência, dupla face do princípio da única realidade como é a misericórdia.

O ser humano, gigante de argila, será sempre novo, começando essa grande novidade, que faz assumir a radical fraqueza humana, levando-a a níveis inesperados de dignidade. Uma finalidade e um trabalho árduo e difícil, realista e otimista ao mesmo tempo. Um ser humano capaz de transformar o ódio em amor, o inimigo em irmão e irmã. Um ser humano agraciado, libertado de toda opressão do pecado e da culpa, embora mais apaixonado por viver e expandir o amor misericordioso, oferecendo sempre alternativas de reconciliação com espaços e práticas de perdão abundante.

Conclusão

Em conclusão, só Deus não se cansa jamais de perdoar, é a sua esperança. A nós, mesmo quando queremos segui-lo e imitá-lo, é sempre grande esforço, jamais será uma função fácil; mas, ao mesmo tempo, exercitar o perdão e realizar uma prática de perdão é a única via que nos pode permitir e realizar uma vida digna, mais humana e pela qual vale a pena superar todo tipo de dificuldade pessoal, histórica e cósmica.

Sejamos *médicos feridos* que se cuidam da *nossa humanidade ferida*, acompanhemo-nos mutuamente em suscitar os frutos do Espírito (cf. Gl 5,22), do amor comunhão, cultivando uma vida, cuja virtude principal seja sempre perdoar porque a sua via não é outra do que a do *amar-se uns aos outros* (cf. Jo 15,13) até o fim, sem jamais ceder à tentação de toda violência travestida de justiça.

SEÇÃO SISTEMÁTICA

POR UMA MISTAGOGIA DA RECONCILIAÇÃO

AS FORMAS DA CELEBRAÇÃO

Pietro Sorci[1]

1. A MISTAGOGIA

Nos últimos decênios, fruto do movimento litúrgico e da redescoberta da pregação dos Padres, mas talvez também em consequência da semelhança reproposta da situação atual da Igreja no mundo ocidental com aquela dos primeiros séculos, redescobriu-se a mistagogia. Os documentos oficiais do magistério, a partir do *Rito de iniciação cristã dos adultos (RICA)* e, na Itália, das três notificações pastorais sobre a iniciação cristã, e os planos pastorais das igrejas locais falam com insistência de mistagogia, de catequese mistagógica e de itinerários catecumenais, no interior dos quais está o momento mistagógico.

São muitos e, geralmente, de valor os estudos nos últimos anos que aprofundaram os pressupostos, o significado, o método e a atualidade da mistagogia, como aqueles, para nos limitarmos aos mais conhecidos, de Enrico Mazza[2], Luigi Franco Pissolato[3], Giampaolo Francesconi[4], Philippe De Roten[5] e os Atos da semana de estudos realizados em Alghero, em 2013, pela Associação dos professores de Liturgia (APL) com as contribuições de Aldo Martin, Giuseppe Laiti, Hélène Bricout, Piero Angelo Muroni, Fabio Trudu, Morena Baldacci, Anna Morena Maccheroni, Silvano Maggiani, Paolo Tomatis e Andrea Grillo[6].

---

[1] Professor ordinário de Liturgia junto à Faculdade Teológica da Sicília São João Evangelista.

[2] E. MAZZA, *La mistagogia. Le catechesi liturgiche della fine del quarto secolo e il loro metodo*, CLV-Edizioni Liturgiche, Roma 1996².

[3] L. FRANCO PIZZOLATO, *Plura sacra et Mundi Alia*, Vita e Pensiero, Milano 2009.

[4] G. FRANCESCONI, *Storia e simbolo "Mysterium in figura": la simbologia storico-sacramentale nel linguaggio e nella teologia de Ambrogio di Milano*, Morcelliana, Brescia 1981.

[5] PH. DE ROTEN, *Baptême e mystagogie. Enquête sur l'initiation chrétienne selon Jean Chrysostome*, Aschendonf, Münster 2005.

[6] L. GIRARDI (a cura). *La mistagogia. Attualità di una risorsa*, CLV-Edizioni Liturgiche, Roma 2014.

Segundo Enrico Mazza, a mistagogia é uma teologia da liturgia que, na tipologia bíblica, adotou, no campo da liturgia, como chave de sua inteligência, seu fulcro e, na *mens* platônica, seu contexto cultural. Luigi Franco Pizzolato retém, ao contrário, que se trata antes de catequese desenvolvida na assembleia litúrgica: a mistagogia para ele tem na finalização da vida cristã seu traço peculiar[7].

Convicção subjacente na mistagogia é de que a Igreja é o povo de Deus, em que todas as promessas de salvação, cumpridas por Jesus Cristo, de uma vez por todas, permanecem disponíveis para todos os que creem nele; e tal cumprimento é "segundo as Escrituras".

Instrumento da mistagogia é a tipologia, cujo fundamento é a unidade das Escrituras segundo a fundamental articulação de promessa e realização que contém e motiva a abertura escatológica para o excedente do mistério pascal.

É convicção difundida que a mistagogia, libertada dos aspectos culturais contingentes, como a ligação com a filosofia platônica, seja um instrumento precioso para a compreensão da liturgia e de sua correlação com a vida cristã. Segundo Giuseppe Laiti:

> A mistagogia corresponde a duas exigências: a) guarda a peculiaridade do celebrar cristão como lugar que dá e protege a forma de viver cristão [...]; b) ajuda a reconhecer na forma do rito o estilo de Deus, de seu agir, que exatamente na forma nos alcança e nos faz participantes da *historia salutis* do povo de Deus no mundo. Ela visa solicitar, exatamente por meio da compreensão do rito, a contínua personalização da graça recebida, a adesão ao agir de Deus, que vai construindo nossa salvação, de que o rito propõe a imagem, enquanto a comunica[8].

Embora tenha profundas raízes bíblicas[9], a mistagogia, como método catequético, surgiu no século quarto no contexto da iniciação cristã dos adultos e

[7] G. Laiti, *Dialettiche del simbolismo liturgico: um viaggio nelle mistagogie dei secoli IV e V*, CLV-Edizioni Liturgiche, 48.
[8] *Ibidem*, 51.
[9] Cf. o estudo de A. Martin, *Mistagogia e Scrittura: la tipologia a servizio del percorso mistagogico? Un contributo tra ermeneutica biblica e prassi liturgica*, in Girardi (a cura), *La mistagogia. Attualità di una risorsa*, 13-35.

encontra nela o lugar privilegiado[10]. A renovação da iniciação cristã, desejada pelo Vaticano II, não apenas levou a sua redescoberta, como também lhe alargou o horizonte.

O Catecismo da Igreja Católica, há vinte anos da promulgação do RICA, afirma que a mistagogia é o lugar privilegiado da catequese do povo de Deus:

> "A catequese litúrgica está intrinsecamente ligada a toda a ação litúrgica e sacramental, pois é nos sacramentos, sobretudo na Eucaristia, que Cristo Jesus age em plenitude, em ordem à transformação dos homens". "A catequese litúrgica tem em vista introduzir no mistério de Cristo (ela é "mistagogia"), procedendo do visível para o invisível, do significante para o significado, dos "sacramentos" para os mistérios"[11].

O tema foi retomado pelo papa Francisco, na exortação apostólica *Evangelium gaudium*:

> Outra característica da catequese, que se desenvolveu nas últimas décadas, é a iniciação *mistagógica*, que significa essencialmente duas coisas: a necessária progressividade da experiência formativa, na qual intervém toda a comunidade, e uma renovada valorização dos sinais litúrgicos da iniciação cristã. Muitos manuais e planificações ainda não se deixaram interpelar pela necessidade de uma renovação mistagógica, que poderia assumir formas muito diferentes, de acordo com o discernimento de cada comunidade educativa. O encontro catequético é um anúncio da Palavra e está centrado nela, mas precisa

[10] O dossiê clássico está restrito em um arco de tempo que vai da segunda metade do século IV aos primeiros decênios do século V e é constituído essencialmente de quatro coleções de catequeses: Cirilo e João de Jerusalém, Ambrósio de Milão com o *De Sacramentis* e *De mysteriis; as doze catequeses de João Crisóstomo; as catequeses 12-16 de Teodoro de Mopsuestia.* Discussão à parte merece Agostinho, de quem permanece um grupo de homilias voltadas a neófitos (o sermão 363 voltado a *competentes* e os sermões 227, 229, 272, S. Denis 3, 6, e S. Guelf 7 sobre a eucaristia) e as homilias 5, 6.7 do Anônimo Veronese.

[11] *Catecismo da Igreja Católica*, n. 1074-1075. Ao Catecismo faz eco o Diretório Geral para a catequese da Congregação para o clero: "O caráter histórico do mistério cristão obriga a catequese a situar os sacramentos dentro da história da salvação mediante uma catequese mistagógica, a qual relê e revive todos os grandes eventos da história da salvação no hoje da liturgia" (Libreria Editrice Vaticana, Città del Vaticano 1997, n. 108, 118).

> sempre de uma ambientação adequada e de uma motivação atraente, do uso de símbolos eloquentes, de sua inserção em um amplo processo de crescimento e da integração de todas as dimensões da pessoa, em um caminho comunitário de escuta e resposta.[12]

À luz dessas premissas, queremos tentar uma leitura mistagógica do rito da reconciliação nas três formas com que nô-lo apresenta o ritual publicado em 1973 (RP), na convicção de que é possível sermos introduzidos no mistério da reconciliação realizado na páscoa de Cristo por *ritus et preces*, ou seja, com a participação nos gestos rituais e nas orações que o compõem.

2. O SACRAMENTO DA PENITÊNCIA E DA RECONCILIAÇÃO

Valem para o sacramento da penitência todos os elementos indicados pela SC 5-8 como constitutivos da liturgia, em cujo centro estão os sacramentos[13].

- *A sacramentalidade da Igreja*, sacramento de Cristo nasceu do lado de Cristo, adormecido na cruz (SC 5, cf. Jo 19,34), para o qual toda a sua vida e missão têm caráter sacramental; "os sacramentos" constituem o vértice de tal vida e missão. A penitência e reconciliação estão inscritas, portanto, na natureza da Igreja santa e pecadora, fundada no batismo, participação na morte e ressurreição de Cristo, renúncia e adesão a Cristo, que se exercitam na vida cotidiana, participando da perseverança de Cristo nas provações até a morte e ressurreição, e realizando obras de misericórdia e de caridade. E são celebradas de muitos modos, quando os fiéis se confessam pecadores e imploram o perdão de Deus e dos irmãos, como se faz nas liturgias penitenciais, na liturgia da Palavra – escuta da Palavra e resposta a ela –, na oração – diálogo com Deus –, na liturgia das horas com a oração dos salmos, especialmente as vésperas e a

[12] *Evangelium gaudium*, exortação apostólica pós-sinodal do papa Francisco, n. 166.

[13] Entre os principais estudos recentes, que dão atenção à liturgia, podem ser citados: G. Busca, *La riconciliazione "sorella del battesimo"*, Lipa, Roma 2011, sobretudo o capítulo IV, 237-329; A. Maffeis, *Penitenza e unzione dei malati*, Queriniana, Brescia 2012, especialmente o capítulo 4, 258-350; P. Caspani, *Lasciatevi riconciliare in Cristo. Il sacramento della penitenza*, Cittadella editrice, Assisi 2013, especialmente os capítulos sétimo e oitavo, 249-268.

completa, nos numerosos elementos penitenciais da celebração eucarística, de modo totalmente particular naquilo que é chamado sacramento da penitência e reconciliação (*Rito della penitenza* [= RP],4). A Igreja tem da misericórdia de Deus muitos modos para celebrar a penitência e a reconciliação, e todos, por fidelidade a ele, devem ser valorizados. No vértice de tais modalidades, está aquele que é chamado sacramento da penitência e da reconciliação. Ele é necessário quando o cristão tem consciência de pecado mortal, mas é útil também em presença de pecados veniais, para purificar a graça batismal e conformar-se mais intimamente a Cristo e tornar-se mais dócil à voz do Espírito.

• *A natureza de ação símbolo-ritual da celebração.* O sacramento – também o da penitência – é memorial, que, com os gestos e as palavras, evoca o mistério pascal de Cristo, por ele dá graças e dele implora a atuação, não só como obra da redenção e reconciliação, mas também como ato supremo de adoração e ação de graças.

• Para o memorial é funcional *a proclamação da palavra de Deus*, assim, depois da reforma litúrgica, presente em todas as ações sacramentais, antes em todas as ações litúrgicas, também as mais simples, como a comunhão aos enfermos e os ritos de Bênção. O único sacramento em que, na prática, não consegue entrar, provavelmente também por falta de coragem e de clareza do Ritual[14], paradoxalmente, é a celebração individual da reconciliação[15]! A palavra de

[14] O ritual, na verdade, propõe doze textos bíblicos para a celebração individual e além de uma centena de textos para aquela comunitária (cf. P. Sorci, *Il lezionario dell' "Ordo Pœnitentiæ"*, in "Rivista Liturgica" 92 (2005), 837-862. Mas o fato do ritual considerar facultativa a leitura na celebração individual (RP 17) torna ineficaz a indicação.

[15] Ver, todavia, a exortação apostólica *Verbum Domini*, n. 61, de Bento XVI: "Embora no centro da relação entre Palavra de Deus e Sacramentos esteja indubitavelmente a Eucaristia, todavia é bom sublinhar a importância da Sagrada Escritura também nos outros Sacramentos, particularmente nos Sacramentos de cura: a Reconciliação ou Penitência e a Unção dos Doentes. Nesses Sacramentos, muitas vezes é negligenciada a referência à Sagrada Escritura, quando, ao contrário, é necessário dar-lhe o espaço que lhe compete. De fato, nunca se deve esquecer que "a Palavra de Deus é de reconciliação, porque nela Deus reconcilia consigo todas as coisas (cf. 2Cor 5,18-20; Ef 1,10). O perdão misericordioso de Deus, encarnado em Jesus, reabilita o pecador". Pela Palavra de Deus, "o fiel é iluminado para poder conhecer seus pecados e é chamado à conversão e à confiança na misericórdia de Deus". Para que se aprofunde a força reconciliadora da Palavra de Deus, recomenda-se que o indivíduo penitente se prepare para a confissão meditando um trecho apropriado da Sagrada Escritura e possa começar a confissão com a leitura ou a escuta de uma advertência bíblica, como aliás está previsto no próprio ritual. Depois, ao manifestar sua contrição, é bom que o penitente utilize "uma oração composta de palavras da Sagrada Escritura", prevista pelo ritual. Sempre que possível, seria bom que, em momentos particulares do ano ou quando houver oportunidade, a confissão individual da multidão de penitentes tenha lugar no âmbito de celebrações penitenciais, como previsto pelo ritual, no respeito das várias tradições litúrgicas, para se poder dar amplo espaço à celebração da Palavra com o uso de leituras apropriadas".

Deus não serve apenas para introduzir o exame de consciência, mas também é constitutiva do sacramento, enquanto manifesta e realiza simbolicamente a iniciativa de Deus e coloca a celebração no interior da história da salvação como momento último.

• *A presença de Cristo*, fonte e autor da reconciliação: ele está presente na assembleia em oração, no ministro, na palavra, na ação sacramental, estritamente entendida; e é em virtude de seu ministério pascal que os pecadores são reconciliados.

• *A presença do Espírito Santo*, artífice da remissão dos pecados e de toda santificação (cf. Jo 21,23 e a oração eucarística IV do Missal Romano), que reúne a assembleia, dá vida à Palavra e torna capaz de escutá-la, ilumina o penitente e o ministro, suscita a contrição e a oração, é artífice da reconciliação e cura, permeia toda a celebração, precede-a, a prepara-a e a segue[16].

• *A dimensão eclesial:* na celebração Cristo associa a si a Igreja. Como diz a oração da absolvição, a remissão dos pecados é concedida por Deus "mediante o ministério da Igreja". Na celebração do sacramento da reconciliação, também na forma mais simples, está sempre presente a Igreja una, santa, católica e apostólica, que proclama sua fé e dá graças a Deus pela liberdade com que Cristo nos libertou (RP 7). Chama os fiéis à penitência, intercede pelos pecadores, com presteza e solicitude materna, ajuda e move o penitente a reconhecer e confessar seus pecados e, mediante o ministério confiado por Cristo aos apóstolos e a seus sucessores, torna-se instrumento de conversão e absolvição (RP 8). Ela, ofendida e prejudicada pelos pecados de seus filhos, coopera com sua conversão, é lugar e instrumento de reconciliação, insere o pecador, que pretende retornar a Deus, no caminho pessoal de conversão, acolhe-o e o reconcilia com Deus (LG 11); na eucaristia celebra com ele a festa do perdão[17].

16 P. SORCI, *La parola di Dio e lo Spirito Santo nel sacramento della penitenza e della riconciliazione*, in IDEM, *Paschale Mysterium. Studi di Liturgia*, Città Nuova, Roma 2014, 483-505; cf. também IDEM *Nell'unità dello Spirito Santo. La celebrazione eucaristica ambito privilegiato dello Spirito*, 360-386.

17 A Comissão XIIIbis do Concílio encarregada da revisão do rito, na primeira fase, havia proposto duas fórmulas à escolha para a oração da absolvição que ressaltavam a reconciliação com a Igreja. Como efeito do sacramento, da qual a segunda em forma de súplica: "In nomine Domini nostri Iesu Christi et in virtute Spiritus Sancti, ego te absolvo a peccatis tuis et in ecclesiae pacem plene te restituo"; "Dominus noster Iesus Christus, qui seipsum Patri pro nobis obtulit immolandum, quique ecclesiæ suæ potestatem contulit remittendi peccata, ipse te gratia Spiritus Sancti a peccatis tuis per ministerium meum absolvat, atque in perfectam ecclesiæ pacem restituat. Qui vivit et regnat in sæcula. Amen". Mas essas não foram

• *A função instrumental do ministro*, sinal da mediação de Cristo e da Igreja, qual médico, educador, imagem do bom pastor e do Pai misericordioso, juiz misericordioso não do penitente, mas de sua disponibilidade de receber o perdão de Deus[18].

• *A importância da linguagem simbólica verbal e não verbal* na celebração. Hoje, contrariamente ao que acontece com os outros sacramentos, especialmente com a missa, dá-se pouca atenção aos sinais na celebração da penitência. Nunca a linguagem dos sinais foi descuidada como nos dias de hoje. Que maravilha se o sacramento desaparecer da consciência dos cristãos?

O descaso com a linguagem simbólica é uma das causas da desvalorização do sacramento: redu-lo a uma conversa espiritual entre amigos ou a um encontro psicoterapêutico.

Na penitência, como em cada outro sacramento, a santificação e a glorificação de Deus são manifestadas e atuadas por meio dos sinais:

---

aprovadas. Nenhuma liturgia, talvez como a copta, ressalta a dimensão da reconciliação. A absolvição assim dita do Filho, própria da celebração eucarística, que é utilizada também na celebração separada do sacramento da reconciliação, faz apelo a toda a Igreja peregrina, no tempo através dos séculos, e celeste: "Possam teus servos, ó Senhor, que oficiam neste dia, os hegúmenos [oficiais de mosteiro copta], o sacerdote, os diáconos, o clero, a assembleia e minha própria fraqueza ser absolvidos e abençoados pela boca da santa Trindade, o Pai, o Filho e o Espírito Santo, pela boca da única santa Igreja católica e apostólica, pela boca dos doze Apóstolos, do contemplador de Deus, Marcos evangelista, santo apóstolo e mártir, do patriarca são Severo, de nosso mestre Dióscoro, de Atanásio, o santo apóstolo, de São Pedro, o grande sacerdote e sigilo dos mártires, de são João Crisóstomo, são Cirilo, são Basílio, são Gregório, pela boca dos 318 [Padres], que se reuniram em Niceia, os 150 [Padres], que se reuniram em Constantinopla, e os 200 [Padres], que se reuniram em Éfeso, pela boca de nosso venerado grão sacerdote e padre Anba N, e seu assistente no ministério apostólico, nosso venerado metropolita, bispo e padre Anba N, e pela boca de minha própria fraqueza. Porque é bendito e cheio de glória teu santo Nome, Pai, Filho e Espírito Santo agora e sempre" (citada por S. Rosso, *Il rito copto. Sacramenti, sacramentali, feste, tempi e libri liturgici*, If Press, Roma 2016, 267).

[18] Cf. P. Sorci, *Confessore o ministro della penitenza?*, in "Rivista di Pastorale Liturgica" 281 (2010), 39-46; P. Sorci, *I nuovi riti della riconciliazione come processo terapeutico*, in Idem (ed.), *Dimensione terapeutica del sacramento della penitenza e della riconciliazione*, Il Pozzo di Gicacobbe, Trapani 2009, 205-226. Nos antigos livros litúrgicos, a partir do Pontifical romano-germânico, encontra-se esta oração, que o presbítero pronuncia antes de ouvir a confissão: "Senhor, Deus onipotente, sê misericordioso para comigo que sou pecador, a fim de que possa dignamente te render graças. Apesar de minha indignidade, tu me fizeste ministro do sacerdócio e, apesar de minha fraqueza, estabeleceste-me como mediador, para interceder junto a nosso Senhor Jesus Cristo pelos pecadores que desejam converter-se. Senhor Deus, tu que queres salvar todos os homens e conduzi-los à verdade, tu que não queres a morte do pecador, mas sua conversão e sua vida, recebe a oração que dirijo a tua clemência por teus servos e por tuas servas e que recorro à penitência e a tua misericórdia" (C. Vogel, *Le pontifical Romano-Germanique du dixième siècle*, vol. II, XCIX, 45, Biblioteca Apostolica Vaticana, Città del Vaticano 1963, 14).

1. *A acolhida do penitente*, "com fraterna caridade e afável delicadeza", relembra o encontro do pai misericordioso com o filho pródigo reencontrado e o feliz Zaqueu com Jesus.

2. *A confissão*, que exprime a conversão e que se configura como *confessio fidei*, reconhecimento da santidade de Deus, de quem emana a *confessio vitæ o peccatorum*, o humilde reconhecimento dos próprios pecados, para desembocar, na *confessio laudis*, o feliz rendimento de graças pela salvação experimentada.

3. *A satisfação ou ação penitencial*, sinal da colaboração do homem na reconciliação e na cura operada por Cristo mediante o sacramento, remédio correspondente e proporcionado pelo pecado, e sinal da vida nova que o sacramento torna possível e em qual o penitente se empenha.

4. *A oração do penitente*, por meio da qual, com expressões tiradas da Escritura, o penitente manifesta sua contrição e o propósito de uma vida nova[19].

5. *A imposição das mãos do ministro*, gesto de ternura paterna, gesto terapêutico (Jesus curava os enfermos impondo as mãos), gesto de comunhão (transmissão de força), gesto epiclético (imploração do Espírito Santo "que é a remissão de todos os pecados"[20]).

6. *Os gestos*: sinal da cruz, referência ao mistério Pascal; sentado para ouvir e dialogar como Maria de Betânia aos pés de Jesus (cf. Lc 10,39); bater-se no peito, sinal da admissão do pecado como o publicano no Evangelho (cf. Lc 18,13); silêncio, sinal de recolhimento, de disponibilidade para ouvir a palavra e acolher o perdão; ajoelhado ou ao menos em pé durante a absolvição. Na idade média o penitente, antes de receber a absolvição, prostrava-se em terra diante do altar por certo tempo e chorava[21].

---

[19] O ritual traz, a título de exemplo, umas dez fórmulas, entre as quais figura, em primeiro lugar, o tradicional "ato de contrição", pouco inspirado biblicamente e centrado no penitente. A edição italiana infelizmente não se deu conta das variações melhoradas introduzidas pela *edição típica* latina: menção dos pecados de omissão, eliminação do medo do castigo como primeiro motivo do arrependimento, apelo à paixão de Cristo salvador para obter o perdão: "Deus meus, ex toto corde me pænitet ac doleo de omnibus quæ male egi et *de bono quod omisi*, quia peccando offendi te, summe bomum ac dignum qui super omnia diligaris. Firmiter propono, adiuvante gratia tua, me pænitentiam agere, de cetero non peccaturum, peccatique occasiones fugiturum. *Per merita passionis Salvatoris nostri Iesu Chisti, Domine, miserere*".

[20] Missal Romano, oração sobre as ofertas do sábado antes de Pentecostes. Sobre esta célebre oração, cf. P. Sorci, *Le formulazioni simboliche*, in G. Giorgio – M. Pastrello (a cura), *Credo la remissione dei peccati*, EDB, Bologna 2011, 38-40.

[21] Vogel, *Le Pontifical Romano-Germanique*, vol. II, XCIX, 54, 18.

7. *A veste litúrgica*, que indica o papel do ministro como representante de Cristo e da Igreja e permite distinguir a celebração do sacramento de uma qualquer conversa entre amigos.

8. Enfim, sobretudo, *a oração de absolvição*, que juntamente com os atos do penitente constitui o gesto essencial do sacramento. Ela é o texto principal que testemunha a *lex credendi* da Igreja a propósito do sacramento da penitência e da reconciliação[22].

Na fórmula clássica de evocação-invocação, ou, se quiser, de *anamnesi-epiclesi*, atingindo os principais lugares neotestamentários da reconciliação[23], exprime os aspectos fundamentais do sacramento:

– diz que a reconciliação é obra da Santa Trindade;

– é iniciativa do Pai das misericórdias;

– foi, na morte de Cristo, abraçada para salvar os pecadores e, na ressurreição, sinal da eficácia de seu sacrifício;

– pela ação recriadora e restauradora do Espírito Santo, pela mediação da Igreja orante e penitente;

– e o ministério do sacerdote, ministro de Cristo e da Igreja.

Segundo meu parecer, deveria ser precedida ou seguida do Pai-nosso. Estranhamente, o da penitência, celebrado individualmente, é o único sacramento que não prevê a recitação do *Pater*.

Da linguagem simbólica fazem parte também o lugar e o tempo, que na liturgia não são uma opção: fazem parte da ação litúrgica, referindo simbolicamente ao lugar e ao momento do acontecimento pascal, e favorecem as atitudes adequadas a sua celebração, ainda que, em caso de necessidade, é possível celebrar em qualquer lugar e tempo, como de resto acontece para o batismo e a unção dos enfermos.

Por muitos séculos, a penitência teve seu lugar na elaboração: *in grêmio ecclesiæ*, isto é, no coração, no centro da Igreja, sob o *omphalos*, na antiguidade; junto ao

---

22 Infelizmente, a fórmula é única para os adultos e para as crianças, para os teólogos e para as pessoas simples, que dada sua densidade dificilmente a compreendem, para os pecados graves e para aquele veniais. A Comissão XIIIbis, na primeira fase dos trabalhos para a revisão do rito, havia proposto uma pluralidade de fórmulas para a escolha do presbítero confessor, mas a proposta não foi acolhida.

23 "Pai de misericórdia" (2Cor 1,3); "reconciliou consigo o mundo" (Cl 1,20-23); "na morte e ressurreição do seu Filho" (2Cor 5,17-19; Rm 5,10; Col. 1,12-14); "infundiu o Espírito Santo para a remissão dos pecados" (Jo 29,22-23; At 2,23); "mediante o ministério da Igreja" (Mt 16,19; 18,18). Cf. P. Sorci, La formula di assoluzione, in "Rivista di Pastorale Liturgica" 258 (2006), 13-20.

altar, na idade média; e na época tridentina no confessionário, cujo idealizador parece ter sido Antônio Giberti bispo de Verona, por volta do final do século XV, e cujo propagador foi são Carlos Borromeu. Segundo as prescrições do bispo de Milão, sua estrutura devia ser tal que o penitente, aproximando-se da janelinha do confessionário, devia estar sempre voltado par o altar.

No dia de hoje, não sendo mais o confessionário adaptado à celebração, como é proposta pelo Ritual, em muitos lugares a penitência perdeu seu lugar e isso tem contribuído para fazê-la perder sua identidade.

Ocorre esforçar-se para que encontre um seu lugar identificável, na Igreja, que a recorde aos fiéis, mesmo quando não é comemorada: a penitenciaria ou capela da penitência, ligada com a aula, duas cadeiras, um genuflexório, uma mesa, o crucifixo, uma imagem, a Bíblia, o ritual[24].

Discurso análogo vale para o tempo. Escreve Mario Florio que a celebração litúrgica do sacramento da penitência, precisamente por sua natureza de ação, requer que seja desenvolvida de acordo com sua duração. O risco iminente no dinamismo sacramental é o de eliminar a execução temporal da ação litúrgica, contraída no dizer os pecados e receber a absolvição[25].

Durante todo o primeiro milênio, o tempo da celebração era a Quaresma toda, com início na Quarta-feira de Cinzas e a conclusão na Quinta-feira Santa; na Espanha, na Sexta-feira Santa, e em Colônia, na Alemanha, o Domingo de Ramos. Antes, verdadeira conclusão era a vigília pascal, porque a reconciliação da Quinta-feira Santa finalizava na celebração plena da vigília pascal.

Hoje, a Quaresma toda pode ser considerada uma celebração da penitência difusa no tempo, com a escuta da Palavra, caminho de conversão, e concluída com a proximidade do tríduo pascal, com a confissão, absolvição e o rendimento de graças.

Em outros tempos, o dia adaptado parece a sexta-feira, em um horário fixo conhecido dos fiéis, embora o sacerdote deva estar disponível também fora dos tempos estabelecidos. Em todo caso, a celebração tipicamente exemplar de qualquer outra é a comunitária em proximidade da Páscoa.

---

[24] Um estudo acurado com interessantes propostas é, a propósito, aquele de P. Bedogni, *Luoghi di riconciliazione*, If Press, Roma 2014; cf. também P. Prétot, *Des lieux pour célébrer le sacrament de la pénitence et de la réconciliation*, in H. Bricout – P. Prétot, *Faire pénitence, se laisser réconcilier. Le sacrament comme chemin de prière*, Cerf, Paris 2013, 97-111.

[25] M. Florio, *Il sacramento della penitenza*, in M. Florio et Alii, *Sacramentaria speciale II*. EDB, Bologna 2003, 131.

Para isso é necessário que a reconciliação seja celebrada e seja percebida verdadeiramente como ação de Cristo e da Igreja, e que se superem as dificuldades para a leitura bíblica.

Em certos casos, como foi sugerido por uns setenta bispos no Sínodo de 1983, pode ser oportuno adiar a absolvição, de modo a dar ao penitente tempo para cumprir a obra penitencial compreendida como itinerário de conversão e de retorno à comunhão eclesial.

3. As três formas do rito

O sacramento da penitência pode ser celebrado comunitariamente (Rito para a reconciliação de mais penitentes com confissão e absolvição individual) e individualmente (Rito para a reconciliação dos penitentes singulares). O ritual também prevê para casos excepcionais que, por falta de sacerdotes, não seja possível ouvir de modo devido (*rite*) as confissões dos fiéis – uma celebração comunitária com confissão e absolvição geral (Rito para a reconciliação de mais penitentes com a confissão e absolvição geral):

A estrutura da celebração é idêntica em todas as três formas, ainda que, obviamente, adaptada à situação de uma assembleia numerosa ou de uma assembleia reduzida ao sacerdote e ao penitente:

1. introdução ou acolhida, que manifesta a alegria de Deus pelos filhos perdidos e reencontrados, mortos e ressuscitados;

2. liturgia da Palavra, que ilumina o fiel a conhecer os próprios pecados, chama-o à conversão e lhe infunde confiança na misericórdia de Deus (RP 17 e 24), e, sobretudo, liga a celebração à história da salvação;

3. ação sacramental compreensiva de confissão, indicação das obras penitenciais ou satisfação, oração do penitente, absolvição;

4. ação de graças a Deus de cuja bondade e misericórdia o penitente fez experiência;

5. despedida, porque com a alegria e a paz no coração o penitente reconciliado anuncia aos irmãos as grandes obras de Deus.

A ação de graças e de despedida abre a celebração da eucaristia, o sacramento dos sacramentos e a convicção de que a Igreja se prepara para festejar o retorno do filho pródigo (RP 6d). A eucaristia, de fato, segundo toda a tradição da Igreja do Oriente e do Ocidente, é não apenas o ponto alto, mas também a fonte da reconciliação[26].

Essa estrutura mostra muito bem que se trata, em cada caso, de celebração litúrgica, ação de Cristo e da Igreja, na qual se faz memória e é manifestado e atualizado, por meio da ação simbólica, pela ação do Espírito Santo implorado pela Igreja, o mistério pascal em sua dupla dimensão de redenção e santificação e de adoração e ação de graças a Deus Pai, por Cristo no Espírito Santo.

Cada um dos três ritos exprime autênticos valores e aspectos que contribuem para dar uma fisionomia completa do sacramento.

– *A celebração individual* põe em destaque particular e permite viver intensamente o aspecto pessoal: a unicidade e a responsabilidade individual e o fato de que a ação misericordiosa de Deus alcança o homem em sua irrepetível individualidade[27]. Mas ela, como demonstra a história do segundo milênio, arrisca

[26] "Entre os sagrados mistérios, um em particular perdoa de toda condenação, junto de Deus juiz, àqueles que se arrependem dos próprios pecados e se acusam para os sacerdotes; todavia nem mesmo a confissão teria eficácia, se não se participasse do sagrado convívio. Por isso somos batizados uma só vez, mas nos aproximamos da mesa muitas vezes; sendo homens, acontece-nos todo dia de ofender a Deus e, quando buscamos cancelar a culpa, é necessário converter-nos, esforçar por triunfar do pecado; contudo, tudo isso não levará a agir contra o pecado, se não se acrescenta a isso a eucaristia, única medicina para os males humanos" (Nicola Cabasilas, *La Vita in Cristo*, a cura di U. Neri, IV, 2, Città Nuova, Roma, 195-196). Entre as escolhas menos felizes do ritual da penitência, é seguramente a proibição absoluta – caso único nas liturgias cristãs – unir a celebração da reconciliação com a eucaristia (Congregazione per la dottrina della fede, *Normæ pastorales "Sacramentum Pœnitentiæ" circa absolutionem sacramentalem generali modo impertiendam*, de 16 de julho de 1972, n. X, in *Enchiridion Vaticanum*, 4, EDB, Bologna 1978, 1051). Escrevia a propósito Pelagio Visentin, que foi membro da nova Comissão XIIIbis e encarregado da revisão do rito: "A coisa mais difícil de aceitar, exceto por razões disciplinares, é *o ostracismo que se dá* (caso único entre todos) *à celebração do sacramento da penitência dentro do sacrifício eucarístico*, embora o nexo eucaristia-reconciliação é intrínseco à natureza profunda dos dois sacramentos [...]. Obviamente se poderiam fixar cautelas disciplinares a respeito, mas estabelecer uma separação absoluta vai contra a natureza das coisas" (Visentin, *Il nuovo "Ordo Pœnitentiæ"*, 74).

[27] João Paulo II, na exortação apostólica pós-sinodal *Reconciliatio et pœnitentia*, 31, II, indica o significado antropológico e teológico da confissão individual dos pecados: "Acusar os próprios pecados é exigido, antes de mais nada, pela necessidade de o pecador ser conhecido por aquele que no Sacramento exerce o papel de juiz, o qual deve avaliar tanto a gravidade dos pecados, como o arrependimento do penitente; e, simultaneamente, o papel de médico, que deve conhecer o estado do enfermo para tratar de si e curá-lo. Mas a confissão individual tem também o valor de *sinal*: sinal do encontro do pecador com a mediação eclesial na pessoa do ministro; sinal de seu pôr-se a descoberto diante de Deus e da Igreja como pecador, do esclarecer-se a si mesmo sob o olhar de Deus. A acusação dos pecados, portanto, não pode ser reduzida a qualquer tentativa de autolibertação psicológica, ainda que esta corresponda a uma necessidade legítima e natural

de pôr na sombra a dimensão eclesial do pecado, da conversão e da reconciliação e de confundir com a direção espiritual, em que em primeiro plano não é ação de Cristo, mas a experiência espiritual do presbítero. O ritual busca remediar esses limites, inserindo-a em um quadro celebrativo com acolhida, proclamação da Escritura, oração, ação de graças e possibilidade de escolha entre fórmulas alternativas.

– *A celebração comunitária com confissão e absolvição individual* deveria ser a fórmula típica, porque busca harmonizar tanto o caráter pessoal como comunitário e valorizar todos os elementos do rito: reunião da assembleia, proclamação da Palavra, confissão geral e individual, oração litânica, ação de graças, lugar (o espaço todo litúrgico), tempo (a proximidade da Páscoa e das grandes festas litúrgicas), assim que a celebração se configura como uma renovação da aliança.

O fato, porém, de que a absolvição permanece individual[28], de que os ministros, muitas vezes, não são em número suficiente em relação aos fiéis, que são obrigados a longas esperas, de que os ministros comumente não estejam presentes em vestes litúrgicas desde o início ao término da celebração e desenvolvam seu ministério do mesmo modo da celebração individual reduz a celebração a uma soma

de abrir-se com alguém, o que é algo inato no coração do homem. Trata-se de um gesto litúrgico, solene em sua dramaticidade, humilde e sóbrio na grandeza de seu significado. É o gesto do filho pródigo que volta para junto do pai e por ele é acolhido com o beijo da paz; gesto de lealdade e de coragem; gesto de entrega de si mesmo, passando além do pecado para a misericórdia que perdoa. Compreende-se, então, porque a *acusação dos pecados* deve ser *ordinariamente* individual e não coletiva, tal como o pecado é um fato profundamente pessoal. Ao mesmo tempo, porém, essa acusação arranca, de certo modo, o pecado do segredo do coração e, por conseguinte, do âmbito da pura individualidade, pondo em relevo seu carácter social, uma vez que, mediante o ministro da Penitência, é a Comunidade eclesial, lesada pelo pecado, que acolhe de novo o pecador arrependido e perdoado".

28 "Se se julga indispensável a acusação secreta e individual para cada pecado grave – pergunta Pelagio Visentin – que dogma impede de conferir depois uma absolvição geral a todos os confessantes bem preparados, reservando assim esse ponto culminante sacramental à celebração eclesial verdadeiramente comunitária?" (P. Visentin, *Il nuovo "Ordo Pœnitentiœ". Genesi – Valutazione – Potenzialità*, in Associazione Professori di Liturgia (APL), *La celebrazione della penitenza cristiana*, Marietti, Casale Monferrato (Al) 1981, 74. A bela fórmula solene de absolvição prevista para a celebração comunitária com confissão e absolvição geral, que na prática permanece inutilizada, poderia encontrar aqui sua melhor utilização: "Deus, nosso Pai, não quer a morte do pecador, mas que se converta e viva; ele, que enviou seu Filho para a salvação do mundo, faça resplandecer sobre vós sua misericórdia e vos dê sua paz. Amém. O Senhor Jesus Cristo se ofereceu à morte por nossos pecados e ressuscitou para nossa justificação; ele, que, na efusão do Espírito Santo, deu a seus apóstolos o poder de perdoar os pecados, mediante nosso ministério, livre-vos do mal e vos encha do Espírito Santo. Amém. O Espírito Paráclito nos foi dado para a remissão dos pecados e nele podemos nos apresentar ao Pai; ele purifique e ilumine vossos corações e vos torne dignos de anunciar as grandes obras do Senhor, que vos chamou à sua admirável luz. Amém. E eu vos absolvo dos vossos pecados... Amém" (RP 62).

de celebrações individuais, cruzadas entre uma preparação e uma ação de graças comunitárias[29], pelo que geralmente os fiéis, recebida a absolvição, vão embora.

– *O rito para a reconciliação de mais penitentes com confissão e absolvição geral*, de profundas matrizes bíblicas[30], propõe as antigas celebrações penitenciais comunitárias e realça fortemente o aspecto comunitário. Celebrações do gênero, de fato, são conhecidas em toda a tradição da Igreja e ainda hoje são bastante difundidas nas Igrejas do Oriente. Separada dos ritos penitenciais no interior da liturgia eucarística, presente praticamente em todas as Igrejas[31], a celebração mais conhecida é, talvez, a do Rito da genuflexão da Igreja bizantina, comum a todas as Igrejas orientais, às vésperas de Pentecostes, com as sete orações penitenciais, a sexta das quais se conclui com a fórmula absolutória retirada da anáfora siríaca de São Tiago: "Tu que és bom e amigo dos homens, condena, absolve, perdoa (*anes, aphes, synchoreson*) a nós e a eles [os defuntos] todas as nossas culpas, voluntárias e involuntárias, conhecidas e desconhecidas, manifestas ou escondidas, em ação, pensamentos, palavras, em qualquer de nosso comportamento e movimento"[32]. Além desse rito, existem a unção comunitária com o *euchelaion* (óleo da oração ou da misericórdia), na Quarta-feira Santa, sempre na Igreja bizantina, para a cura e a purificação dos corpos e das almas, em preparação para comunhão pascal, a celebração da penitência na tarde da Sexta-feira Santa entre os etíopes, o rito do perdão no Sábado Santo da luz (Sábado Santo), nas Igreja siríacas e no rito maronita, o rito da celebração da paz da ressurreição, na manhã de Páscoa da Igreja Caldeia[33].

[29] É a interpretação que dela dá também João Paulo II, na exortação apostólica pós-sinodal *Reconciliatio et pœnitentia*, n. 32: "A segunda – *reconciliação de vários penitentes com confissão e absolvição individual* –, ainda que permita, nos atos preparatórios, realçar mais os aspectos comunitários do Sacramento, vai confluir na primeira forma no ato sacramental culminante, que é o da confissão e a absolvição individuais dos pecados; por isso pode ser equiparada à primeira forma, no que diz respeito à normalidade do rito".

[30] A mais importante e tradicional é a do *jom kippur*, que é celebrado no 10 do mês de *tishri*, que é precedido pelo *rosh ha-shanab* (início do ano) e prepara a festa das *sukkot* (as cabanas). Ela ainda hoje compreende dez dias de preparação com rigoroso jejum, leitura de Lv 16, Is 58, e de todo o livro de Jonas, dupla longa confissão dos pecados, uma alfabética, a outra litânica, canto do Sl 145 e conclusão com o som do *shofar* (o chifre). Pelo rito, julga-se obter a remissão dos pecados cometidos contra Deus durante o ano; para aqueles cometidos contra o próximo, é necessário, antes, reconciliar-se com ele (cf. L. Ligier, *Introduzione alla liturgia del sacramento della penitenza in Oriente* [pro manuscripto], Athenæum Sancti Anselmi de Urbe, Romæ, 1968).

[31] Para um resumo desses ritos, cf. Busca, *La riconciliazione "sorella del battesimo"*, 238-254.

[32] *Anthologhion di tutto l'anno*, vol. III (tradução do grego de Maria Benedetta Artioli), Lipa, Roma 2000, 535-548.

[33] Para a descrição desses ritos, cf. Busca, *La riconciliazione "sorella del battesimo"*, 288-306.

Louis Ligier, que estudou longamente esses ritos, julga que geralmente tenha sido reconhecido neles a eficácia sacramental para o perdão dos pecados também graves, feita exceção para aqueles reconduzíveis à tríade: apostasia, homicídio, adultério, que deviam ser sotopostos à penitência canônica. Os pecados perdoados com esses ritos seriam as culpas voluntárias e conscientes que não alcançaram a malícia dos três grandes crimes, mas também não são simplesmente reduzíveis à ignorância e à fraqueza dos fiéis[34].

Os três ritos, portanto, escreviam os bispos da Suíça, não são alternativas, mas complementares e integrativos. Uma equilibrada pastoral deve saber utilizar e dosar todas as três formas. Apenas a experiência de todos os três ritos poderá fazer colher a riqueza e a beleza desse sacramento[35].

O temor de abuso de aqui e ali, verificados, contudo, o perigo da despersonalização, o desaparecimento do sentido do pecado e da conversão pessoal e o medo de que os fiéis abandonem a confissão privada, tem levado a Sé Apostólica a intervir repetidamente para lembrar a absoluta excepcionalidade da terceira forma e impor severas condições, que tornam praticamente impossível sua utilização. Carlo Collo, porém, observa, a propósito, que não pode ser o temor dos perigos o critério pastoral das escolhas eclesiais[36]. A sábia valorização das celebrações penitenciais (não sacramentais), muito ignoradas pela ordinária ação pastoral – que não exigem necessariamente a presença do presbítero –, poderia ser

---

[34] L. LIGIER, *Dimension personalle et dimension communautaire de la pénitence en Orient*, in "La Maison-Dieu" 90 (1967), 155-158. Cf. também, CASPANI, *Lasciatevi riconciliare in Cristo*, 95-98.

[35] "O novo 'Ordo' prevê mais formas para a penitência sacramental: a confissão individual; a celebração comunitária da penitência, com confissão e absolvição individual, e a celebração comunitária da penitência com confissão e absolvição geral. Essa pluralidade de modos põe em evidência os diversos aspectos do único acontecimento sacramental: o empenho pessoal e a referência à Igreja. Além disso são tomadas em consideração mais a situação e as necessidades dos penitentes. As diversas formas de celebração da penitência se completam mutuamente; nenhuma forma substitui a outra. Segundo as circunstâncias ou situação pessoal do fiel será conveniente ou requerida uma ou outra forma litúrgica de celebração da penitência" (CONFERENZA EPISCOPALE SVIZZERA, *Al servizio della riconciliazione*, n. 11-12 (7 de novembro de 1974), in AA. VV., *La penitenza. Studi biblici, teologici e pastorali. Il nuovo rito della riconciliazione*, Elle Di Ci, Leumann-Torino 1976, 386.

[36] "Não é aceitável a desconfiança prejudicial em confronto da terceira forma considerada despersonalizante e coletivizante. A imputação só vale se for celebrada *mal*, mas a patologia da celebração comunitária seja feita sem esquecer a patologia das celebrações individuais [...]. Não é preciso em substância atribuir à confissão-acusação efeito taumatúrgico que não tem, e que, ao invés, é reconhecido pela palavra de Deus que pode ser convenientemente proposta e mediada nas celebrações comunitárias" (C. COLLO, *Riflessione teologica contemporanea sul sacramento della penitenza: punti nodali e linee emergenti*, in ASSOCIAZIONE PROFESSORI DI LITURGIA (APL), *La celebrazione della penitenza cristiana* (Atti della IX settimana di studio, Armeno 1980, Marietti 1981, 23-24).

uma ferramenta válida para remediar os perigos temidos. Elas, de fato, como afirma o Ritual (RP 37), são utilíssimas, para reavivar na comunidade cristã o espírito de penitência, para ajudar os fiéis a prepararem-se para a confissão que depois os indivíduos poderão fazer em tempo oportuno, para educar os fiéis a formarem uma consciência sobre o pecado na vida humana e da libertação do pecado por meio de Cristo, e são uma valiosíssima ajuda para suscitar a contrição perfeita que emana da caridade.

Conclusão

Concluo, deixando a palavra a Angelo Maffeis:

> No sacramento da penitência se encontram o caminho de conversão do batizado pecador e o ato da Igreja que o acolhe à plena comunhão do povo da aliança. Tanto a conversão do pecador como a comunhão eclesial se encontram de forma original no sacramento, mas não são reduzíveis ao que acontece no espaço da celebração litúrgica. A conversão é dinamismo pessoal, que nasce antes da celebração do sacramento e que no sacramento se torna visível na forma da confissão dos pecados. Também para o pecado que foi perdoado continua depois a valer o chamado à conversão, assim como a exigência de purificar-se das consequências do pecado. Igualmente a plena comunhão eclesial foi restituída no sacramento, mas se manifesta na possibilidade de acesso à eucaristia e nas múltiplas dimensões em que tal comunhão é vivida na comunidade dos crentes.[37]

[37] Maffeis, *Penitenza e unzione dei malati*, 302-303.

O MAGISTÉRIO SOBRE A RECONCILIAÇÃO SACRAMENTAL DO VATICANO II ATÉ HOJE

Stefano Zamboni[1]

Esta contribuição pretende indagar sucintamente a contribuição do magistério com respeito à reconciliação sacramental em três etapas: do concílio ao novo *Ordo Pœnitentiæ* (1); aprofundar a *Reconciliatio et pœnientia*, a exortação apostólica de João Paulo II sobre o tema em foco, fruto do sínodo dos bispos de 1983 (2), para concluir, enfim, com alguns acenos sobre o magistério de papa Francisco (3). Não se trata, certamente, de um percurso exaustivo, mas de alguns acenos a pontos firmes e a estímulos propostos pelo magistério sucessivo ao Vaticano II para uma melhor compreensão da reconciliação sacramental.

1. Do Vaticano II ao novo "Ordo Pænitentiæ"

O quadro teológico e normativo sobre o sacramento da penitência é substancialmente definido pelas decisões do concílio de Trento[2]. Apesar disso, não faltam motivos para discussões, derivados, em geral, pela renovação da teologia no século XIX e, em particular, pela necessidade de distinguir entre os elementos dogmaticamente imutáveis e aqueles históricos do sacramento da penitência. Neste quadro se discute, por exemplo, sobre o alcance da necessidade *de jure divino* de confessar todos e singulares pecados mortais, reafirmada em Trento. Além disso, não falta a percepção de uma crise difusa na pastoral do sacramento: Karl Rahner, por exemplo, falava de "tendência mágico-legalistas da confissão, entendendo com isso o fato de que o sacramento, focado exclusivamente no momento da absolvição, tornava frequentemente um procedimento puramente mecânico[3].

[1] Professor extraordinário de Teologia moral sistemática na Academia Alfonsiana de Roma.

[2] Para muitos aspectos, refiro-me à preciosa síntese histórica, do Vaticano, à *Reconciliatio et pœnitentia*, dada por A. Maffeis, *Penitenza e unzione dei malati*, Queriniana, Brescia 2012, 258-283.

[3] Cf. K. Rahner, *Problemi della confessione*, in Idem, *La penitenza della chiesa. Saggi teologici e storici*, Paoline, Roma 1964, 19-45.

1.1. Alguns textos do Vaticano II

No que diz respeito à penitência, os textos do Vaticano II não são numerosos. Os mais significativos se encontram, respectivamente, na constituição sobre a liturgia e naquela sobre a Igreja.

Na *Sacrosantum Concilium*, lemos: "Revejam-se o rito e as fórmulas da Penitência de modo que exprimam com mais clareza a natureza e o efeito do sacramento" (n. 72). O número pretende pôr a questão da reforma do rito da penitência contido no *Rituale Romanum* de 1614, que era bastante pobre do ponto de vista litúrgico e com uma impostação teológica puramente jurídica. A indicação fornecida pela *Sacrosanctum Concilium* parece importante, ainda que muito genérica. É de se notar que a redação final foi inserida em referência à "natureza" do sacramento (e não apenas ao efeito, como era inicialmente); isso significa dizer que a reforma ritual deve referir-se à natureza teológica do sacramento e, portanto, não se limitar à parte "cerimonial".

No número 11 da *Lumen Gentium* – intitulado "O sacerdócio comum exercido nos sacramentos" – é afirmado:

> Aqueles que se aproximam do sacramento da Penitência obtêm da misericórdia de Deus o perdão da ofensa a Ele feita e, ao mesmo tempo, reconciliam-se com a Igreja, que tinham ferido com seu pecado, a qual, pela caridade, exemplo e oração, trabalha por sua conversão.

O texto ressente-se, sem dúvida, das discussões feitas em torno da tese sustentada na Gregoriana nos anos Vinte pelo carmelitano Bortolomeu Xiberta[4], na qual se afirmava que o efeito imediato da absolvição sacramental era a reconciliação com a Igreja, que constituía, portanto, a *res et sacramentum*, da penitência, embora a reconciliação com Deus (o efeito mais excelente) devia ser considerada mediada por esse efeito primário. Embora a redação inicial do esquema *De ecclesia* tenha recebido essa ordem, no texto antes do concílio, fala-se do perdão de Deus e depois da reconciliação da Igreja, afirmando, todavia, que há uma simultaneidade (ao mesmo tempo). No texto

[4] Cf. B. M. Xiberta, *Clavis Ecclasiæ. De ordine absolutionis sacramentalis ad reconciliationem cum Ecclesia*, Collegium S. Alberti, Roma 1922. Para um estudo sobre a influência da tese de Xiberta, cf. F. Millán Romeral, *Reconciliación con la Iglesia. Influencia de la tesis de B. F. M. Xiberta (1897-1967) en la teología penitencial del siglo* XX, Edizioni Carmelitane, Roma 1997.

se veem claramente as duas dimensões do pecado e da reconciliação: de um lado, o pecado como ofensa a Deus e a misericórdia de Deus e, de outro, o pecado como ferida infringida à Igreja e a reconciliação com ela[5]. A comunidade eclesial coopera com a conversão dos pecadores de três modos: caridade, exemplo e oração[6].

1.2. A "Pœnitemini" de Paulo VI (1966)

A constituição apostólica *Paenitemini,* de Paulo VI, foi promulgada em fevereiro de 1966, logo após o encerramento do Vaticano II, com a convicção de que os frutos do concílio pudessem ser colhidos apenas à luz da autêntica concessão da penitência.

Exatamente à luz da "visão mais rica e aprofundada da natureza da Igreja e de sua relação com o mundo", oferecida pelo concílio, é necessário aprofundar "o significado e a importância do preceito divino da penitência". Como reafirmou o concílio, de fato, a Igreja, "embora sendo, por vocação divina, santa e irrepreensível, ela é, em seus membros, defectível e continuamente necessitada de conversão e de renovamento". Para isso, as palavras "Convertei-vos e crede no Evangelho".

> Essas palavras constituem, de certa forma, um compêndio de toda a vida cristã. O reino de Deus anunciado por Cristo pode ser introduzido apenas por uma "mudança de coração" ("metanoia"), ou seja, por meio dessa mudança íntima e total e renovação de todo o homem – de todas as suas opiniões, julgamentos e decisões – que ocorre nele à luz da santidade e caridade de Deus, a santidade e caridade que nos foram manifestadas no Filho e comunicadas plenamente.

Não são, porém, meras palavras, no sentido de que Cristo não apenas prega a penitência, mas também a exercita ele mesmo, pondo-se como "modelo supremo dos

[5] Esse último aspecto foi depois precisado pela *Lumen gentium*, n. 14, em que se fala da incorporação à Igreja, que não pode se dar plenamente se está com o coração distante de Deus, em uma situação de pecado que apaga a caridade: cf. CONCILIO ECUMENICO VATICANO II, *Lumen Gentium*. Costituzione dogmatica sulla Chiesa (21.11.1964), n. 14. in AAS 57 (1965), 18-19.

[6] Para outros textos do Vaticano II que tratam da penitência, cf. CONCILIO ECUMENICO VATICANO II, *Christus Dominus*, Decreto sul'ufficio pastorale dei vescovi nella Chiesa (28.10.1965), n. 30, in AAS 58 (1966), 688-689; *Presbyterorum ordinis*, Decreto sul ministero e la vita dei presbiteri (7.12.1965) n. 5, in AAS 58 (1966), 997-998.

penitentes". À luz dessa centralidade da *metanoia* como íntima e total mudança de todo o homem, compreende-se o papel da Igreja em relação a isso. Porque a Igreja está intimamente unida a Cristo; a penitência do indivíduo cristão tem "uma pessoal e íntima relação com toda a comunidade". É na Igreja que a penitência do indivíduo pode unir-se à "infinita expiação de Cristo". É na base desse fundamento dogmático que Paulo VI passa depois a recordar a disciplina penitencial da Igreja com modos mais adaptados ao nosso tempo, estabelecendo alguns dias e tempos penitenciais.

1.3. O novo Ordo Pœnitentiæ (1974)

A reforma do *Ordo Pœnitentiæ* se situa no contexto da reforma litúrgica de Paulo VI, sob o impulso das afirmações já recordadas do número 72 do *Sacrosantum Concilium*. Adverte-se para a exigência de uma reforma que não seja de natureza exclusivamente ritual, mas que responda à crise difusa do sacramento da penitência, que, além de ser sempre menos praticada, é muitas vezes vivida de modo individualista e excessivamente jurídico, como revelava Rahner. Ocorria também redescobrir o sentido teológico do pecado, às vezes reduzido à transgressão da norma. Isso está bem ilustrado em um artigo de Yves Congar de 1970, que lhe fora pedido pelos bispos franceses: a natureza do pecado pode-se colher apenas na relação com Deus, com o Deus vivente, e consequentemente não se pode ter o sentido do pecado, a não ser em uma relação viva com Deus e com Jesus Cristo[7].

Em suma, ocorria renovar profundamente a compreensão do sacramento de modo a torná-lo praticável também para o homem contemporâneo. É para esta finalidade que as duas comissões, nomeadas por Paulo VI (a primeira: 1966-1969; a segunda: 1962-1973), analisaram os dados da questão do ponto de vista histórico, teológico e pastoral, dando-se conta perfeitamente de que não era suficiente uma reforma puramente ritual. Os princípios sobre os quais trabalharam as comissões foram essencialmente aqueles traçados na *Lumen Gentium* 11, ou seja, a natureza do pecado como ofensa a Deus e ferida na comunidade eclesial; a consequente necessidade de uma reconcialiação com Deus e com a Igreja; a cooperação de toda a comunidade à conversão dos pecadores; a inserção do sacramento da penitência na totalidade da vida cristã[8].

[7] Cf. Y, CONGAR, *Points d'appui doctrinaux pour la pastoral de la pénitence*, in "La Maison Dieu" 104 (1970), 73-87.

[8] Cf. M. BUSCA, *Verso um nuovo sistema penitenziale? Studio sulla riforma della riconciliazione dei penitenti*, Edizioni Liturgiche, Roma 2002, 131.

Em 2 de dezembro de 1973 foi, pois, promulgado o *Ordo Pænitentiæ*, cuja maior novidade consistia, no dizer de Enrico Mazza, na "plena recuperação do dado evangélico da 'conversão'"[9]. É exatamente em torno do tema da *metanoia* que giram, de fato, todos os componentes do rito que se compreende adequadamente no quadro da vida nova em Cristo e na recuperação da centralidade da palavra de Deus. Nos primeiros sete números dos *Prænotanda* é oferecida uma admirável síntese do significado do sacramento. Considera-se, antes de tudo, o "mistério da reconciliação" na história da salvação, dom de Deus confiado à Igreja (n. 1-2). Em seguida, passa-se a falar da "reconciliação dos penitentes na vida da Igreja" (n. 3-7), recordando que a Igreja é santa, mas necessitada sempre de purificação (n. 3): por isso, a penitência tem um papel essencial em sua vida e em sua liturgia (n. 4). O sacramento da penitência é finalizado com a reconciliação com Deus e com a Igreja (n. 5). Analisam-se depois as partes do sacramento (contrição, confissão, satisfação; absolvição) (n. 6), para depois concluir colocando em destaque a necesidade e a utilidade desse sacramento (n. 7)[10].

2. A exortação apostólica "Reconciliatio et pænitentia"

O Sínodo dos bispos de 1983, aberto com a relação introdutória do cardeal Martini[11], foi dedicado à *reconciliação e a penitência na missão da Igreja*. Preparado também pelo documento da comissão Teológica Internacional com o mesmo título (*A reconciliação e a penitência*), o sínodo registrou certo debate introdutório sobre a relação entre aspecto pessoal e social do pecado, a relação entre penitência e eucaristia e a legitimidade e os limites da absolvição geral (na qual interveio também o cardeal Ratzinger para rebater quanto havia estabelecido a Congregação para a doutrina da fé em 1972).

[9] Cf. E. Mazza, *Dalla penitenza antica alla riforma di Paolo VI. Dati storici*, in "Annali di scienze religiose" 2 (1997), 15-33, aqui 32.

[10] É de se recordar que em 1972 a Congregação para a doutrina da fé publicava as *Normas pastorais sobre a absolvição sacramental geral*, em que reafirmava que a confissão individual permanecia "o único modo ordinário" para a reconciliação com Deus e a Igreja. Tratava-se de um texto que buscava reagir aos abusos que haviam se difundido no pós-concílio, que promoviam a celebração comunitária como alternativa para confissão individual.

[11] O próprio Martini publicou depois um artigo de síntese sobre o resultado do sínodo, a *Reconciliatio et pænitentia*: C. M. Martini, *L'esortazione apostolica post-sinodale sulla riconciliazione e la penitenza*, in "La Civiltà Cattolica" 136/I (1985), 14-21.

A exortação apostólica *Reconciliatio et pœnitentia*, que traz a data de 2 de dezembro de 1984, parte da constatação de um mundo fragmentado, dilacerado (n. 2). Não se trata de um fenômeno explicável exclusivamente do ponto de vista político e social, porque essa dilaceração remete a uma causa mais profunda, a uma raiz última, que é reconhecida no mistério do pecado. A essa situação faz contraponto uma nostalgia de reconciliação (n. 3), que é autêntica quando atinge justamente a raiz última da qual a laceração tem origem. E aqui se insere o peculiar carisma da Igreja, que é aquele de comunicar a "reconciliação fontal" (n. 4), aquela oferecida por Deus:

> Em virtude da sua missão essencial, a Igreja sente-se, de fato, no dever de chegar até as raízes da laceração primordial do pecado, para aí operar o saneamento e restabelecer como que uma reconciliação, também ela primordial, que seja o princípio eficaz de toda a verdadeira reconciliação (n 4).

2.1. A reconciliação

O primeiro aspecto a ser considerado diz respeito precisamente a uma tal reconciliação. Depois de ter apresentado a parábola do filho pródigo, a exortação apostólica reafirma que "a reconciliação é um dom de Deus e uma iniciativa sua". Por isso é afirmado que a dimensão vertical da divisão e da reconciliação com respeito ao relacionamento homem-Deus, em uma visão de fé, prevalece sempre sobre a necessidade da reconciliação entre os homens (n. 7). Isso determina um deslocamento de acento com respeito ao n. 11 da *Lumen Gentium*, acima lembrado: a reconciliação com Deus é considerada pela *Reconciliatio et pœnitentia* fonte de todas as outras reconciliações (n. 31).

A missão da Igreja, portanto, pode-se resumir propriamente na "tarefa para ela central da reconciliação do homem: com Deus, consigo mesmo, com os irmãos, com todo o criado; e isto de modo permanente, porque [...] 'a Igreja é por sua natureza sempre reconciliadora'" (n. 8). A Igreja, que tem a missão de anunciar essa reconciliação e de ser dela sacramento, realiza tal tarefa de vários modos. Mas o primeiro pressuposto – e é uma indicação que talvez não tenha havido a sequência que merecia – é seu próprio ser reconciliada: para que seja reconciliadora, a Igreja "deve começar por ser uma Igreja reconciliada" (n. 9).

2.2. O mistério do pecado

A segunda parte da exortação apostólica põe em confronto dois "mistérios" que se contrapõem, ainda que de grandeza diversa: o mistério do pecado e o *mysterium pietatis* de que fala Paulo (cf. 1Tm 3,15). Ainda que este último, que em última análise se identifica com o próprio Cristo (n. 20), é muito maior que o pecado (o mistério da piedade é o caminho aberto pela divina misericórdia à vida reconciliada: n. 22), é o tema do pecado a dominar o interesse do documento.

O pecado é um mistério porque, por ser obra da liberdade do homem, em seu interior agem forças obscuras que transcendem a vontade humana (n. 14). Ele se compõe de dupla ferida, contra Deus e contra o outro, de modo que sempre o pecado é conjuntamente pessoal e social (n. 15). Depois dessas observações gerais, a *Reconciliatio et pœnitentia* fornece três esclarecimentos que merecem ser relembrados ponto por ponto: o conceito de pecado social (n. 16); a distinção entre pecado mortal e pecado venial (n. 17); a perda do sentido do pecado (n. 18).

2.2.1. O conceito de pecado social (n. 16)

João Paulo II afirma que o sentido verdadeiro e próprio do pecado é sempre ato da pessoa, enraizado em sua íntima liberdade. Porém, pode-se falar em sentido legítimo de pecado social em três sentidos. Antes de tudo pelo fato de que o pecado de cada um repercute sim, de qualquer modo, nos outros ("lei da descendência", "a comunhão de pecado"). Em segundo lugar, o pecado é social quando ofende diretamente o próximo (por exemplo, pecados contra a justiça social ou os direitos da pessoa humana). Enfim, pecados sociais são aqueles que dizem respeito às relações entre comunidades humanas: assim a luta de classe ou a "contraposição obstinada dos blocos de nações". Ao contrário, continua o Papa a rejeitar algumas propostas da teologia moral,

> não é legítima e aceitável uma concepção de pecado social, embora seja muito comum em nossos dias em alguns ambientes, que, ao opor, não sem ambiguidade, o pecado social ao pecado pessoal, mais ou menos inconscientemente, leve a diluir e quase cancelar o pessoal, para admitir apenas culpas e responsabilidade sociais.

Isso porque as culpas recairiam apenas sobre a situação em que se vive; sobre o sistema social, sobre as estruturas ou sobre as instituições. Seja, por isso, reafirmado, conclui o Papa, que os pecados sociais – de resto denunciados abertamente pela Igreja – "são o fruto, a acumulação e a concentração de muitos pecados pessoais". As verdadeiras responsabilidades, de fato, são sempre das pessoas: uma situação ou uma estrutura ou uma sociedade "não é, de per si, sujeito de atos morais; por isso, não pode ser, em si mesma, boa ou má"[12].

2.2.2. A distinção entre pecado mortal e pecado venial (n. 17)

A exortação apostólica reafirma a distinção tradicional entre pecado mortal e pecado venial, que lança suas raízes no Novo Testamento, prolonga-se na reflexão dos Padres e chega à formulação clássica em Tomás, retomada no concílio de Trento. Inserindo-se nessa tradição, João Paulo II recorda que

> É *pecado mortal* aquele que tem por objeto uma matéria grave e que, conjuntamente, é cometido com plena advertência e consentimento deliberado. E impõe-se acrescentar [...] que alguns pecados, quanto à sua matéria, *são intrinsecamente* graves e mortais. Quer dizer, há determinados atos que, por si mesmos e em si mesmos, independentemente das circunstâncias, são sempre gravemente ilícitos, por motivo do seu objeto.

João Paulo II, embora reconhecendo que a distinção tripartite entre pecados (veniais, graves e mortais), que alguns padres tinham proposto durante o sínodo, poderia pôr às claras o ato de que entre os pecados graves existe uma graduação, reafirma que a distinção essencial e decisiva é entre pecado venial e pecado mortal: "Entre a vida e a morte não há caminho do meio". O Papa esclarece, depois, o fato de que não se pode "reduzir o pecado mortal a um pacto de 'opção fundamental' contra Deus [...], entendendo com isso um desprezo explícito e formal de Deus e do próximo". Isso porque "a orientação fundamental pode [...] ser radicalmente modificada por atos particulares", como afirmará em seguida também em *Veritaris splendor* (n. 69-70).

---

12 Na encíclica *Sollicitudo rei socialis*, João Paulo II reconhecerá a existência de estruturas de pecado ou "mecanismos econômicos, financeiros e sociais, os quais, bem manobrados pela vontade dos homens, funcionam, às vezes, de maneira quase automática, tornando mais rígidas as situações de riqueza de uns e de pobreza de outros": Giovanni Paolo II, *Sollicitudo rei socialis*, Carta encíclica no XX aniversário da *Populorum progressio* (30.12.1987), n. 16, in AAS 80 (1988), 531. Sobre isso, cf. L. González-Carvajal Santabárbara, in *Le strutture di peccato e la carità politica, in* "Rivista di Teologia morale" 44 (2012), 261-282.

2.2.3. A perda do sentido do pecado (n. 18)

O sentido do pecado é definido pela exortação apostólica como "uma fina sensibilidade e uma aguda percepção dos ferimentos de morte, que estão contidos no pecado", que "tem sua raiz na consciência moral do homem e é dela como termômetro". Analogamente ao sentido de Deus, ele não pode jamais ser cancelado completamente do coração do homem. E, no entanto, como disse Pio XII, com uma famosa frase: "O pecado do século é a perda do senso do pecado". Isso por uma série de causas, que foram assim individuadas: o secularismo ou a tentativa de viver como se Deus não existisse ("o homem pode construir um mundo sem Deus, mas este mundo acabará por voltar-se contra o homem"); certos resultados das ciências humanas; uma ética derivada de certo relativismo historicista; a errônea identificação do pecado com o sentimento morboso da culpa ou com uma simples transgressão normativa.

> A perda do sentido do pecado, portanto, é uma forma ou um fruto da *negação de Deus*: não só da negação ateísta, mas também da negação secularista. Se o pecado é a interrupção da relação filial com Deus para levar a própria existência fora da obediência a ele devida, então, pecar não é só negar Deus; pecar é também viver como se ele não existisse, bani-lo do próprio cotidiano.

Daqui a fórmula da *Reconciliatio et pœnitentia*, que consiste em restabelecer o justo sentido do pecado como a "primeira forma para afrontar a grave crise espiritual que ameaça o homem do nosso tempo". Mas pode ser suficiente para isto, como afirma a exortação apostólica, o chamado à doutrina moral da Igreja? O diagnóstico teria aqui merecido, sem dúvida, uma reflexão mais adequada.

2.3. O sacramento da penitência e da reconciliação

O discurso sobre o sacramento está inserido no mais amplo contexto da pastoral da penitência e da reconciliação, que é o argumento enfrentado na terceira parte da *Reconciliatio et pœnitentia*. São individuados, antes de tudo, os meios e os caminhos para a promoção de tal pastoral e, depois, passa-se de modo específico ao "sacramento da penitência e da reconciliação". Desta parte desejo relembrar apenas dois aspectos. O primeiro é o papel do ministro do sacramento, o confessor, de quem se oferece um retrato de grande profundidade espiritual[13]. A segunda coisa que vale a pena pôr em evidência é o chamado para algumas convicções fundamentais a respeito de tal sacramento (n. 30), ou:

a) é caminho ordinário para obter o perdão de Deus;

b) tem função judicial (tribunal de misericórdia) e medicinal (aspecto sobre o qual hoje se é muito sensível);

c) comporta alguns atos específicos (contrição, confissão dos pecados, absolvição, satisfação);

d) tem caráter íntimo e pessoal e, ao mesmo tempo, social e eclesial.

e) comporta diversas reconciliações (assim como com Deus: consigo mesmo, com os irmãos, com a Igreja, com toda a criação);

f) lembra que o ministro do sacramento também seja, por sua vez, beneficiário dele.

3. O magistério do papa Francisco

Antes de concluir este rápido exame sobre a atenção do magistério à reconciliação sacramental, não se pode não acenar, embora brevemente, ao papa Francisco. Ainda que não tenha produzido (ao menos até agora) um documento explicitamente dedicado ao sacramento da penitência, não escapa a ninguém a insistência com que retorna à confissão e sobre as atitudes do penitente e do confessor.

Os confessores recordarão da experiência feita logo depois da eleição a Papa de Francisco, quando diversos penitentes se aproximaram do confessionário, talvez depois de tanto tempo, porque o Papa havia insistentemente exortado a fazê-lo, convidando à confiança na misericórdia de Deus e resultando evidentemente muito crível em seu pedido. No livro de entrevista a Andrea Tornielli, papa Francisco afirma que "como confessor, também quando se encontra diante de uma porta fechada, busco sempre uma fenda, uma fresta, para abrir aquela porta para dar o perdão, a misericórdia"[14]. Evidentemente, o reflexo de uma experiência vivida em primeira pessoa.

[13] Para isso, recomenda-se a leitura integral – e meditada – do n. 29 da exortação apostólica.

[14] Francesco, *Il nome di Dio è misericordia. Una conversazione con Andrea Tornielli*, Piemme, Milano 2006, 41.

Para falar do sacramento, papa Francisco faz uso de imagens, como muitas vezes acontece em seu trato comunicativo. O modo errado de aproximar-se da confissão é comparado a uma "prática de ofício", a uma "operação bancária", e o confessionário a uma "tinturaria", como afirmava em uma homilia em Santa Marta. Mas ainda mais célebre e forte é a imagem do confessionário como "sala de tortura", por ele empregada na *Evangelii gaudium*:

> Portanto, sem diminuir o valor do ideal evangélico, é preciso acompanhar, com misericórdia e paciência, as possíveis etapas de crescimento das pessoas, que se vão construindo dia após dia. Aos sacerdotes, lembro que o confessionário não deve ser uma câmara de tortura, mas o lugar da misericórdia do Senhor, que nos incentiva a praticar o bem possível. Um pequeno passo, no meio de grandes limitações humanas, pode ser mais agradável a Deus do que a vida externamente correta de quem transcorre seus dias sem enfrentar sérias dificuldades. A todos devem chegar a consolação e o estímulo do amor salvífico de Deus, que opera misteriosamente em cada pessoa, para além de seus defeitos e de suas quedas (n. 44).

Mas não há apenas o uso sábio das imagens. Existem também os gestos, até há algum tempo totalmente impensáveis, como, por exemplo, as confissões públicas do Papa: o Papa que se aproxima de joelhos ao confessionário, na basílica de São Pedro, durante uma liturgia penitencial. Um magistério, portanto, feito não só de palavras ou de convites, mas também nutrido pela eficácia dos gestos.

É impossível fazer uma síntese (que teria de ser, todavia, provisória) das contribuições oferecidas pelo papa Francisco sobre o tema em questão. Não é difícil, porém, ver o fundamento teológico que lhe dá sustentação e que é reconhecível no "princípio misericórdia"[15]. Na Bula de convocação do Jubileu extraordinário da misericórdia, *Misericardiae vultus*, havia falado da misericórdia como "arquitrave", que sustenta a vida da Igreja e de seu "desejo inexaurível" de oferecer misericórdia (n. 10). Ao propor nela a iniciativa "24 horas para o Senhor" (a serem celebradas

---

[15] Sobre o princípio da misericórdia me permito reenviar a S. Zamboni, *Epistemologia della misericordia*, in A. S. Wodka – F. Sacco (ed.), *«Va' e anche tu fa' lo stesso» (Lc 19,37). Misericordia e vita morale*, Lateran University Press – Editiones Academiæ Alfonsianæ, Città del Vaticano 2017, 19-29. Sobre a misericórdia como específico da moral cristã em papa Francisco, cf. P. Carlotti, *La morale di papa Francesco*, EDB, Bologna 2017, 63-69.

na sexta-feira e no sábado que precedem o IV domingo da Quaresma), o Papa pretendia pôr "de novo no centro, com convicção, o sacramento da reconciliação, porque permite tocar com a mão a grandeza da misericórdia" (n. 17)[16].

Na exortação apostólica *Amoris lætitia*, Francisco pede o exercício do discernimento, sobretudo nas situações ditas "irregulares" (n. 296-30), pondo-o na ótica da misericórdia pastoral (n. 307-312). A propósito disso, o Papa recorda que a misericórdia é um princípio operativo, não uma norma abstrata; é algo que deveria caracterizar toda a ação da Igreja, que não é uma alfândega, mas a casa paterna (n. 310). E, portanto, afirma – relembrando em nota, ao contrário, aqueles confessores que "exigem aos penitentes um propósito de emenda claro, sem sombra alguma, fazendo com que a misericórdia se esconda debaixo da busca de uma justiça supostamente pura"[17] – que,

> embora seja verdade que é preciso ter cuidado com a integralidade da doutrina moral da Igreja, todavia sempre se deve pôr um cuidado especial em evidenciar e encorajar os valores mais altos e centrais do Evangelho, particularmente o primado da caridade como resposta à iniciativa gratuita do amor de Deus. Às vezes, custa-nos muito dar lugar, na pastoral, ao amor incondicional de Deus. Colocamos tantas condições à misericórdia que a esvaziamos de sentido concreto e real significado, e esta é a pior maneira de aguar o Evangelho. É verdade, por exemplo, que a misericórdia não exclui a justiça e a verdade, mas, antes de tudo, temos de dizer que a misericórdia é a plenitude da justiça e a manifestação mais luminosa da verdade de Deus. Por isso, convém sempre considerar "inadequada qualquer concepção teológica que, em última instância, ponha em dúvida a própria omnipotência de Deus e, especialmente, sua misericórdia" (n. 311).

[16] Veja – no mesmo n. 17 – quando se diz a propósito dos confessores como verdadeiro sinal da misericórdia do Pai. Na carta apostólica *Misericordia et misera*, escrita para a conclusão do Jubileu extraordinário da misericórdia, papa Francisco utiliza os seguintes adjetivos para definir os confessores: "acolhedores; testemunhas; solícitos, claros; disponíveis, clarividentes" (n. 10).

[17] Sobre o arrependimento, pois, em previsibilidade de uma nova queda, cf. Carlotti, *La morale di papa Francesco*, 80-83.

O ESTILO PASTORAL-TEOLÓGICO DO CONFESSOR

Alfonso V. Amarante[1]

O recente Jubileu sobre a misericórdia, o magistério do Papa Francisco, a redescoberta do sacramento da reconciliação por parte dos fiéis nos estimulam a refletir sobre esse sacramento e sobre o estilo do confessor, chamado a administrar e dispensar um tesouro preciosíssimo.

Confessores não improvisam. A graça do ministério e a oração não bastam, se não forem acompanhadas pelo estudo teológico e pela experiência da redenção. É necessário viver, em primeira pessoa, o mistério da redenção, para ser fiel administrador desse sacramento. A vivência do sacramento da reconciliação nos ensina que é essencial o equilíbrio entre as exigências sacramentais e as concretas possibilidades do penitente. Papa Francisco, na Bula de convocação do jubileu *Misericordiæ vultus*, recordou-nos que "confessor não improvisa. Tornamo-nos tal quando começamos, nós mesmos, por nos fazer penitentes em busca do perdão" (n. 17). Experimentar o perdão em primeira pessoa ajuda o confessor a celebrar esse sacramento na sabedoria de que a misericórdia de Deus é superior às nossas fragilidades, indicadas pelo pecado.

1. O ESTILO DO CONFESSOR EM ALGUNS DOCUMENTOS RECENTES DO MAGISTÉRIO

Os documentos pós-conciliares, de maneira diferente, puseram em evidência o papel do confessor como acompanhante, guia e pai. De fato, se antes do concílio Vaticano II se falava da confissão como do tribunal da consciência, e do confessor como o juiz das almas, a teologia pós-conciliar, com nuanças diversas, buscou de-

[1] Professor ordinário de História da moral na Academia Alfonsiana de Roma.

linear a confissão como momento do encontro saneador, e o cômpito do confessor em chave de mediador da graça divina e como educador da consciência.

Por exemplo, o decreto conciliar sobre o ministério e a vida sacerdotal *Presbyterorum ordinis* indica – como um dos deveres principais do sacerdote – o ajudar os fiéis a desenvolverem a própria vocação em fidelidade ao Evangelho:

> Exercendo o múnus de Cristo, Cabeça e Pastor, na parte da autoridade que lhes toca, os Presbíteros reúnem, em nome do Bispo, a família de Deus, como fraternidade animada por um só objetivo, e levam-na por Cristo no Espírito a Deus Pai. Para exercer tal ministério, como também os demais ofícios de Presbítero, é conferido um poder espiritual, dado evidentemente para a educação [...]. Por isso compete aos sacerdotes, enquanto educadores na fé, cuidar, por si ou por outros, que cada fiel seja levado, no Espírito Santo, a cultivar a própria vocação segundo o Evangelho, a praticar uma caridade sincera e operosa, a exercitar a liberdade com que Cristo nos libertou [...]. Os presbíteros hão de auxiliar os homens a promoverem a maturidade, para que até nos acontecimentos, grandes ou pequenos, consigam ver o que as coisas significam e qual é a vontade de Deus. Sejam ainda os cristãos ensinados a não viverem só para si, mas, segundo as exigências da nova lei da caridade, a colocarem uns a serviço dos outros a graça recebida, e, desta forma, realizarem, todos de maneira cristã, suas tarefas na comunidade humana[2].

A proposta conciliar é exigente. Pede aos presbíteros educar na fé o povo a eles confiado, a fim de que possa amadurecer e compreender sempre mais a vontade de Deus. O decreto conciliar não indica as formas ou os lugares onde este caminho de crescimento deve acontecer, mas desnecessário seja dizer que um dos lugares privilegiados permanece no momento da confissão sacramental. Por consequência, o sacerdote é sim ministro de Deus, mas também testemunha qualificada para educar os fiéis.

À luz das indicações conciliares e, por exigência de síntese, apresento somente alguns passos de vários documentos pós-conciliares, em que se evidencia o estilo pastoral do confessor assim como proposto pelo magistério.

---

[2] CONCILIO VATICANO II, Decreto *Presbyterorum ordinis* sobre o ministério e a vida dos presbíteros (7.12.1965), in AAS 58 (1966), 991-1024, n. 6.

O primeiro documento que proponho, em ordem cronológica, é a *Reconciliatio et pœnitentia*, de 1984. Nessa exortação pós-sinodal, o pontífice, dirigindo-se "ao episcopado, ao clero e aos fiéis", delineava uma visão de conjunto "da reconciliação e da penitência na missão da Igreja hoje". O documento reenvia mais ao sentido profundo do sacramento do que ao estilo do confessor. No interior da terceira parte da exortação pós-sinodal, intitulada *A pastoral da penitência e da reconciliação*, há uma referência, rápida e incisiva, que delineia qual modelo de confessor a Igreja propõe e, portanto, qual estilo pastoral teológico exige.

O papa, em nome dos bispos, recorda principalmente ao sacerdote seu dever de acolher o penitente que lhe abre a própria alma ao se encontrar "perante a consciência do fiel, que a ele se abre, com um misto de tremor e de confiança" (n. 29), para acrescentar que "o confessor é chamado a uma tarefa sublime que é serviço à causa da penitência e da reconciliação humana". À luz dessa premissa, sempre no mesmo parágrafo, são elencadas algumas qualidades que o confessor deve desenvolver:

> Para o exercício eficaz de tal ministério, o confessor tem de possuir necessariamente *qualidades humanas* de prudência, discrição, discernimento e firmeza, temperadas pela mansidão e bondade. Deve ter, ainda, séria e cuidada preparação, não fragmentária, mas integral e harmônica, nos diversos ramos da teologia, na pedagogia e na psicologia, na didática catequética, na metodologia do diálogo e, sobretudo, no conhecimento vivo e comunicativo da Palavra de Deus. Mas é mais necessário ainda que ele viva uma vida espiritual intensa e genuína. Para guiar os outros pelos caminhos da perfeição cristã, o ministro da Penitência deve percorrer, ele próprio, *primeiro*, esse caminho; e mais com obras do que com palavras exuberantes, dar mostras de real experiência da oração vivida, de prática das virtudes evangélicas teologais e morais, de fiel obediência à vontade de Deus, de amor à Igreja e de docilidade ao seu Magistério[3].

[3] Giovanni Paolo II, Esortazione apostolica *Reconciliatio et pœnitentia* circa la riconciliazione e la penitenza nella missione della chiesa oggi (2.12.1984), in AAS 77 (1985), 185-275, n. 29. Nota: Tradução do site: http://www.vatican.va/content/john-paul-ii/pt/apost_exhortations/documents/hf_jp-ii_exh_02121984_reconciliatio-et-paenitentia.html com ajuste ao português do Brasil.

Da leitura desse texto se recolhe duplo dado. A preparação teológico-científica deve ser acompanhada de uma intensa vida de oração que desenvolve as virtudes, particularmente aquela da prudência: "Todo este aparato de dotes humanos, de virtudes cristãs e de capacidades pastorais não se improvisa nem se adquire sem esforço" (n. 29).

O Catecismo da Igreja Católica, em seu estilo essencial, fazendo tesouro das indicações conciliares e de papa João Paulo II, põe sua atenção no ministro desse sacramento (cap. VIII), indicando na atitude do bom pastor o estilo que deve caracterizar todo bom confessor (n. 1461-1467).

Uma reflexão mais articulada sobre o sacramento da reconciliação encontrou no texto da Congregação para o clero, *Sussidio per confessori e direttori spirituali*, publicado em março de 2011. Esse subsídio está dividido em duas partes. A primeira parte é dedicada à confissão e a segunda à direção espiritual. Na primeira parte desse texto, é possível colher algumas sugestões sobre o estilo do confessor.

Antes de falar do estilo do confessor, o documento em análise recorda a exigência da vida espiritual para sacerdotes como garantia para administrar esse delicado sacramento:

> A vida espiritual e pastoral do sacerdote, como a de seus irmãos leigos e religiosos, depende, em sua qualidade e em seu fervor, da prática pessoal assídua e conscienciosa do sacramento da penitência. [...] Em um sacerdote que deixasse de se confessar ou se confessasse mal, seu ser padre e o exercício de seu sacerdócio bem cedo ressentir-se-iam, e disso se daria conta a própria comunidade da qual ele é pastor. Mas quando tenho a grata certeza de que Deus me perdoa sempre de novo, como escrevia Bento XVI, "deixando-me perdoar, aprendo também a perdoar aos outros"[4].

É reafirmado como esse sacramento, exercido pelo confessor, é o da misericórdia por excelência. O confessor deve ajudar o penitente a retornar para Deus convidando-o "ao reconhecimento do próprio pecado, sabendo que 'Deus é maior do que nossa consciência' (1Jo 3,20). Disso deriva a alegria pascal da conversão, que suscitou santos

[4] Congregaziolne per il Clero, *Il sacerdote ministro della misericordia divina. Sussidio per confessori e direttori spitituali*, Libreria Editrice Vaticana, Città del Vaticano 2011, n. 17. Tradução em http://www.clerus.org/clerus/dati/2011-05/20-13/Sussidio_per_Confessori_pt.pdf

e missionários em todas as épocas" (n. 22). Mas, para fazer isso, o Subsídio indica na acolhida amorosa a condição necessária para ajudar o penitente a caminhar no amor de Deus Pai: "Esta disponibilidade ministerial tende a prolongar-se, suscitando desejos de perfeição cristã" (n. 53). A ajuda da parte do ministro, antes ou durante a confissão, tende ao verdadeiro conhecimento de si, à luz da fé, em vista de adotar uma atitude de contrição e de propósitos de conversão permanente e íntima, como também de reparação ou correção e mudança de vida, para superar a insuficiente resposta ao amor de Deus. Ao mesmo tempo, o ministro do sacramento que age em nome de Cristo "sente a urgência de conhecer e discernir as doenças espirituais e de fazer-se próximo do penitente, de ser fiel ao ensinamento do Magistério sobre a moral e a perfeição cristã, de viver uma autêntica vida de oração, de adotar uma postura prudente na escuta e nas perguntas, de ser disponível a quem pede o sacramento oportunamente e de seguir as moções do Espírito Santo" (n. 55).

Desses rápidos acenos, compreende-se que o *Sussidio per i confessori* mostra a indissociabilidade da relação entre a vida espiritual do sacerdote e de testemunho autêntico para poder acolher e reconciliar com Deus os batizados. Esse documento também, como a *Reconciliatio et pænitencia*, põe o acento principalmente na dinâmica interna da confissão, oferecendo alguns estímulos de reflexão em torno do estilo do confessor.

No recente magistério do papa Francisco, é possível traçar algumas afirmações que ajudam a desenvolver nosso tema. Nesta primeira parte do estudo, recordaremos, rapidamente, só algumas afirmações centrais que se podem deduzir de alguns documentos magisteriais seus.

A primeira indicação podemos tirar da *Evangelii gaudium*[5], destinada a promover em toda a Igreja uma "conversão missionária". Nessa exortação apostólica, há uma única indicação clara sobre nosso tema, em que o pontífice recorda aos sacerdotes que

> o confessionário não deve ser uma câmara de tortura, mas o lugar da misericórdia do Senhor, que nos incentiva a praticar o bem possível. Um pequeno passo, no meio de grandes limitações humanas, pode ser mais

[5] Francesco, Esortazione apostolica *Evangelii gaudium* (24.11.2013), in AAS 105 [2013], 1019-1137. http://www.vatican.va/content/francesco/pt/apost_exhortations/documents/papa-francesco_esortazione-ap_20131124_evangelii-gaudium.html

> agradável a Deus do que a vida externamente correta de quem transcorre seus dias sem enfrentar sérias dificuldades. A todos deve chegar a consolação e o estímulo do amor salvífico de Deus, que opera misteriosamente em cada pessoa, para além de seus defeitos e de suas quedas (n. 44).

Um posterior dado sobre o estilo do confessor, encontramo-lo na carta apostólica *Misericordia et misera*[6], em que papa Francisco escreve:

> Aos sacerdotes renovo o convite para se prepararem com grande cuidado para o ministério da Confissão, que é uma verdadeira missão sacerdotal. Agradeço-vos vivamente vosso serviço e peço-vos para serdes *acolhedores* com todos, *testemunhas* da ternura paterna não obstante a gravidade do pecado, *solícitos* em ajudar a refletir sobre o mal cometido, *claros* ao apresentar os princípios morais, *disponíveis* para acompanhar os fiéis no caminho penitencial respeitando com paciência seu passo, *clarividentes* no discernimento de cada um dos casos, *generosos* na concessão do perdão de Deus. Como Jesus, perante a adúltera, optou por permanecer em silêncio para a salvar da condenação à morte, assim também o sacerdote no confessionário seja magnânimo de coração, ciente de que cada penitente lhe recorda a sua própria condição pessoal: pecador, mas ministro da misericórdia (n. 10).

Nessas palavras do papa, podemos encontrar um verdadeiro e próprio programa de vida e de estilo pastoral-teológico para o confessor. Os verbos: "acolher, estar disponível, discernir", fazem desse texto uma clara orientação da confissão para os ministros constituídos.

2. O estilo do confessor na prática de Santo Afonso

Uma das páginas mais significativas sobre o estilo do confessor nos foi deixada de herança por Afonso de Ligório (1696-1787), que lhe valeu o título, da parte

[6] Francesco, Lettera apostolica *Misericordia et misera* (20.11.2016), Libreria Editrice Vaticana, Città del Vaticano 2016. Tradução oficial in https://w2.vatican.va/content/francesco/pt/apost_letters/documents/papa-francesco-lettera-ap_20161120_misericordia-et-misera.html

de Pio XII em 1950, de "Patrono celeste junto a Deus de todos os confessores e moralistas"[7]. O Santo Doutor, em inumeráveis obras, tratou o tema da confissão e o modo de confessar os penitentes. Por exigência de espaço, neste texto, limitamo-nos apenas a algumas afirmações mais significativas, enviando a literatura específica para os posteriores aprofundamentos[8].

Afonso está convencido de que

> com o pregar se lançam as redes, mas com o confessar se arrastam para a praia e se pegam os peixes. Mas, diz alguém que este é um ofício de muito perigo [...]. Mas, não sabes que o sacerdote é obrigado a estudar? [...]. Se não quiseres estudar para poder ajudar o próximo, a que serviria fazer-se sacerdote? O sacerdote especialmente é constituído, quando se ordena, a administrar o sacramento da penitência [...]. O sacerdote não deve cuidar de outra coisa senão procurar a divina glória e a salvação das almas[9].

Ligório parte da convicção de que a confissão é um dos lugares em que acontece o encontro quenótico entre o homem e Deus. Na celebração do sacramento, o homem abre seu coração ao ministro constituído para pedir o retorno aos braços do Pai. O sacerdote, para poder ser verdadeiramente instrumento de encontro, deve ser, sim, um homem de oração; mas também de estudo porque entre as mãos tem o coração do homem. Essa convicção leva Ligório a escrever na *Pratica del confessore* sobre a necessidade do estudo da moral:

> É certo que, em todos os confessores, se encontrassem a ciência e a bondade convenientes a tal ministério, o mundo não seria tão enlameado de pecados, nem o inferno tão cheio de almas. E, por bonda-

[7] Para o breve latino, com a relativa tradução em língua italiana, em que é concedido o título de Afonso como patrono dos confessores e dos moralistas, ver A.V. AMARANTE – A. MARRAZZO, *Santo, Dottore e Patrono. I quatro documenti pontifici sulla glorificazione di sant'Alfonso M. de Liguori*, Stampa Valsele Tipografica, Napoli 2009, 373.

[8] Assinalo alguns textos que são significativos sobre o tema: S. MAJORANO, *Il confessore, pastore ideale nelle opere di sant'Alfonso*, in "Studia Moralia" 38/2 (2000), 321-345; IDEM, *Sant'Alfonso Maria de' Liguori: il confessore "officio di carità istituito dal Redentore solamente in bene delle anime"*, in "Chiesa e storia" 1 (2011), 285-306; A. V. AMARANTE, "*Pratica del confessore per ben esercitare il suo ministero*", in "Studia Moralia" 45/2 (2007), 349-376.

[9] ALFONSO DE LIGUORI, *Selva di materie predicabili*, in *Opere complete*, Ed. G. Marietti, Torino 1847, vol. III, parte I, cap. IX, §4.

> de, não pretendo aqui a simples bondade habitual, isto é, o simples estado de graça, mas uma bondade positiva, que exatamente convém a um ministro da penitência, da qual tem necessidade, como à nutriz, de duplo alimento, para sustentar a si e para alimentar a prole[10].

Dessa simples premissa, que abre seu livro sobre a "prática do confessor", compreende-se que não basta apenas a graça para exercer um ministério tão delicado. A vida de oração deve ser acompanhada pela formação moral, contínua enquanto a celebração desse sacramento é, antes de tudo, "ofício de caridade, instituído pelo Redentor apenas para o bem das almas"[11].

Segundo a prática tridentina, o confessor era chamado a julgar o penitente utilizando o modelo ético objetivo. Com o nascimento da casuística, no século XVIII, e os primeiros manuais de moral, a atenção sempre mais se desequilibrou para o ato e para seu conteúdo material, pondo quase totalmente à parte as intenções do sujeito que agia. A confissão era vista como a acusação dos simples pecados enquanto a vida moral era concebida como um suceder-se de atos morais que deviam ser confrontados com as muitas "leis". Esse modelo teológico moral desviara na prática pastoral para um rígido exame de consciência que pedia aos penitentes avaliar os próprios atos em seu componente material, segundo o número, a espécie e as circunstâncias, sem ter em conta as intenções. A confissão autêntica e própria era uma denúncia dos próprios atos-pecados, a que seguia a absolvição sem olhar minimamente para a disposição do penitente. Essa dinâmica levou a definir a confissão como o "tribunal da consciência". A dimensão teológica da reconciliação e da conversão assim perdia e perde seu significado originário.

Afonso se destaca por ver desse modo o confessor e a confissão. Em suas obras, antes de descrever os compromissos do confessor e como relacionar-se com o povo de Deus, dividido por faixas de idade e categorias, insiste ainda uma vez mais sobre a obrigação do estudo: "O confessor, para bem exercer o ofício de doutor, necessita que saiba bem a lei; quem não a sabe não pode ensiná-la aos outros", para depois acrescentar que "alguns dizem que basta, para confessar, possuir os princípios gerais da moral, pois com eles podem resolver todos os casos particulares. Quem nega que

[10] ALFONSO DE LIGUORI, *Pratica del confessore*, Casa Marina, Frigento (AV) 1987, 2.

[11] ALFONSO DE LIGUORI, *Istruzione e pratica per li confessori*, in *Opere complete*, vol IX, Pier Giacinto Marietti, Torino 1860, p. 415.

todos os casos têm de ser resolvidos com os princípios? Mas aqui está a dificuldade: aplicar em casos particulares os princípios que convergem entre si"[12].

A partir dessa perspectiva, seguindo São Gregório, define a arte de guiar as almas como *Ars artium animarum*[13].

Sobre essa premissa, Afonso delineará os ofícios do confessor: "Quatro são os ofícios que deve exercer o bom confessor: de pai, de médico, de doutor e de juiz". Depois de tê-los anunciado, desenvolve a dimensão constitutiva e intrínseca deles.

> 1. Como um bom pai, escreve Afonso, o confessor deve saber abraçar o pecador "no coração". O ministro da reconciliação como pai, principalmente, é chamado a acolher na verdadeira caridade todos aqueles que se apresentam para pedir perdão a Deus. Essa caridade se exprime por meio da capacidade da escuta sincera e "empática". A acolhida e a escuta permitem verdadeiramente instaurar um diálogo leal entre o sacerdote e o fiel.
> 2. O segundo dever que Ligório indica ao confessor é aquele de médico: "a fim de bem curar seu penitente, deve, primeiramente, informar-se da origem e das razões de todas as suas enfermidades espirituais"[14]. Em desacordo com a prática pastoral pós-tridentina e com as indicações morais de seu tempo, não se detém ao ato apenas, mas busca compreender a *intentio* profunda que moveu a pessoa que tem diante de si. Esse percurso permite individuar depois a medicina salutar para a salvação da alma.
> 3. De fato, o terceiro dever que o Santo indica é aquele do "doutor". O verdadeiro doutor estuda e se atualiza continuamente, além de possuir "o conhecimento [de] quase todas as outras ciências e de todos os outros ofícios"[15].
> 4. Por fim, é indicado o dever de juiz; mas adverte que "como o juiz tem, antes, de ouvir as razões das partes, para depois examinar os méritos da causa e, finalmente, a dar a sentença, assim o confessor primeiramente deve informar-se da consciência do penitente, deve ainda discernir sua disposição e, por último, dar ou negar a absolvição"[16].

[12] ALFONSO DE LIGUORI, Pratica del confessore, § 4, 26.
[13] *Ibidem.*
[14] *Ibidem,* cap. I, § 2, n. 6, 9.
[15] *Ibidem,* cap. I, § 3, n. 17, 26.
[16] *Ibidem,* cap. I, § 4, n. 19, 32.

Penso que as indicações afonsianas sejam até hoje um estímulo precioso para se exercer o ministério da reconciliação. Bernhard Häring, em seu texto *Shalom,* atualiza o pensamento afonsiano, oferecendo critérios válidos ao penitente para a integridade da acusação formal dos pecados[17] e, ao mesmo tempo, indica os deveres do confessor nesta sucessão: Jesus mestre, Jesus médico e juiz, Jesus sumo sacerdote e o confessor como *alter Christus.* Creio que sejam até hoje significativas as palavras de Häring, nas pegadas de Santo Afonso, a respeito do confessor como ministro da misericórdia de Deus, o qual tem o dever de "perdoar os pecados, curando ao mesmo tempo as almas [...]. O sacerdote confessor deveria sempre estar consciente do fato de que, no confessionário, ele oferece ao penitente a oportunidade de encontrar o Príncipe da paz"[18].

3. Alguns estímulos ao confessor por parte do papa Francisco

Como aplicar esses estímulos que provêm do magistério e do patrono dos confessores? Creio que uma primeira resposta a encontramos ainda uma vez no recém magistério de papa Francisco.

– Por ocasião do "XXVIII curso em foro interno" (2017), organizado pela Penitenciaria Apostólica, o santo padre apresentou para a reflexão três aspectos do bom confessor. O primeiro aspecto é a vida de oração que deve diferenciar o confessor. "O 'bom confessor' é, antes de tudo, um verdadeiro amigo de Jesus Bom pastor. Sem esta amizade, será bem difícil amadurecer aquela paternidade, tão necessária no ministério da reconciliação"[19]. A amizade com Jesus se alimenta na oração como meio que conduz a vontade humana a compreender a vontade de Deus. O encontro dessas duas vontades – humana e divina – na oração, permite ao confessor colher e viver o estilo da compreensão, misericórdia e juízo. A oração torna-se desse modo o primeiro antídoto contra o fechamento do coração e voltado para a compreensão das fragilidades do outro; e a misericórdia é vivida como "palpitação do coração de Deus".

[17] B. Häring, *Shalom: Pace. Il sacramento della riconciliazione*, Edizioni Paoline, Roma 1970, 173-192.
[18] *Ibidem*, 63, 66.
[19] https://w2.vatican.va/content/francesco/it/speeches/2017/march/documents/papafrancesco_20170317-corso-foro-interno.html (consultado em 9.4.2018).

– O segundo aspecto que caracteriza o bom confessor é aquele de ser "um homem do Espírito, um homem do discernimento". Se a oração garante uma vida ativa unida a Cristo, o discernimento é uma virtude que se adquire pela própria oração, pelo estudo e pela atenta reflexão sobre as coisas do mundo e de Deus. É a partir da experiência pessoal da misericórdia que se está em condição de discernir que "a mente do homem se torna sujeito da renovação, porque com a encarnação Cristo ofereceu a misericórdia como princípio cardeal para discernir nele [...]. Só quem é capaz de renovar a mente é capaz de discernir a vontade de Deus e tomar decisões morais que levam depois à assunção das próprias responsabilidades"[20]. Nesse sentido o discernimento, alimentado pela oração e pelo estudo, é capaz de penetrar o mistério de Cristo por meio da contemplação, de modo a poder agir conformando-se à vontade do Pai.

– O último aspecto que o papa sugere é aquele de viver o confessionário como "verdadeiro e próprio lugar da evangelização". Hoje, o momento do sacramento da reconciliação torna-se um dos poucos lugares em que é possível encontrar os fiéis pessoalmente. É o lugar em que o coração do homem se abre entre mil obstáculos, mas com confiança incondicionada em Deus. É necessário aprofundar esses momentos, embora breves, para recordar aos batizados o núcleo central de nossa fé, estimulando-os ao encontro com o Cristo, convidando-os a fazer "morrer, pois, aquilo que pertence à terra: impureza, imoralidade, paixões, desejos maus e aquela cobiça que é idolatria" (Cl 3,5).

Essas instâncias foram posteriormente desenvolvidas pelo pontífice em seu discurso ao término do "XXXIX curso em fórum interno" (2018), no qual sugeriu alguns pontos necessitados de reflexão e desenvolvimento posterior para um estilo evangélico do confessor.

– Em seu discurso ofereceu algumas passagens que, a meu ver, podem ajudar-nos a celebrar melhor esse sacramento. A partir da dimensão estrutural do sacramento da reconciliação, o papa nos recorda que "o sacerdote confessor não é a fonte da Misericórdia nem da Graça; certamente é delas o indispensável instrumento, mas

[20] A. V. Amarante, *La strada dell'amore misericordioso (MV 10) Criterio teologico-pastorale* in "Rassega di Teologia" 57/2 (2016), 187.

sempre apenas instrumento"[21]. Infelizmente, ao longo dos anos, foram recolhidos muitos testemunhos de fechamento dos confessores, quase como se fossem os donos da graça. Sobre esse tema o pontífice muitas vezes fez ouvir sua voz. Essa atitude leva a apoderar-se das consciências que, privadas da liberdade, para escolher o bem, tornam-se meras executoras de uma vontade externa. O bem a ser feito não se impõe com a força, mas é um caminho de compreensão e adesão da parte das consciências. Vivemos em um mundo onde para os crentes escolher o bem muitas vezes é uma escolha incompreensível porque se ofuscaram à vista do coração os valores de fundo que regem nossa vida de adesão a Cristo.

– A segunda atitude que propõe o pontífice é "saber ouvir as perguntas, antes de oferecer respostas". O ouvir implica múltiplas dimensões humanas e espirituais. Não se ouve apenas com os ouvidos, mas também com o coração aberto à moção do Espírito Santo, o qual ilumina tanto o penitente quanto o ministro desse sacramento. O papa afirma que, "ouvindo o Espírito Santo, colocamo-nos em atenta obediência, tornando-nos ouvintes da Palavra e, portanto, oferecemos o maior serviço aos nossos jovens penitentes: nós os colocamos em contato com o próprio Jesus". A escuta requer tempo, paciência, capacidade empática. Muitas vezes, no confessionário, mais que ver e escutar o penitente, olha-se a fila de penitentes que esperam sua vez. A escuta na confissão é uma forma de martírio porque requer deixar à parte nosso eu, as distrações e as preocupações, para tornar-se participantes atentos à dinâmica espiritual do Eu da pessoa que está diante de nós.

Em uma sociedade que tem medo do vazio causado pelo silêncio das palavras, redescobrir a capacidade de ouvir o silêncio de outra pessoa, especialmente na confissão, implica uma mudança radical no estilo de relacionamento.

4. Acolher, acompanhar, discernir e integrar na confissão

O magistério ordinário do Papa Francisco, lido também à luz dos estímulos do celeste patrono dos confessores, a meu ver, oferece estímulos e indicações práticas para o exercício desse ministério tão delicado.

[21] https://w2.vatican.va/content/francesco/it/speeches/2018/march/documents/papafrancesco_20180309_penitenzieria-apostolica.html (consultado il 10.04.2018).

A primeira indicação é a exigência do ministério do acolhimento. Isso implica que sejam criados espaços e momentos para celebrar o sacramento, assim como nos sugere o ritual da reconciliação[22], e disponibilidade, por parte do ministro, em acolher o irmão que bate para pedir perdão a Deus. A propósito, o *Sussidio per i confessori* evidencia a importância da vida de oração do sacerdote que acolhe as confissões recomendando-lhe "adotar uma atitude prudente na escuta e nas perguntas, estar disponível para quem pede o sacramento, seguir as moções do Espírito Santo"[23]. Esse acolhimento prepara para a festa do perdão como retorno à casa do Pai (cf. Lc 15,1-32).

O acolhimento abre para a escuta sincera e imune de preconceito como ensina Afonso de Ligório. Ouvindo e olhando a fragilidade humana pelo ângulo do penitente, contextualizando os pecados no vivido do penitente, movido por moções internas e externas, é possível avaliar de modo equilibrado seu alcance. Muitas vezes é a vida mesma que explica a verdadeira natureza da fragilidade do homem e clarifica o significado do pecado.

A escuta abre o acolhimento da parte do confessor. É propriamente a escuta sincera que cativa o coração do homem e o conduz a Deus e ao desejo de adquirir uma consciência capaz de avaliar e agir sempre para o bem. É um acompanhamento capaz de respeitar os silêncios, os tempos, as quedas do penitente, em vista de um amadurecimento da consciência. Um acompanhamento sábio abre à compreensão dos critérios objetivos de verdade, que permitem um crescimento integral do homem. O caminho da formação da consciência pede sempre vigilância aos estímulos de Deus por meio da Palavra e de um acompanhamento respeitoso das escolhas.

O acompanhamento, por sua vez, abre ao discernimento como momento de verificação e de crescimento na própria vida. A confissão vivida na dinâmica do encontro fraterno permite um verdadeiro discernimento: separar para crescer ajuda o penitente a encontrar a verdade que mata a sede de suas perguntas e aplaca seus medos. O homem sempre desejoso da verdade, por meio do discernimento

---

[22] Cf. *Rituale Romano riformato a norma dei Decreti del Concilio Ecumenico Vaticano II e promulgato da papa Paolo VI. Rito della penitenza,* Conferenza Episcopale Italiana, 1974. O ritual prevê três formas de celebração: 1. O rito de reconciliação dos penitentes individuais; 2. Rito para a reconciliação de mais penitentes com a confissão e absolvição individual; 3. Rito para a reconciliação de mais penitentes com confissão e absolvição gerais.

[23] Congregazione per il clero, *Il sacerdote ministro della misericordia divina*, n. 55.

a respeito dos sintomas de sua doença "espiritual", é capaz de encontrar e fazer a experiência de uma única verdade que salva: Jesus Cristo. O encontro com o Filho de Deus, de quem o sacerdote é apenas o mediador, permite colocar com franqueza a medicina salutar que é para a vida (caminho penitencial de conversão). Papa Francisco, na *Amoris laetitia*, recorda como a busca da verdade é confiada à consciência por meio do discernimento, o qual "é dinâmico e deve permanecer sempre aberto a novas etapas de crescimento e a novas decisões que permitem realizar o ideal de modo mais pleno"[24] (n. 300). O confessor para ajudar o penitente na formação de uma consciência reta deverá conduzi-lo a reconhecer e a escolher com coragem o amor altruísta em vez do amor egoísta.

O penitente, recebido o perdão, é chamado a viver ou estreitar sua presença na comunidade cristã. Para aqueles que estão distantes, o sacramento da penitência pode ser um estímulo forte para uma frutuosa integração no interno da comunidade dos crentes. A parábola do "pai misericordioso" nos ensina que para integrar o filho é necessário o acolhimento paterno. O desejo de retorno pode nascer da "fome". O pai, como a comunidade, deve saciar a fome material, mas ir além da fome para propor e projetar com o penitente caminhos saneadores para "céus e terras novas".

Ao mesmo tempo integrar significa fazer festa porque o filho retornou a casa. Desde esse momento, o filho que retorna a casa deve ser tratado com toda a sua dignidade de filho, capaz de assumir responsabilidade para o bem de toda a comunidade eclesial.

Integrar o penitente arrependido supõe, finalmente, a proposta franca de conversão contínua diante de Deus e dos homens.

---

[24] Francesco, *Esortazione apostolica post-sinodale Amoris Lætitia* (19.03.2016), Libreria Editrice Vaticana, Città del Vaticano 2016, n. 300.

ALGUMAS ORIENTAÇÕES PASTORAIS PARA UM BOM CONFESSOR A PARTIR DA "AMORIS LAETITIA"

Vimal Tirimanna[1]

Introdução

Na Carta apostólica *Misericordia et misera*, na conclusão do Ano Jubilar da Misericórdia, papa Francisco afirmou categoricamente: "O sacramento da Reconciliação precisa voltar a ter seu lugar central na vida cristã"[2]. O pontífice continua seu discurso afirmando: "para isso se requerem sacerdotes que ponham sua vida a serviço do 'ministério da reconciliação' (2Cor 5,18), de tal modo que ninguém, sinceramente arrependido, seja impedido de aceder ao amor do Pai, que espera seu regresso e, ao mesmo tempo, a todos seja oferecida a possibilidade de experimentar a força libertadora do perdão"[3]. Se esse sincero desejo do papa for realizável, consequentemente, a Igreja terá necessidade de bons confessores, que não impeçam nenhum pecador, sinceramente arrependido, de voltar a esse sacramento tão precioso. Mas quais são os critérios para ser um bom confessor em nosso mundo contemporâneo?

Como bem conhecida, a exortação pós-sinodal do papa Francisco, *Amoris Laetitia* (= AL), é um documento que se ocupa principalmente dessas questões pastorais relativas ao matrimônio e à família. Na base desse texto, há a fundamentada preocupação, papal e episcopal[4], de conciliar os ideais do Evangelho, no que diz respeito ao matrimônio e à família, com a realidade vivida do nosso mundo contemporâneo. Esse esforço pastoral na AL se baseia em algumas fundamentais orientações pastorais que, por sua vez, provêm da preciosa e conhe-

[1] Professor convidado de Teologia moral sistemática na Academia Alfonsiana de Roma.

[2] Francesco, *Lettera apostolica Misericordia et misera* (20.11.2016), Libreria Editrice Vaticana, Città del Vaticano 2016, n. 11.

[3] *Ibidem.*

[4] É preciso evidenciar como a AL é o resultado final de dois sínodos dos bispos, celebrados em 2014 e em 2015. Quase um terço de suas notas provém dos documentos finais dos dois sínodos.

cida tradição teológica moral da Igreja e de sua prática. Tendo por certo que essas linhas-guia são pertinentes e válidas também nas diversas esferas da vida humana do matrimônio e da família, neste artigo evidenciaremos cinco dessas linhas-guia, buscando demonstrar sua importância para um bom confessor no mundo de hoje.

1. O PRINCIPAL DEVER DE UM CONFESSOR É AQUELE DE FORMAR A CONSCIÊNCIA DO PENITENTE

Papa João Paulo II, retomando a prática da tradição católica, escreveu que "uma grande ajuda para a formação da consciência os cristãos têm na Igreja e no magistério, como afirma o concílio"[5]. No mundo contemporâneo, um dos lugares adequados para tal formação da consciência cristã é seguramente o confessionário.

Mas, que coisa exatamente se entende por "formação de consciência" no confessionário? O concílio Vaticano II foi muito claro sobre o que se entende por "formação da consciência de uma pessoa", quando diz: "Os cristãos, porém, na formação da sua consciência, devem considerar diligentemente a doutrina sagrada e certa da Igreja"[6]. A frase "devem considerar diligentemente a doutrina sagrada e certa da Igreja" é de grande importância para nosso objetivo neste ensaio. Os estudiosos sustentam que o projeto original, apresentado aos padres conciliares, para ser submetido à votação, continha a frase assim formulada: "Formá-la segundo os ensinamentos da Igreja", mas o que foi, enfim, aceito pelos padres e votado é a frase "devem considerar diligentemente a doutrina sagrada e certa da Igreja"[7]. Essa mudança significativa no projeto realizado na aula do concílio é de fundamental importância, porque há uma grande diferença entre "formá-la segundo" e "devem considerar diligentemente". No contexto de nosso tema, neste artigo, ela implica que o confessor não pode impor os ensinamentos[8] da Igreja ao penitente, mas, antes, como um representante oficial da Igreja, tem de, como primeiro e indispen-

---

[5] Giovanni Paolo II, Lettera enciclica *Veritatis splendor*, in AAS 85 (1993), 1113-1228, n. 64.

[6] Concilio Vaticano II, Dichiarazione sulla libertà religiosa *Dignitatis humanæ* (7.12.1965), in AAS 58 (1966), 929-946, n, 14. O texto original em latim afirma "Christi fideles autem in sua efformanda consientia **diligenter attendere debent** ad sacram certam que Ecclesiæ doctrinam" (grifo nosso).

[7] Essa particular frase fora tomada da Radiomensagem do papa Pio XII de 23 de março de 1952. Cf. AAS 44 (1952), 270-278.

[8] In AL no n. 35, o Papa diz: "De nada serve também querer impor normas pela força da autoridade".

sável dever, propô-la ao penitente. Depois de tudo, é na consciência pessoal, adequadamente formada[9], que se ouve a voz de Deus[10]. Essa posição tradicional da prática católica é relatada de modo convincente por Joseph Dolan quando escreve:

> A consciência é o juízo do homem enquanto é formado por sua mente que opera sobre uma pessoal avaliação dos fatos. Também quando ele pede conselho a outro ou segue uma autoridade religiosa como norma objetiva, o indivíduo deve assumir-se a responsabilidade por segui-lo (St. Thomas, *De veritate*, q. 17, a. 5, ad. 4). Nem conselheiro, nem prelado, nem mesmo a lei moral objetiva podem suplantar a consciência individual como norma imediata da ação, porque não há nenhum outro modo pelo qual um homem possa julgar sua obrigação de como ele vê finalmente a si mesmo, quando todos os dados estão a sua disposição. Se seu ato deve ser humano, sua consciência deve ter a última palavra como decisiva norma subjetiva da moralidade[11].

Isso nada mais é que a visão do concílio Vaticano II com respeito à dignidade da consciência pessoal[12], que a AL obviamente repropôs[13]. De fato, o Papa afirma explicitamente que

> a partir do reconhecimento do peso dos condicionamentos concretos, podemos acrescentar que a consciência das pessoas deve ser mais bem incorporada na práxis da Igreja em algumas situações que não realizam objetivamente a nossa concepção do matrimônio. É claro que devemos incentivar o amadurecimento de uma consciência es-

---

[9] Para uma discussão sobre o que significa ter uma consciência adequadamente formada, cf. V. Tirimanna, *The Role of Conscience: Is it always to Follow the Hierarchical Magisterial Teaching?*, in "Asian Horizons" 10:4 (December 2016) 668-683.

[10] Concilio Vaticano II, Costituzione pastorale sul mondo *Gaudium et spes* sulla Chiesa nel mondo contemporaneo (7.12.1965), in AAS 58 (1966), 1025-1120, n. 16.

[11] J. V. Dolan, *Conscience in the Catholic Theological Tradition* in W. C Bier (ed.), *Conscience: Its Freedom and Limitations*, Fordham University Press, New York 1971, 12. O itálico está presente no texto original.

[12] Cf. *Gaudium et spes*, n. 16; *Dignitatis humanæ*, n. 1-3.

[13] Cf. A. Autiero, *"Amoris lætitia" e la coscienza etica. Una questione di prospettiva* in S. Goertz – C. Witting (ed.), *Amoris lætitia. Un punto di svolta per la teologia morale?* Edizioni San Paolo, Milano 2017, 86-88.

> clarecida, formada e acompanhada pelo discernimento responsável e sério do pastor, e propor uma confiança cada vez maior na graça. Mas essa consciência pode reconhecer não só que uma situação não corresponde objetivamente à proposta geral do Evangelho, mas reconhecer também, com sinceridade e honestidade, aquilo que, por agora, é a resposta generosa que se pode oferecer a Deus e descobrir com certa segurança moral que esta é a doação que o próprio Deus está a pedir no meio da complexidade concreta dos limites, embora não seja ainda plenamente o ideal objetivo (AL 303).

Esse ponto é particularmente importante para o nosso hoje, dada a ideia equivocada, espalhada em alguns ambientes eclesiais, de que a formação da consciência consiste em fazer com que o penitente siga cegamente aquilo que o confessor (na qualidade de representante oficial da Igreja) indica ao fiel[14]. De fato, no crucial e controverso capítulo 8, em que o tema principal é o "discernimento" no que diz respeito aos diversos casos das assim chamadas "situações irregulares" em matéria de matrimônio, papa Francisco fala de um discernimento pessoal e pastoral[15]. Assim, no n. 298 da AL, ele fala simultânea e conjuntamente dessas duas modalidades de discernimento. O mesmo é repetido no n. 300 da AL. Tais modalidades podem fácil e logicamente ser estendidas àqueles casos de prática moral não matrimonial em contato no confessionário, no qual os penitentes têm necessidade da assistência do confessor para discernir sua situação de pecado. O ponto que pretendo destacar aqui é que, embora o confessor tenha a tarefa específica de "juiz" e "doutor" no confessionário, as outras duas tarefas tradicionalmente atribuídas ao confessor, de "pai" e "médico"[16], devem ser exercidas em conjunto com o penitente, sobretudo, no processo de um discernimento que consentiria ao penitente passar por um verdadeiro arrependimento e alcançar a conversão. De tal modo, ao final desse processo, o penitente poderia estar com boa disposição para receber a absolvição sacramental. Isso é seguramente um modo responsável e maduro de formar as consciências dos fiéis.

[14] Ver meu artigo, anteriormente citado: TIRIMANNA, *The Role of conscience*.

[15] Uma discussão interessante sobre isso foi desenvolvida por B. PETRÀ, *From "Familiaris Consortio" to "Amoris Lætitia". Continuity of Pastoral Attitude and a Step Forward* in "INTAMS Review" 22 (2016), 204-207.

[16] Os quatro papéis, tradicionalmente atribuídos ao confessor depois de Trento, isto é, aquele de pai, médico, doutor e juiz, neste texto são dados certos. A tal propósito, cf. A.M. DE LIGUORI, *Pratica del confessore per ben esercitare il suo ministero*, cap. I, Ed. Casa Mariana, Frigento 1987, 5-36.

Hoje, porém, tal formação da consciência no confessionário está agravada ainda mais pelo fato de que alguns dos confessores (se não um certo número!) não estão bem informados no conhecimento do magistério oficial. Tal ignorância vencível por parte do confessor é, às vezes, encoberta pelo confessor no confessionário, ao exigir unilateralmente que o penitente aceite abertamente o que ele (o confessor) pretende oferecer como ensinamento oficial da Igreja. Tal dinâmica, às vezes, faz com que o confessor consiga impor suas perspectivas (que estão em desacordo com aquilo que a Igreja ensina de verdade) ao penitente. A exortação AL se ocupa claramente desse problema pastoral, afirmando que um pastor não deveria impor nem suas opiniões pessoais nem a doutrina da Igreja, quando diz: "Somos chamados a formar as consciências, não a pretender substituí-las" (AL 37).

2. Importância de um diálogo/ conversa em âmbito humano

A confissão sacramental é fundamentalmente um acompanhamento do penitente por parte do confessor para ajudá-lo a fazer um discernimento de sua condição, a fim de permitir-lhe arrepender-se sinceramente diante de Deus e, em seguida, por meio da absolvição sacramental, integrá-lo na comunidade. Isso obviamente não pode ser feito com pressa ou de modo casual. Esse caminho necessita tempo, qualidade de tempo, para viver o diálogo que, em realidade, é um grande desafio para muitos sacerdotes que devem desenvolver mais tarefas pastorais. Os conselhos que o papa Francisco oferece aos cônjuges casados, como encontrar tempo para ter um diálogo genuíno e amoroso entre eles, podem ser facilmente aplicados ao diálogo indispensável entre um bom confessor e o penitente:

> Reservar tempo, tempo de qualidade, que permita escutar, com paciência e atenção, até que o outro tenha manifestado tudo o que precisava comunicar. Isto requer a ascese de não começar a falar antes do momento apropriado. Em vez de começar a dar opiniões ou conselhos, é preciso assegurar-se de ter escutado tudo o que o outro tem necessidade de dizer (AL 137).

Na exortação apostólica AL, o pontífice, depois de enumerar algumas imagens do Evangelho sobre como Jesus, "demonstra o verdadeiro significado da misericórdia" [AL 64], por meio dos encontros amigáveis com pessoas que estavam aflitas de vários modos, afirma: "Vê-se isto claramente nos encontros com a mulher samaritana (cf. Jo 4,1-30) e com a adúltera (cf. Jo 8,1-11), nos quais a noção do pecado é avivada perante o amor gratuito de Jesus". Essa regra do Evangelho é indispensável para um confessor que age *in persona Christi*, quer dizer, modelando-se em Jesus, plenitude da misericórdia, despertando no penitente "a consciência do pecado"[17]. Em outro texto, o próprio Papa desenvolve este argumento:

> Nós, confessores, temos experiência de muitas conversões que ocorrem diante de nossos olhos. Sintamos, portanto, a responsabilidade de gestos e palavras que possam chegar ao fundo do coração do penitente, para que descubra a proximidade e a ternura do Pai, que perdoa. Não invalidemos esses momentos com comportamentos que possam contradizer a experiência da misericórdia que se procura; mas, antes, ajudemos a iluminar o espaço da consciência pessoal com o amor infinito de Deus (cf. 1Jo 3,20)[18].

Uma das obrigações para ser um bom confessor é a capacidade pessoal de escutar o penitente. Afinal de contas, estamos falando da confissão "auricular", que literalmente significa "o penitente recita seus pecados nos ouvidos do confessor". Consequentemente, é pedido ao confessor uma escuta participativa que respeita o penitente (como um parceiro em um diálogo). Isso é um ponto colocado em destaque pelo mesmo documento pontifício. De fato, "a escuta respeitosa do vivido determina todo o desenvolvimento da *Amoris lætitia*, particularmente o capítulo oitavo"[19]. A esse propósito, é de fundamental importância não esquecer que o confessor não é o senhor do perdão, porque só Deus pode perdoar. O papel do confessor é apenas ser o mediador sacramental entre o Deus misericordioso, que perdoa, e o pecador arrependido. Nas palavras do papa Francisco, o confessor é apenas um instrumento nas mãos de Deus:

---

[17] Essa regra de ouro é encontrada também na parábola evangélica de Zaqueu (Lc 19,1-10).

[18] Francesco, *Misericordia et misera* (2016), n. 11.

[19] Cf. S. Majorano, *La Misericordia come mediazione tra norma e concretezza del vissuto* in A. S. Wodka – F. Sacco (ed.), *"Va' e anche tu fa' lo stesso" (Lc 19,37). Misericordia e vita morale*, Lateran University Press, Città del Vaticano 2017, 185.

> O sacerdote confessor não é a fonte da Misericórdia nem da Graça; certamente é seu instrumento indispensável, mas sempre apenas instrumento! E, quando o sacerdote se apodera dele, impede que Deus aja nos corações. Esta consciência deve favorecer uma vigilância atenta sobre o risco de se tornar "donos das consciências", sobretudo na relação com os jovens, cuja personalidade ainda está em formação, por isso é mais facilmente influenciável. Recordar que somos, e que devemos ser, apenas instrumentos da Reconciliação é a primeira condição para assumir uma atitude de escuta humilde do Espírito Santo, que garante um esforço de discernimento autêntico. Ser instrumento não é uma diminuição do ministério, mas, ao contrário, é sua plena realização, pois, à medida que o sacerdote desaparece e sobressai mais claramente Cristo, sumo e eterno Sacerdote, realiza-se nossa vocação de "servos inúteis"[20].

Por definição, um instrumento é sempre pensado para servir aqueles que o utiliza, e assim, no confessionário, o confessor, como instrumento nas mãos de Deus, não pode simplesmente ir contra a essência de Deus, isto é, a infinita misericórdia divina para com aqueles que se arrependem. Como tal, é apenas por meio de um diálogo de pessoa a pessoa, amoroso e amigável, com o penitente que o confessor pode, na verdade, ser um verdadeiro representante sacramental de Cristo, isto é, vendo as coisas com os olhos de Cristo e colocando-se no lugar do penitente para ver as coisas com seus olhos.

3. "Ver as coisas com os olhos de Cristo" (cf. AL 78)

Se recordarmos que a prática católica insistiu sempre no papel do confessor, o qual toma lugar de Cristo sacramentalmente no confessionário, então este não pode senão olhar os penitentes da maneira como Cristo os olhou, isto é, com a infinita misericórdia de Deus Pai[21]. Exatamente como nos outros sacramentos, o sacerdote age

[20] Francesco, Discorso ai partecipanti al XXIX corso sul foro interno organizzato dalla penitenzieria apostolica, in https:/w2.vatican.va/content/francesco/it/speeches/2018/march/documents/papa-francesco_20180309_penitenzieria-apostolica.pdf [consultado em 9.4.2018].

[21] Cf. *Catecismo da Igreja Católica*, n. 1465.

in persona Christi[22]. Isso impeliu papa Francisco, no número 291 da AL, a recordar o papel da Igreja àqueles que não conseguem viver plenamente aquilo que Jesus ensinou:

> Iluminada pelo olhar de Cristo, a Igreja "dirige-se com amor àqueles que participam em sua vida de modo incompleto, reconhecendo que a graça de Deus também atua em suas vidas, dando-lhes a coragem para fazer o bem, cuidar com amor um do outro e estar a serviço da comunidade, em que vivem e trabalham". [...]. Embora não cesse jamais de propor a perfeição e convidar a uma resposta mais plena a Deus, "a Igreja deve acompanhar, com atenção e solicitude, seus filhos mais frágeis, marcados pelo amor ferido e extraviado, dando-lhes de novo confiança e esperança [...].

O confessor, que dá visibilidade sacramental da presença invisível de Jesus e, portanto, de sua misericórdia, não pode ser um obstáculo ao penitente, para que este possa experimentar essa misericórdia e ver de verdade com "o olhar de Cristo, cuja luz ilumina todo homem" e "inspira a cura pastoral da Igreja para os fiéis" (AL 78). Como ensina papa Francisco, em outro texto: "Nada que um pecador arrependido coloque diante da misericórdia de Deus pode ficar sem o abraço de seu perdão. É por esse motivo que nenhum de nós pode pôr condições à misericórdia; esta permanece sempre um ato de gratuidade do Pai Celeste, um amor incondicional e não merecido. Por isso, não podemos correr o risco de nos opor à plena liberdade do amor com que Deus entra na vida de cada pessoa"[23]. De fato, no *Vademecum* para os confessores sobre alguns temas de moral da vida conjugal, o Pontifício Concílio para a Família, já em 1997, recordava aos confessores:

> O ministro da reconciliação deve sempre ter em mente que o sacramento foi instituído para homens e mulheres pecadores. Portanto, ele dará as boas vindas aos penitentes que acessam o confessionário, supondo que, a menos que haja evidência clara em contrário, a boa vontade – que provém de *um coração arrependido e humilhado* (Sl 50,19), embora em graus variados – seja reconciliada com o Deus misericordioso[24].

[22] Cf. João Paulo II, Exortação apostólica *Reconciliatio et pænitentia* sobre a reconciliação e penitência na missão da Igreja hoje (2.12.1984), in AAS 77 (1985), 185-275, n. 29.

[23] *Misericordia et misera*, n. 2.

[24] Pontificio Conciglio per la Famiglia, *Vademecum per i confessori su alcuni temi di morale della vita coniugale (1997)*, Editrice Vaticana, Città del Vaticano 1997, parte 3, n. 2.

No número 296 da AL, o Papa afirmou:

> O Sínodo referiu-se a diferentes situações de fragilidade ou imperfeição. A este respeito, quero lembrar aqui uma coisa que pretendi propor, com clareza, a toda a Igreja para não nos equivocarmos no caminho: "Duas lógicas percorrem toda a história da Igreja: marginalizar e reintegrar. (...) O caminho da Igreja, desde o Concílio de Jerusalém em diante, é sempre o de Jesus: o caminho da misericórdia e da integração. (...) O caminho da Igreja é o de não condenar eternamente ninguém; derramar a misericórdia de Deus sobre todas as pessoas que a pedem com coração sincero (...). Porque a caridade verdadeira é sempre imerecida, incondicional e gratuita".

Uma atenta reflexão sobre o ministério salvífico de Jesus na terra revelou que uma característica fundamental de sua misericórdia foi sua capacidade de olhar os detalhes concretos daqueles que eram desprezados, marginalizados e chamados pecadores. Em total contraste com os fariseus de seu tempo, Jesus olhou a pessoa e sua situação existencial e seu contexto vital. Se isso era o ponto de partida de Jesus, o dos fariseus era a lei, em sua forma abstrata. Seguindo a mesma prática habitual de Jesus, mostrada nos evangelhos, AL, em seu conjunto, evidencia o fato de que a importância das leis/normas deve ser buscada não em si mesma, mas, sobretudo, em sua aplicação a pessoas que vivem em diversas situações concretas. De fato, às vezes,

> apresentamos um ideal teológico do matrimônio demasiado abstrato, construído quase artificialmente, distante da situação concreta e das possibilidades efetivas das famílias, tais como são. Essa excessiva idealização, sobretudo quando não despertamos a confiança na graça, não fez com que o matrimônio fosse mais desejável e atraente; muito pelo contrário (AL 36).

A exortação apostólica AL sublinha como o ensinamento da Igreja sobre o matrimônio e a família deveria ser inspirado pelo "amor" e pela "ternura", "para não se tornar mera defesa de uma doutrina fria e sem vida" (AL 59). O Papa com franqueza afirma: "É mesquinho deter-se a considerar apenas se o agir de uma pessoa corresponde ou não a uma lei ou norma geral, porque isso não basta para discernir e assegurar uma plena fidelidade a Deus na existência concreta de um ser humano" (AL 304). Santo Afonso M. de Ligório, patrono dos confessores e moralistas, já em seu tempo, advertira aqueles que julgavam que o conhecimento dos princípios morais gerais era suficiente para serem bons confessores:

> Dizem que basta, para confessar, possuir os princípios gerais da moral porque com eles podem resolver todos os casos particulares. Quem nega que todos os casos devem ser resolvidos com os princípios? Mas aqui está a dificuldade de aplicar aos casos particulares os princípios que lhes dizem respeito. Isso não se pode fazer sem uma grande discussão das razões que estão de uma e de outra parte, e exatamente o que fazem os moralistas: procuram aclarar com quais princípios devem ser resolvidos muitos casos particulares[25].

Pois o confessor age *in persona Christi*, ele tem de ser sabedor da fragilidade de muitos filhos da Igreja (cf. AL 291) e é chamado a olhar os penitentes com os olhos de Cristo, isto é, pessoas frágeis no interior de seu contexto particular.

4. Ver as coisas do ponto de vista do penitente (cf. AL 138-139, 144)

Um dos temas subjacentes à AL é a necessidade indispensável de levar em séria consideração as circunstâncias particulares das várias situações do matrimônio e da família nos diversos contextos. Por exemplo, AL ilustra o caso de uma mulher que deve cuidar do filho sozinha e, ao mesmo tempo, trabalhar sem a possibilidade de deixar a criança com outra pessoa; em uma situação do gênero, "o filho cresce num abandono que o expõe a todos os tipos de risco e fica comprometido seu amadurecimento pessoal" (AL 49). Segundo papa Francisco, sem compreender essa situação concreta, não há sentido de doutrinar a mulher com os ensinamentos da Igreja. Analogamente, em cada um dos casos, que diz respeito a outros aspectos concretos da família e do matrimônio, é necessário um discernimento responsável, pessoal e pastoral "uma vez que 'o grau de responsabilidade

[25] De Liguori, *Pratica del confessore...*, cap. I, III, n. 17, 26.

não é igual em todos os casos', as consequências ou os efeitos de uma norma não devem necessariamente ser sempre os mesmos" (AL 300).

Esse fundamental princípio moral-pastoral faz parte da tradição católica e obviamente deve ser aplicado também em relação a outras questões morais, especialmente na esfera da confissão sacramental. Todo paciente está imerso em circunstâncias e contextos diversos. Como tal, o confessor não pode simplesmente generalizar ou mesmo catalogar ou fechar o penitente em classificações excessivamente rígidas (cf. AL 298), segundo as categorias gerais de pecados, embora seja o modo mais simples e o que pede menos tempo. Aqui está em jogo a prioridade que deve ser dada à pessoa (ao penitente), para além de todas as leis e normas. Afinal de contas, a confissão é o encontro pessoal do Pai misericordioso com o pecador arrependido. Consequentemente, é necessário "evitar uma moral fria, de escritório" (AL 312), com pouco ou nenhum olhar para a pessoa que pede o perdão de Deus. A insistência da Igreja na confissão sacramental individual (além dos outros ritos comunitários, aprovados para a reconciliação sacramental na Igreja) tem muita importância nesse sentido, porque, no rito para a reconciliação sacramental de tipo comunitário, tal discernimento individual e pessoal, juntamente com o confessor, é praticamente impassível.

Para que tal discernimento tenha vez, um requisito indispensável é a competência do ministro do sacramento em relação aos ensinamentos oficiais da Igreja. A ignorância dos ensinamentos da Igreja – que é bastante comum hoje em um bom número de confessores, como já acenado anteriormente – tem trazido muitos danos aos penitentes e a sua salvação e, a longo prazo, trará danos também à comunidade cristã em seu conjunto. Se, tradicionalmente (como já mencionado antes), o dever principal do confessor é o de formar a consciência do penitente, agora é evidente que o confessor deve ser bem preparado nos ensinamentos oficiais da Igreja[26]. Por exemplo, o confessor deve sempre se lembrar de que é o penitente, e não ele, que deve tomar decisão em sua consciência depois de ter considerado atentamente o que a Igreja ensina sobre determinadas questões. Particularmente, o confessor deve ser bem sabedor dos tipos de pecados e dos fatores atenuantes dos pecados, como ensina o magistério oficial da Igreja (cf. AL 301-303). Ele de-

[26] Santo Afonso, em seu tempo, falava dessa necessidade indispensável. Cf. *Pratica del confessore...*, cap. I, III, n. 17-18, 25-32. Papa João Paulo II reafirmou a mesma opinião: cf. *Reconciliatio et pœnitentia*, n. 29.

veria também saber que os crimes contra a doutrina social da Igreja são também "pecados", exatamente como aquele da ética sexual.

5. Apontar para um crescimento moral gradual antes que uma conversão imediata

A palavra mais significativa que dá origem ao conceito de "pecado" no Novo Testamento é a palavra grega *hamartia* que significa "errar o alvo". Nos autores clássicos, era indicado como "não acertar"[27].

Portanto, se o "pecado" é visto fundamentalmente como um defeito para alcançar um ideal proposto pelos Evangelhos e interpretado pelo magistério da Igreja, então o que acontece no confessionário pode ser interpretado como o começo de um processo para crescer em vista desse ideal, com a ajuda da graça misericordiosa de Deus. Não se trata de exigir a realização imediata do ideal pelo penitente. Antes, é um processo realista e concreto (baseado na antropologia fundamental)[28], que foi seguido pelo próprio Jesus em seu ministério terreno (como vimos acima em Jo 4 e Jo 8). Tal aproximação aponta para o gradual crescimento moral da pessoa e não a uma imediata conversão moral[29]. Embora o confessor tenha o dever irrenunciável de instruir o penitente com o que ensina o magistério oficial, está previsto que se apliquem tais ensinamentos no contexto atual, isto é, em determinada situação concreta do penitente, tomando em séria consideração "o peso das circunstâncias atenuantes: psicológicas, históricas e mesmo biológicas" (AL 308). Em outras palavras, "sem diminuir o valor do ideal evangélico, é preciso acompanhar, com misericórdia e paciência, as possíveis etapas de crescimento das pessoas, que se vão construindo dia após dia" (AL 308). Não se trata de uma questão de formação de consciência instantânea com uma verdade moral geral abstrata, mas é algo que tem a ver com a verdade moral salvífica para este singular penitente, em seu particular contexto. Eis por que já o papa João Paulo II recordava aos confessores o crescimento gradual e dinâmico dos passos para a conversão:

---

[27] Cf. J. Lachowski, *Sin (In the Bible)*, in B. L. Marthaler et Alii (ed.), *New Catholic Encyclopedia*, The Catholic University of America, Second Edition, Washington DC 2003, 145.

[28] Cf. D. Bacchini, *Lo sviluppo morale*, Carocci Editore, Torino 2013.

[29] Cf. J. Ratzinger, *Una valutazione globale del sinodo sulla famiglia*, in "Il Regno/Documenti", 26 (444/1981), 163.

> É pedida uma conversão contínua, permanente, que, embora exigindo o afastamento interior de todo o mal e a adesão ao bem em sua plenitude, se atua concretamente em passos que conduzem sempre para além dela. Desenvolve-se assim um processo dinâmico, que avança gradualmente com a progressiva integração dos dons de Deus e das exigências de seu amor definitivo e absoluto em toda a vida pessoal e social do homem. É, por isso, necessário um caminho pedagógico de crescimento, a fim de que os fiéis, as famílias e os povos, antes, a própria civilização, daquilo que já receberam do Mistério de Cristo, possam ser conduzidos pacientemente mais além, atingindo um conhecimento mais rico e uma integração mais plena deste mistério em sua vida[30].

João Paulo II ensinou que "o homem, chamado a viver responsavelmente o plano sapiente e amoroso de Deus, é um ser histórico, que se constrói, dia a dia, com numerosas decisões livres: por isso ele conhece, ama e cumpre o bem moral segundo etapas de crescimento"[31]. A "lei da gradualidade" é relembrada por papa Francisco nos números 293-295 da AL. O papa põe em evidência no n. 292 da AL o que seja o matrimônio católico ideal; mas, com os padres sinodais, ele vê como algumas "uniões", que não conseguem alcançar esse ideal, podem ser consideradas como em um processo de realização do mesmo ideal (lei da gradualidade). Essas uniões têm todo o potencial de crescimento para o ideal por meio de várias fases, por meio da graça de Deus (especialmente com a ajuda da graça sacramental). Assim, em AL 303 se lê: "Em todo o caso, lembremo-nos de que esse discernimento é dinâmico e deve permanecer sempre aberto para novas etapas de crescimento e novas decisões, que permitam realizar o ideal de forma mais completa". Essa afirmação, da parte dos dois papas, de gradual crescimento moral de uma pessoa em relação ao matrimônio e à família, é muito importante também para outros setores da vida humana e, como tal, é uma regra pastoral de ouro para todo bom confessor. Todavia, o escrevente, com seus mais de trinta anos de ministério sacerdotal, cruzou com número de pessoas que encontraram em sua estrada confessores que insistiram que os penitentes vivessem piamente e

---

[30] Giovanni Paolo II, Esortazione apostolica *Familiaris consortio* sui compiti della famiglia cristiana nel mondo contemporaneo (22.11.1981), in AAS 74 (1981), 81-191, n. 9.

[31] *Ibidem*, n. 34.

instantaneamente os ensinamentos da Igreja, antes que pudessem ser absolvidos de seus pecados.

Embora o confessor tenha seguramente como seu primeiro dever encorajar e guiar o penitente a alcançar em sua vida o que ensina a Igreja, ele não pode pretender de imediato a perfeição dos penitentes. Aquilo que ensina a AL no número 122, no que diz respeito ao matrimônio, é pertinente também para nosso discurso:

> Todavia convém não confundir planos diferentes: não se deve atirar para cima de duas pessoas limitadas o peso tremendo de ter de reproduzir perfeitamente a união que existe entre Cristo e sua Igreja, porque o matrimônio como sinal implica "um processo dinâmico, que avança gradualmente com a progressiva integração dos dons de Deus".

Talvez, a consideração dos casos em que os confessores foram muito rígidos com seus penitentes, pedindo, portanto, uma imediata conformidade aos ideais/doutrinais evangélicos, tenha levado papa Francisco a afirmar:

> Aos sacerdotes lembro que o confessionário não deve ser uma câmara de tortura, mas o lugar da misericórdia do Senhor, que nos incentiva a praticar o bem possível. Um pequeno passo, no meio de grandes limitações humanas, pode ser mais agradável a Deus do que a vida externamente correta de quem transcorre seus dias sem enfrentar sérias dificuldades. A todos devem chegar a consolação e o estímulo do amor salvífico de Deus, que opera misteriosamente em cada pessoa, para além de seus defeitos e de suas quedas[32].

Ainda recentemente papa Francisco retornou sobre esta dimensão: "Os sacerdotes devem ser conhecedores de que o confessionário é um lugar onde as pessoas possam encontrar perdão e misericórdia, não ameaças e condenações"[33]. Deus "não quer nos torturar e nos condenar", mas antes "busca sempre um modo para entrar

[32] FRANCESCO, Exortação apostólica *Evangelii Gaudium* (24.11.2013), in AAS 105 (2013), 1019-1137, n. 44. Parte dessa citação é retomada também nos números 305 e 308 da AL, e na nota 351.

[33] Cf. J. AROCHO ESTEVES, *Confession is a place of forgiveness, not threats, Pope says*, "National Catholic Reporter", 27th February 2018.

nos corações" daqueles que estão arrependidos, disse o Papa em sua homilia, em 27 de fevereiro de 2018, durante a missa cotidiana na *Domus Sanctæ Marthæ*. Por meio do sacramento da reconciliação, acrescentou o Papa, Jesus "não ameaça, mas antes nos chama com gentileza, tendo confiança em nós", e permite às pessoas, que buscam perdão, dar "um passo à frente no caminho da conversão"[34].

A esse propósito, é importante recordar que a teologia moral católica tem constantemente reconhecido a existência de dupla ordem moral: a subjetiva e a objetiva. Por consequência, aquilo que é visto como objetivamente mau não é necessariamente imputável à pessoa subjetivamente ao interno de suas particulares circunstâncias, como é repetido em AL 305.

Embora a verdade moral seja única, a verdade salvífica moral difere de pessoa para pessoa, em seus contextos particulares[35], como demonstra frequentemente o ministério de Jesus. Isso é precisamente aquilo que o Papa, com sua linguagem sugestiva, põe em destaque, quando diz: "O discernimento deve ajudar a encontrar os caminhos possíveis de resposta a Deus e de crescimento no meio dos limites. Por pensar que tudo seja branco ou preto, às vezes, fechamos o caminho da graça e do crescimento e desencorajamos percursos de santificação que dão glória a Deus" (AL 305). O Papa explica, posteriormente, esse crucial ponto de vista moral-pastoral católico tradicional, quando escreve:

> É claro que devemos incentivar o amadurecimento de uma consciência esclarecida, formada e acompanhada pelo discernimento responsável e sério do pastor, e propor uma confiança cada vez maior na graça. Mas essa consciência pode reconhecer não só que uma situação não corresponde objetivamente à proposta geral do Evangelho, mas reconhecer também, com sinceridade e honestidade, aquilo que, por agora, é a resposta generosa que se pode oferecer a Deus e descobrir, com certa segurança moral, que essa é a doação que o próprio Deus está a pedir no meio da complexidade concreta dos limites, embora não seja ainda plenamente o ideal objetivo. Em todo o caso, lembremo-nos de que esse discernimento é dinâmico e deve permanecer sempre aberto para novas etapas de crescimento

[34] Cf. *Ibidem*.

[35] A esse respeito, é interessante a leitura do ótimo artigo de Majorano, já citado: *La Misericordia come mediazione tra norma e concretezza del vissuto*, 183-193.

> e novas decisões que permitam realizar o ideal de forma mais completa (AL 303).

Segundo Antonio Autiero, em AL, encontra-se um novo equilíbrio entre a ordem moral objetiva normativa e a moralidade concretamente vivida que, sem dúvida, é "uma das novidades importantes" dessa exortação papal[36]. Ele continua a desenvolver posteriormente esse ponto quando diz:

> Na consciência, o homem reconhece a si mesmo e constitui a ponte entre as representações em que crê e as exigências contidas no Evangelho de um lado e, de outro lado, sua situação vivida, com sua vulnerabilidade e seus limites. A consciência exprime a palavra autêntica do encorajamento a dar aqueles passos necessários para aproximar-se do ideal[37].

Em nossos contextos contemporâneos, devemos nos colocar algumas perguntas de senso comum, que são pertinentes ao tema principal deste artigo. Qual é o objetivo principal do sacramento da reconciliação? É a doutrina moral da Igreja, em si? O escopo da confissão é para permitir às pessoas arrependidas crescerem gradualmente, rumo aos ensinamentos do Evangelho, ou é, simplesmente, para firmar e reafirmar as doutrinas de tal modo a assegurar que o penitente viva o ideal no momento? Em poucas palavras, a confissão é o momento da defesa da doutrina ou o lugar da reconciliação de uma pessoa? Não esqueçamos que a doutrina é para a salvação do homem e não o homem para a salvação da doutrina! "O sábado é para o homem e não o homem para o sábado" (Mc 2,7). Infelizmente, durante os últimos três ou quatro decênios, em alguns ambientes da Igreja católica, prevaleceram os esforços para pôr a defesa das doutrinas além do bem-estar da pessoa arrependida, também no confessionário[38]. A esse propósito, a afirmação de Autiero, relativa à estratégia de papa Francisco na AL, é muito pertinente:

---

36 Cf. Autiero, "*Amoris lætitia e la coscienza etica*, 82

37 *Ibidem*, 84-85.

38 De fato, as polêmicas que envolvem a exortação AL têm a ver com aqueles que sustentam que a doutrina deve ser sempre salva, esquecendo, muitas vezes, que esta é principalmente voltada para a pessoa e sua salvação.

> Seu [papa Francisco] discurso sobre a Misericórdia não permanece à margem da doutrina, nem a uma margem da doutrina da consciência, e não é importante apenas no plano da aplicação. Ela é doutrina. Ela representa o centro da doutrina que provém do Evangelho e que obriga profeticamente toda a Igreja. Exatamente, esse concentrar-se na misericórdia revela a essência mais profunda da doutrina religiosa, teológica e ética. A doutrina torna-se misericórdia, não sendo imposta de modo abstrato e absoluto, mas sendo articulada de modo humano e aderente à realidade. A consciência reconhece esse gênero de doutrina e se deixa formar e guiar por ela[39].

Conclusão

No número 297 da AL, o Papa disse, sem meias-palavras: "Trata-se de integrar todos [...]. Ninguém pode ser condenado para sempre, porque esta não é a lógica do Evangelho!" Esse foi propriamente o tema unificador de todas as cinco orientações pastorais que colhemos da AL e evidenciamos nessas páginas. Elas são os conselhos fundamentais para ser um bom confessor hoje.

---

[39] Autiero. *"Amoris lætitia" e la coscienza etica*, 92.

UM "NOVO MINISTÉRIO" NA IGREJA

Terence Kennedy[1]

Um Papa raramente se dirige aos sacerdotes como se fosse um deles, esquecendo-se de que é pontífice, compartilhando trabalho, preocupações e apostolado. Isso aconteceu na Basílica Lateranense, durante a liturgia penitencial comunitária para os sacerdotes romanos em 15 de fevereiro de 2018[2].

As confissões programadas duraram trinta minutos a mais do previsto porque muitos sacerdotes desejavam que o Papa os ouvisse. Seu discurso depois se prolongou por mais uma hora, quando descreveu as fases características que podem se apresentar na vida sacerdotal. Francisco evidenciou como a fase inicia com entusiasmo, mas depois se empantana em um mar de detalhes e em uma cultura digital. A meia-idade pode ser opressora e deprimente se não se discerne o essencial. Apenas a superação dessa crise leva à plenitude do serviço pastoral na comunidade. Quando o padre ancião supera esses momentos, pode olhar para trás com satisfação, dando-se conta de que tudo se realizou segundo as expectativas de Deus. Depois Francisco falou de sua experiência sacerdotal e da estima pelo confessor que na Argentina assinalou profundamente seu ministério. Sua ideia do que um padre deveria ser aprendeu desse sacerdote que confessava tantos de seus ministros de Deus em Buenos Aires. A *Prática do Confessor* resume tudo isso para Francisco. Ela destaca e reafirma os padres em sua identidade e vocação.

Por 250 anos, *Prática do Confessor* de Santo Afonso foi um modelo para o clero. Falava a suas necessidades, nos mesmos termos que utiliza hoje papa Francisco. O centro da cura pastoral dos sacerdotes e dos bispos do Século XVII era o

[1] Professor emérito de Teologia moral sistemática na academia alfonsiana de Roma, Missionário da Misericórdia.

[2] *Le età del sacerdozio*, in "L'Osservatore Romano", sexta-feira, 16 de fevereiro de 2018, 1.

de comunicar a misericórdia do Pai pela humanidade sofredora. Existem paralelos entre o papa, que o cardeal Kasper chama o "profeta da misericórdia", e o doutor napolitano patrono dos confessores. Ambos pertencem à tradição pastoral da conversão missionária.

1. Santo Afonso sobre a confissão e o presbítero

Santo Afonso tinha um preciso objetivo evangélico. Ele queria atingir os simples e os analfabetos, aqueles que eram abandonados pela Igreja e pela sociedade. Ele aspirava mudar uma religiosidade espiritualmente muito medíocre para uma acuradamente cristã. Traçou sua estratégia pastoral na *Selva di materie praticabili ed istruttive per dare gli esercizi ai preti*. Os missionários, durante o desenvolvimento das missões, toda tarde, deviam manter uma "longa prédica" sobre os benefícios da confissão, pois recolher boas confissões é o maior resultado apostólico que se pode alcançar para o reino dos céus. As boas confissões são fruto das prédicas sobre o amor de Deus e sua misericórdia. Se Deus é paciente, espera e acolhe o pecador, também nós, a seu exemplo, devemos acolher em confissão os maiores pecadores, os quais, movidos pelo amor de Deus, superam o medo e a vergonha. O amor de Deus por nós, por meio de Cristo, induz-nos a retribuir a seu amor com todo o nosso coração. Há um significado ainda mais profundo escondido em tal percurso. Deus é aquele cuja graça nos leva à conversão. Os resultados de uma honesta confissão que reconcilia o pecador com Deus, Igreja com a sociedade não estão ligados apenas a esse momento específico, mas devem iniciar uma vida inteira de conversão permanente.

Afonso especifica quatro aspectos nesse percurso:

1. o amor de Deus justifica todo o processo de determinação do percurso de vida de um indivíduo;
2. o obstáculo a esse processo são o pecado e a miséria;
3. os meios de conversão, a misericórdia de Deus que corresponde a uma honesta confissão;
4. a conversão permanente expressa, em uma vida devota de oração, a devoção à Mãe de Deus, adesão a uma irmandade e o receber os sacramentos da confissão e da comunhão.

A longa prédica da noite sobre a confissão refletia as problemáticas da época, rejeitando as afirmações dos protestantes, os quais sustentavam não haver verificação nas Sagradas Escrituras sobre a reconciliação, portanto não poderia definir-se sacramento. Ao contrário, Cristo a instituiu pessoalmente, ao ordenar aos ministros de sua Igreja: "àqueles a quem perdoardes os pecados serão perdoados; àqueles a quem não perdoardes não serão perdoados" (Jo 20,23).

O santo era sabedor de que o povo de Deus não podia conscientemente se decidir por confessar sem preparação. Por isso os missionários deviam formar a consciência para a busca da verdade, a fim de tornar o sacramento da penitência frutuoso. As instruções matinais diziam respeito aos quatros aspectos do sacramento da reconciliação:

1. O exame de consciência;
2. O arrependimento e o ato de contrição;
3. A confissão ao sacerdote como ministro da misericórdia de Deus;
4. A satisfação que repara a injustiça feita, colocando-se de novo no caminho da salvação.

As instruções eram uma espécie de educação ou catequese para os adultos ou os mandamentos e a prática da vida cristã. Esse programa se adaptava claramente a uma sociedade agrícola, em um período de absolutismo, que resulta hoje datado. Esse tipo de missão satisfazia plenamente os critérios da reforma do sacramento da penitência como querida pelo concílio tridentino.

Afonso escreveu a *Teologia moral* para realizar seu projeto. Sintetizou-o em *Homo Apostolicus*, um fácil manual de referência de mil páginas, e o repropôs novamente no *Confessore diretto per le confessioni della gente di campagna*, para os padres do meio rural que não conheciam o latim. Ligório o propôs como manual básico para a escuta das confissões feita por padres de qualquer classe social, para os eruditos e para os humildes. Redigiu a *Teologia moral*, como afirma na introdução, para que os estudantes Redentoristas pudessem tornar-se sábios confessores nas missões. Suas nove edições não aspiravam resolver todos os casos complexos ou difíceis, como a casuística teria desejado, mas sim fornecer uma estrutura que enfrentasse os mais graves problemas morais da época. Por motivo de sua atenção à "prática", a *Teologia moral* tornou-se sua contribuição principal à teologia e à vida da Igreja. A confissão foi sua preocupação maior, seja como atividade pastoral, seja como erudito apostolado da pena.

A edição de 1755 da *Teologia moral* incorporava a *Praxis confessarii* como instrumento para ativar sua teologia moral, e sua dinâmica de teoria e práxis deixou como nunca um sinal indelével sobre a prática pastoral da Igreja.

– O *capítulo primeiro* descreve os papéis do confessor como pai, médico, doutor e juiz que perdoa. Afonso pôs em primeiro lugar a caridade do confessor. O penitente, de qualquer classe ou condição social que seja, deve ser ouvido calorosamente, encorajado a falar livremente e não interrogado sem justa razão. No fim, o sacerdote resume a confissão recebida, conduzindo o penitente a provar sincero arrependimento por ter ofendido a Deus. Afonso advertia sobre o perigo de perturbar os penitentes que deixariam o confessionário desesperados, sem retornarem mais a ele.

– O *capítulo segundo* propõe uma catequese essencial para os assim chamados "rudes" dos campos ou os ignorantes a respeito do Credo e dos mandamentos. Toda essa condição de ignorância religiosa é radicalmente mudada com a difusão da educação primária. Um padre, hoje em dia, pode ainda instruir breve e eficazmente tais pessoas na confissão.

– No *capítulo terceiro* apresenta os penitentes de diversas classes sociais, especialmente aqueles que não têm claro o conceito de fé e de suas exigências morais. Afonso é famoso por suas intuições sobre a psicologia e comportamento do povo. Esse capítulo é, além disso, um primor de análise sociológica na relação entre nobres e domésticos, príncipes e prelados, magistrados e pequenos criminosos, médicos e charlatães, farmacêuticos e pequenos negociantes, como alfaiates e estalajadeiros. Isso fornece os conhecimentos de base necessários sobre as circunstâncias e as condições sociais do penitente.

– Os *capítulos do quarto ao sexto* tratam das ocasiões próximas de pecado, das recaídas, das censuras eclesiásticas e dos pecados reservados. O *capítulo sétimo* elenca várias categorias de penitentes: crianças, jovens, mulheres, não casados, solteiros, piedosos, pessoa com deficiência auditiva, moribundos, condenados à morte e seu acompanhamento ao patíbulo. O *capítulo oitavo* explica como exercitar a virtude da prudência no confessionário, a escolha equilibrada entre rigorismo e laxismo, e a maneira de corrigir os erros cometidos ao ouvir as confissões, e a proteção do segredo da confissão.

– O *capítulo nono* mostra como um sacerdote pode dar direção espiritual na confissão. A esse respeito a espiritualidade afonsiana segue muito proximamente São João da Cruz. A direção espiritual parece o lugar idôneo para exercitar o discernimento. Naquele tempo, o acesso à direção espiritual para a maior parte dos fiéis estava na confissão, e ainda hoje é assim. Afonso concentrou sua atividade apostólica na confissão, apontando os conceitos mais importantes para a prática pastoral. No século XVIII, eram raros os capelães especializados e dedicados exclusivamente às escolas, aos hospitais, aos manicômios, às instituições esportivas ou culturais. O padre, por isso, tendia a fundir essas habilidades profissionais na única vocação do confessor.

Retornemos agora à *Selva* por onde havíamos iniciado. Ligório, nos exercícios espirituais pregados aos sacerdotes, tratava sempre de alguns temas como:

1. Por que ouvir as confissões e a grande responsabilidade de um confessor pela salvação do penitente.

2. A exigência do contínuo estudo da teologia moral por parte dos sacerdotes: o conhecimento dos princípios especulativos da teologia não é suficiente; os padres devem também saber como resolver casos, reconhecer as circunstâncias que os tornam variáveis.

3. A caridade e a firmeza que um confessor deve possuir. A um confessor é pedido uma grande capacidade caridosa no acolher qualquer tipo de pessoa: o pobre, o ignorante e o viciado.

4. Como resolver os casos mais difíceis, particularmente onde a "rede da tentação" aprisiona e torna incapazes as pessoas. Hoje, deveria incluir-se a dependência da droga e do álcool. O sacerdote está a serviço dos penitentes, a fim de ajudá-los. Nesse caminho de conversão sacramental, o penitente aprende a decidir livremente em consciência, discernindo o que a lei de Deus lhe indica.

O título da Instrução IV desses exercícios é: *Circa la predicazione e circa l'amministrazione del sacramento della penitenza.* Afonso unia Palavra e sacramento indissoluvelmente, o ministério da pregação e a escuta da confissão sempre juntos. Da leitura desse texto, ouve-se quase a voz do próprio Afonso, quando explicava aos padres como aplicar seu sistema moral em suas paróquias. Depois como resolver os casos mais difíceis, especialmente aqueles que estavam enredados por longo tempo em ocasiões de pecado. Eis o gênio de Afonso, ter condensado a riqueza da

Teologia morale e a sabedoria da *Pratica del confessore* nessas poucas páginas, e isso em uma apresentação de viva voz. Tudo a serviço dos padres.

Falando com seus companheiros no sacerdócio, Afonso faz compreender como a teologia torna-se verdadeiramente pastoral ou prática. Ele insistia para que se reunissem para viver as "academias mensais" sobre casos morais no decanato ou na comunidade religiosa. A simplicidade da aproximação de Afonso reaparece quando o papa Francisco confronta as mesmas exigências em uma era de moderna comunicação digital.

2. Papa Francisco a respeito da "Pastoral e a conversão missionária" (EG 25)

Francisco esclareceu, desde o início de seu pontificado, que abriria as cataratas da divina misericórdia a um mundo ferido e quebrado. Isso se tornou a característica e o programa de seu pontificado. Por esse motivo, convocou o ano santo extraordinário da Misericórdia de 8 de dezembro de 2015 a 20 de novembro de 2016. Francisco prega sempre a misericórdia em sua homilia matutina em Santa Marta e em outros discursos oficiais. Sua linguagem é espontânea e original, usando sempre as palavras da sabedoria popular. Seu bom senso toca profundamente a mente humana. Como pregador lhe são particularmente caras as parábolas evangélicas da cura como graça divina para os mais miseráveis.

Ele tem como objetivo preciso: divulgar e difundir a misericórdia de Deus em qualquer lugar na Igreja, em todo canto do mundo. A bula *Misericordia vultus* (11 de abril de 2015), proclamando o ano santo, afirma que Cristo revela o autêntico rosto do Pai como face de misericórdia, que resume a história da salvação.

Com firmeza, papa Francisco se dirige a todos, também aos criminosos empedernidos, como os mafiosos, a fim de que se convertam e se reconciliem com Deus por meio da confissão. Exerce seu ministério petrino de um modo que nenhum papa havia anteriormente feito, mostrando compaixão em um mundo, radicalmente marcado pelo pecado. Na história, a Igreja sempre proveu os missionários de faculdades especiais para reconciliar os mais distantes, facilitando assim o retorno dos pecadores mais empedernidos a Deus. O Papa estendeu a todos os sacerdotes a faculdade de absolver o pecado do aborto, para indicar que nenhum pecado está além da misericórdia divina. Francisco percebeu o poder motivador da misericórdia além da atividade missionária no mundo moderno. Eis por que instituiu esse "novo ministério", atribuindo aos "Missionários da Misericórdia" faculdade extraordinária, antes limitada ao Ano da Misericórdia, de absolverem em fórum íntimo alguns pecados reservados à Santa Sé:

1. A profanação das espécies eucarísticas, mediante a exportação ou conservação delas para uso sacrílego.

2. A violência física contra o romano pontífice.

3. Absolvição do cúmplice no pecado contra o sexto mandamento.

4. A violação direta do sigilo sacramental por parte do confessor. Antes do encontro do Papa com os Missionários da Misericórdia de 8 a 11 de abril de 2018, essas faculdades foram promulgadas até a ab-rogação, com o acréscimo de uma quinta faculdade.

5. A captação e/ou a divulgação pelos meios de comunicação social, do conteúdo da confissão sacramental, seja ela autêntica ou simulada[3].

Eis a abundância da *copiosa redemptio* em nosso mundo.

O Papa encontrou-se com os Missionários da Misericórdia, para confiar-lhes tal tarefa, em 10 de fevereiro de 2016. Eles são um sinal especial, nas Igrejas locais de todo o mundo, da proximidade do pai e de seu amor imperscrutável. Eles exprimem a maternidade da Igreja para todos os seus filhos, fazendo-os sentir parte da comunidade. O pontífice pediu aos Missionários da Misericórdia para compreenderem o desejo do penitente do perdão como fruto da graça, a nostalgia pela casa do Pai. Aqueles que, por vergonha, não sabem confessar seus pecados, devem ser acolhidos fervorosamente. Deus compreende a linguagem dos gestos e as atitudes concretas que a seguem. O ministro da reconciliação é chamado, como Deus, a compreender essa linguagem para absolver os penitentes. *Ad impossibilita nemo tenetur*, porque Deus compreende a linguagem dos gestos. O Papa salientou a atitude de Eva, que, por vergonha, escondeu sua nudez aos olhos de Deus, fruto de seu pecado, causado por ter comido da árvore do bem e do mal (Gn 3,8-10), e a atitude dos filhos de Noé, que, envergonhando-se

[3] Essas faculdades estão na carta do dia 10.2.16 de Mons. Rino Fisichella, presidente do Pontifício Conselho para a promoção da nova evangelização, aos Missionários da Misericórdia, e depois em outra carta de 26 de abril de 2016.

por pudor da nudez do pai por causa de seu vício de embriagar-se, recobriram--no. O Papa, convidando os Missionários da Misericórdia, pediu-lhes que não ruborescessem diante dos pecados dos penitentes, que deles têm vergonha, e que não os ferissem no confessionário, mas sim mostrassem sempre compaixão pelas humanas fraquezas[4].

Alguns se interrogaram sobre o significado da confissão depois da publicação da exortação apostólica *Amoris Laetitia*, fruto de dois Sínodos sobre a família. Outros esperavam que uma nova normativa tivesse readmitido à comunhão os divorciados recasados. O Papa reafirmou que não se deve esperar uma nova normativa, mas que toda a comunidade deve ativar-se discernindo caso a caso partindo do ponto de vista da pessoa. "Em certos casos, poderia haver também a ajuda dos sacramentos" (AL 305, nota 351). A misericórdia prevalece ainda. No tempo de Afonso, o sacerdote desempenhava todas as funções com respeito à confissão, reunindo-as em seu ministério. AL redistribuiu-as na comunidade. Hoje, os leigos e os profissionais realizam um papel decisivo na condução do homem ao arrependimento e ao perdão. O ministro de Deus oficialmente reconcilia o pecador com a confissão. A reconciliação sacramental é ainda o momento fundamental devido à graça para o retorno a Deus de um penitente.

Os críticos do Papa, às vezes, acusam-no de mostrar uma espécie de pragmatismo espiritual e de ser brando com a doutrina. O pontífice, embora atacado e denegrido, não se deixou distrair ou influenciar-se por essas acusações. Ele prosseguiu em seu objetivo de evangelizar a cultura contemporânea. Tornou preciso seu pensamento, em duas ocasiões próximas na Páscoa de 2018, proclamando a doutrina e explicando a prática da confissão.

No domingo *in albis*, festa da divina Misericórdia, Francisco proclamou o anúncio pascal à imensa multidão reunida na praça de São Pedro, um verdadeiro sermão missionário para a cultura contemporânea. Recordou como tudo tem início com a ressurreição de Jesus Cristo. O evangelho do dia narrava a aparição de Cristo a Tomé. "Ele desejava ver pessoalmente", afirmou o Papa. Cristo deixou-o tocar suas feridas, e ele reconheceu seu Senhor. "Tu te fizeste homem por mim, morreste e ressuscitaste por mim e, portanto, tu não sois somente Deus, tu és o meu Deus, a minha vida." O perdão mostra o amor de Deus por nós, o dom pascal do Espírito. Para exprimir o amor, devemos iniciar por: permitir ser per-

[4] Cf. *Con la coperta non con la clava*, in "L'Osservatore Romano", quinta-feira, 11 de fevereiro de 2016, 7.

doados. Nós, muitas vezes, somos tentados a nos entrincheirar a portas fechadas, assim como somos subjugados pela vergonha e pela resignação. A misericórdia de Deus é maior que nossa miséria. Eis a mensagem do Papa sobre a confissão: "Ao próprio Jesus lhe agrada entrar como ouvimos, através de portas fechadas, quando toda passagem parece fechada"[5].

Terça-feira seguinte, o Papa saudou pessoalmente, um a um, os 550 missionários da Misericórdia. Recordou como o Cristo pregava às multidões e depois se retirou com seus discípulos para instruí-los. O Papa pregou o *kerygma* da misericórdia, no domingo, para depois reunir os Missionários da Misericórdia como colégio ou presbitério[6], na terça-feira seguinte, para instruí-los pessoalmente sobre seu novo ministério[7]. Ele explicou o fundamento doutrinal do novo ministério deles, comentando a passagem de Isaías (49,8.13-15), a respeito do tempo favorável de Deus, para depois explicar a passagem da segunda carta aos Coríntios (6.1-2a; cf. Is 49,8), o qual nos convida a nos reconciliar em nome de Deus, e, por fim, o Evangelho de João (20,21-23) sobre como o Ressuscitado nos doa o perdão: "Recebei o Espírito Santo... Se perdoardes, sereis perdoados". Devemos sempre recordar que a misericórdia de Deus não conhece limites. Por meio do ministério da reconciliação, os sacerdotes tornam-se sinal palpável do amor do Pai. Como Igreja não podemos ser uma barreira que dificulta o acesso ao perdão do Pai.

Compreendendo bem os escritos do santo doutor napolitano e do atual pontífice, é inegável que haja uma notável sintonia e acentuada continuidade de ensinamento teórico e de prática pastoral no ministério. Santo Afonso e papa Francisco amam falar face a face com os padres no presbitério, proclamando o mistério da reconciliação, encorajando-os a serem verdadeiros ministros do perdão de Deus.

[5] As citações são tiradas da homilia do Papa para o 2º domingo da Páscoa (8 de abril de 2018).
[6] Sobre esse tema, cf. E. Castelluci, *Presbiterato*, e D. Marafiotti, *Presbiterio*, in *Dizionario di Ecclesilogia*, a cura di G. Calabrese – P. Goyret – O. F. Piazza, Città Nuova, Roma 1990, 1104-1118, 1118-1127.
[7] *A braccia spalancate*, in "L'Osservatore Romano", quarta-feira, 11 de abril de 2019.

SEÇÃO ESPECIAL

O DIÁLOGO SACRAMENTAL E A ABERTURA AO BEM COMUM

Sabatino Majorano[1]

A dimensão social da evangelização é retomada constantemente no magistério do Papa Francisco: "Se esta dimensão não for devidamente explicitada – escreve por exemplo na *Evangelii gaudium* –, corre-se sempre o risco de desfigurar o sentido autêntico e integral da missão evangelizadora". Isso porque "o *kerygma* possui um conteúdo inevitavelmente social: no próprio coração do Evangelho, aparecem a vida comunitária e o compromisso com os outros"[2].

É clara a continuidade do magistério anterior, de modo particular do Vaticano II, que na *Gaudium et spes* destaca a urgência de "superar a ética individualista", dado que "a transformação profunda e rápida das coisas pede, com mais urgência, que ninguém, desatento ao curso dos acontecimentos ou entorpecido pela inércia, contente-se com uma ética meramente individualista"[3].

Na *Laudato Si'*, pois, o papa Francisco insiste no fato de que a responsabilidade social hoje é chamada a assumir um mais claro alento ecológico. São, de fato, múltiplas e profundas feridas que continuamos a infligir a terra:

> Esta irmã clama contra o mal que lhe provocamos por causa do uso irresponsável e do abuso dos bens que Deus nela colocou. Crescemos a pensar que éramos seus proprietários e dominadores, autorizados a saqueá-la. A violência, que está no coração humano ferido pelo pecado, vislumbra-se nos sintomas de doença que notamos no solo, na água, no ar e nos seres vivos[4].

[1] Professor emérito de Teologia moral sistemática na Academia Alfonsiana de Roma.

[2] *Evangelii gaudium*, Carta apostólica sobre o anúncio do Evangelho no mundo contemporâneo (24.11.2013), n. 176-177, in AAS 105 (2013), 1093-1094.

[3] *Gaudium et spes*, Constituição pastoral sobre a Igreja no mundo contemporâneo (7.12.1965), n. 30, in AAS 58 (1966), 1050.

[4] *Laudato si'*, Carta encíclica sobre o cuidado da casa comum (24.5.2015), n. 2, in AAS 107 (2015), 847.

Apesar dos numerosos passos dados e de tantos projetos em execução, o caminho a percorrer, para fazer amadurecer em todos o senso de autêntica corresponsabilidade social, permanece ainda demorado e empenhativo[5]. Importante é, sobretudo, fazer crescer em todos a consciência de que "são inseparáveis a preocupação pela natureza, a justiça para com os pobres, o empenho na sociedade e a paz interior"[6].

Não é uma tarefa fácil, também porque, no dia a dia, nós nos encontramos constantemente com pensamentos egoísticos, muitas vezes instrumentalizados politicamente, e vemos episódios espetaculares de ilegalidades e de corrupção, em que são protagonistas aqueles aos quais confiamos o cuidado do bem comum. A comunidade cristã, talvez pela possibilidade de novidade que o Espírito nunca se cansa de antecipar, é chamada a intensificar seu empenho, testemunhando com coerência que "o Criador não nos abandona, nunca recua em seu projeto de amor, nem se arrepende de nos ter criado". Portanto, ainda temos "a capacidade de colaborar na construção de nossa casa comum"[7].

Uma contribuição importante para esse crescimento da consciência pode vir da celebração do sacramento da reconciliação. O diálogo salvífico, que se desenvolve entre confessor e penitente, sem perder a fundamental perspectiva sacramental, pode ser um momento privilegiado de amadurecimento na responsabilidade e no discernimento. Isso possibilita encarnar a verdade na concretude da vida da pessoa. Como recordava Santo Afonso aos confessores de seu tempo: "Com o pregar lançam-se as redes, mas com o confessar se arrastam para a praia e se escolhem os peixes"[8].

---

[5] Cf. E. Preziosi (ed.), *In vista del bene comune. Adulti, formazione e dottrina sociale*, AVE, Roma 2000; G. Ruppi (ed.), *Buoni cristiani onesti cittadini*, If-Press, Roma, 2018; M. Toso – G. Quinzi, *I cattolici e il bene comune. Quale formazione*, LAS, Roma 2007.

[6] Francisco, *Laudato si'*, n. 10, in AAS 107 (2015), 851.

[7] *Ibidem*, n. 13, in AAS 107 (2015), 852; cf. V. Bitar et Al., *"Tutte le creature sono connesse tra loro" (Laudato si' 42). Il principio di integralità nella visione dell'humanum*, OCD, Roma 2017; E. Palladino (ed.), *Approfondimenti e riflessioni sulla "Lautato si'"*, Pontificia Università Gregoriana, Roma, 2017.

[8] *Selva di materie predicabili*, parte I, cap. IX, § 4, n. 31, in *Opere*, IX, Torino 1847, 77; cf. quanto sugere em *L'educazione al bene comune*, in K. R. Nykiel – P. Carlotti (ed.), *La formazione morale della persona nel sacramento della riconciliazione*, IF-Press, Roma, 2015, 139-156; "Capitolo Secondo – Articolo 7: Il settimo comandamento", in R. Fisichella (ed.), *Catechismo della Chiesa Cattolica. Testo integrale. Nuovo commento teologico-pastorale*, Libreria Editrice Vaticana – Edizioni San Paolo, Città del Vaticano-Cinisello Balsamo (Mi) 2017, 1400-1412.

1. Abrir-se à reciprocidade

A cultura da suspeita, herdada dos últimos dois séculos, ainda nos faz sentir seu peso sobre nossa mentalidade e sobre os estilos de vida mais propagados. O bem moral e as "palavras" que indicam as modalidades para o discernir e implementá-lo são apresentados mais como "limite" da liberdade e "repressão" do desejo do que como possibilidade de autenticidade e plenitude.

Desse clima, ressentem também a linguagem da catequese e a prática pastoral, esquecendo que, fazendo assim, colocam-se, não na perspectiva evangélica do bem como beatitude, mas sim na perspectiva da serpente tentadora, que, desde o início da história, induz à suspeita, abrindo o caminho para o fechamento e para a recusa: "Não morrereis de modo algum! Antes Deus sabe que, no dia em que dela comerdes, vossos olhos se abrirão e sereis como Deus, conhecendo o bem e o mal" (Gn 3,4-5).

O acompanhamento formativo das consciências deve preocupar-se, antes de tudo, em fazer encontrar a beleza e a positividade do bem moral, partindo do encontro com Deus, que é amor (1Jo 4,16) e que em Cristo faz nascer e renascer em nós a alegria, libertando-nos "do pecado, da tristeza, do vazio interior, do isolamento"[9].

Isso vale de maneira particular em relação à abertura e à solidariedade aos outros. São certamente reconhecidos e potencializados os sinais de esperança e os passos realizados por nossa sociedade, a começar pelas afirmações de princípio sobre os direitos fundamentais de toda pessoa. Não seja, porém, desvalorizado o difundir-se de novas formas de fechamento e de desdobramento egoístico, que impelem para uma globalização da indiferença de modo que, "quase sem nos darmos conta, tornamo-nos incapazes de nos compadecer ao ouvir os clamores alheios, já não choramos diante do drama dos outros, nem nos interessamos por cuidar deles, como se tudo fosse uma responsabilidade de outrem, que não nos cabe"[10].

O acompanhamento formativo da consciência deverá preocupar-se em superar a ilusão de felicidade de que se fazem portadoras as visões fechadas de identidade e de realização de si, abrindo-se à alegria da relação, da reciprocidade, do pedir e dar socorro. É a perspectiva que Paulo indicava como fundamental para todo crente. No capítulo 12 da primeira carta aos Coríntios, enfrentando os problemas derivados da visão inadequada dos carismas, recordava que "nós todos [...] fomos

---

[9] Francisco, *Evangelii gaudium*, n. 1, in AAS 105 (2013), 1019.

[10] *Ibidem*, n. 54, in AAS 105 (2013), 1043.

batizados [...] num só Espírito para formarmos um só corpo" (v. 13). Portanto, todas as escolhas são iluminadas pelo conhecimento de que somos "corpo de Cristo e membros dele, cada qual por sua parte" (v. 27). É inadmissível, por isso, qualquer forma de massificação, contraposição ou discriminação: "Se o pé dissesse: 'Não sou mão; portanto, não pertenço ao corpo', nem por isso deixaria de ser membro do corpo. E se o ouvido dissesse: 'Não sou olho, não pertenço ao corpo', nem por isso deixaria de pertencer ao corpo" (v. 15-16). A identidade de cada membro é enriquecimento e necessidade dos outros: "Não pode o olho dizer à mão: 'Não preciso de ti'; nem a cabeça, por sua vez, pode dizer aos pés: 'Não preciso de vós' [...]. Se um membro está sofrendo, todos os membros sofrem com ele; e se um membro é honrado, todos os membros alegram-se com ele" (v. 21-26).

Sendo essa reciprocidade confiada à responsabilidade de cada um, necessita também do empenho solidário de todos. A liberdade, portanto, encontra na relação não um limite, mas a possibilidade de uma atuação autêntica. É aquilo que Paulo lembrava aos Gálatas: "Irmãos, fostes chamados à liberdade, mas não a uma liberdade que sirva de pretexto para viver no erro. Ao contrário, pelo amor colocai-vos a serviço uns dos outros" (Gl 5,13). Torna-se, então, possível libertar-se das propostas que impelem a identificar a liberdade com arbitrariedade, por mais cativante possam ser: "'Tudo é lícito!' Sim, mas nem tudo convém. 'Tudo é permitido'; mas nem tudo é edificante. Que ninguém busque o próprio interesse, mas sim o dos outros" (1Cor 10,23).

É a maturidade cristã à qual o Concílio Vaticano II pede para dirigir o cuidado pastoral. Aos presbíteros, de fato, recorda que sua ministerialidade de "guias e educadores do povo de Deus" seja explicitada como empenho voltado a fazer com que "todos os fiéis cheguem no Espírito Santo a cultivar a vocação pessoal, segundo o Evangelho, uma caridade sincera e operosa e a liberdade, pela qual Cristo nos libertou", porque "de pouco uso serão as cerimônias ainda que belas, as associações mesmo florescentes, se não se orientarem a educar os homens à maturidade cristã". Essa maturidade se concretiza na capacidade de discernir nos acontecimentos "quais são as urgências e a vontade de Deus". Assim será possível educar "a não viverem só para si, mas de acordo com as exigências da nova lei da caridade", que pede "que cada um administre a medida da graça recebida em favor do próximo e, dessa forma, realize, de maneira cristã, suas tarefas na comunidade humana"[11].

[11] *Presbyterorum ordinis*, Decreto sobre o ministério e a vida dos sacerdotes (7.12.1965), n. 6, in AAS 58 (1966), 999.

É um caminho de crescimento não se julgar jamais realizado. O diálogo sacramental deve favorecer a acolhida da graça do perdão, que torna nosso coração sempre mais "coração do próximo", impedindo-o de "passar" indiferentemente ao lado de quem necessita e impelindo-o a deixar-se envolver, até reprogramar o próprio caminho, como o samaritano da parábola de Lucas (10,29-37). A solidariedade será experimentada não como peso ou limitação, mesmo quando aparenta ser uma cruz a ser compartilhada, mas como exigência de amor ditada por um coração, que o Espírito sempre mais liberta e "harmoniza" com aquele de Cristo, levando "a amar os irmãos como ele os amou, quando se curvou para lavar os pés dos discípulos (cf. Jo 13,1-13) e, sobretudo, quando doou sua vida por todos (cf. Jo 13,1; 15,13)"[12].

Será, por isso, fonte de alegria, como destaca papa Francisco: "Queremos nos inserir profundamente na sociedade [...], não como uma obrigação, não como um peso que nos esgota, mas sim como uma escolha pessoal que nos enche de alegria e nos confere identidade"[13].

2. A centralidade do bem comum[14]

Estão certamente entre as conquistas mais positivas de nossa cultura a atenção e a estima pelos direitos da pessoa, ainda que, muitas vezes, a clareza das declarações de princípio não encontre coerência na normativa jurídica e nos estilos de vida. É cansativo, porém, reconhecer, como recorda Bento XVI, que "os direitos pressupõem deveres sem os quais se transformam em arbítrio". Deriva-se disso "uma grave contradição. Enquanto, por um lado, reivindicam-se direitos alegados, de caráter arbitrário e libertino, querendo vê-los reconhecidos e promovidos pelas estruturas públicas; de outro, existem direitos elementares e fundamentais violados e negados à boa parte da humanidade"[15].

---

[12] Bento XVI, *Deus caritas est*, Carta encíclica sobre o amor cristão (25.12.2005), n. 19, in AAS 98 (2006), 233.
[13] *Evangelii gaudium*, n. 269, in AAS 105 (2013), 1128.
[14] Cf. F. Botturi – A. Campodonico, *Bene comune. Fondamenti e pratiche*, Vita e Pensiero, Milano 2014; G. Campanini, *Bene comune. Declino e riscoperta di un concetto*, Dehoniane, Bologna 2014; F. Felice – G. Taiani (ed.), *Bene comune, dignità e libertà tra ragioni e regole*, Lateran University Press, Roma 2017; J. Tirole, *Economia del bene comune*, Mondadori, Milano 2017.
[15] *Caritas in veritate*, Carta encíclica sobre o desenvolvimento humano integral na caridade e na verdade, n. 43, in AAS 101 (2009), 679.

Papa Francisco sublinha particularmente que essa absolutização individualista dos direitos individuais leva a uma acentuação daqueles dos fortes, dos sadios, daqueles que mais têm, legitimando o fechamento e a indiferença com respeito àqueles dos mais fracos: "O ser humano é considerado, em si mesmo, um bem de consumo que se pode usar e depois lançar fora. Assim teve início a cultura do 'descartável'"[16].

No diálogo sacramental, ocorre propor com franqueza que os direitos, também aqueles mais fundamentais, perdem seu autêntico significado quando são reduzidos apenas à reivindicação individualista. Os direitos exprimem um valor, por isso se colocam sempre como imperativo que interpela a responsabilidade pessoal: são algo a construir com o empenho generoso de nossa liberdade. Por esses mesmos motivos, não podem ser reservados apenas a poucos, devem ser reconhecidos e construídos por todos. Vale também para os direitos perseguidos egoisticamente a denúncia evangélica: eles tornam-se aquela "riqueza" que dificulta o ingresso no Reino: "É mais fácil um camelo passar pelo buraco da agulha do que um rico entrar no Reino de Deus!" (Lc 18,25).

É necessário repropor com franqueza a centralidade do bem comum. Sabemos que as reservas e as reduções que lhe dizem respeito são difusas e motivadas de modo diverso. São, por isso, evidenciadas principalmente sua especificidade e sua finalidade: o bem comum, destaca o *Compendio della dottrina sociale*, "não consiste na simples soma dos bens particulares de cada sujeito do corpo social. Sendo de todos e de cada um, e permanece comum, porque indivisível e porque somente juntos é possível alcançá-lo, aumentá-lo e conservá-lo, também em vista do futuro. Assim como o agir moral do indivíduo se realiza fazendo o bem, o agir social alcança a plenitude realizando o bem comum, que pode ser entendido como a dimensão social e comunitária do bem moral"[17].

Na formação das consciências é necessário pôr em evidência essa especificidade do bem comum na indispensável relação com os bens de cada um. A participação em sua determinação se impõe, desse modo, como uma exigência ética que não pode ser descuidada. As modalidades da participação dependem das efetivas possibilidades, das situações e das condições de cada um. É incorreto, porém, re-

[16] *Evangelii gaudium*, n. 53, in AAS 105 (2013), 1042.

[17] Pontificio Consiglio della Giustizia e della Pace, *Compendio della dottrina sociale*, LEV, Città del Vaticano 2004, n. 164. http://www.vatican.va/roman_curia/pontifical_councils/justpeace/documents/rc _pc_justpeace_doc_20060526_compendio-dott-soc_po.html

tirar-se egoisticamente para fazer as próprias coisas, o que sempre faz "cúmplices" dos mais espertos e dos mais fortes.

O crente é chamado a viver a participação no discernimento e na atuação do bem comum colocando-se sempre na perspectiva daqueles que são mais fracos e não possuem socialmente voz. Não se trata de uma escolha ideológica, mas de uma imprescindível exigência evangélica: se é verdade que Cristo pede para evitar qualquer discriminação, é igualmente verdadeiro que quis se identificar com quem se encontra em necessidade: "Pois eu estive com fome e me destes de comer, estive com sede e me destes de beber, fui estrangeiro e me acolhestes, estive nu e me vestistes, fiquei doente e me visitastes, estive na prisão e me fostes ver" (Mt 25,35-36). Por isso, "para a Igreja, a opção pelos pobres é mais uma categoria teológica que cultural, sociológica, política ou filosófica. Deus 'manifesta sua misericórdia em primeiro lugar a eles'"[18].

Tudo isso se tornou mais urgente em nosso contexto em que se faz mais forte a tentação de reduzir a determinação dos conteúdos do bem comum à contagem pura. Diz respeito à maioria a decisão sobre as modalidades, mas não pode prescindir da abertura e do ouvir os pedidos da minoria. Não são só os números, mas o diálogo e a comparação para construir as condições históricas que permitam o bem de todos.

Igualmente, é necessário acompanhar as consciências no abrir-se para a fundamental prioridade da destinação universal dos bens: "A propriedade de um bem, recorda o Catecismo da Igreja Católica, faz de seu detentor um administrador da Providência de Deus, para fazê-lo frutificar e para repartir os benefícios dessa administração a outros, a começar por seus próximos"[19]. Isso não significa certamente negar a importância enquanto condição pela qual a pessoa possa afirmar-se em sua dignidade e pela eficácia dos próprios processos econômicos. Significa, ao contrário, descartar qualquer absolutização "idolátrica", fonte de contraposição, também violenta, conflito e medo em relação aos outros.

---

[18] FRANCISCO, *Evangelii gaudium,* n. 198, in AAS 105 (2013), 1103. [http://www.vatican.va/content/francesco/pt/apost_exhortations/documents/papa-francesco_esortazione-ap_20131124_evangelii-gaudium.html]

[19] *Catechismo della Chiesa Cattolica,* LEV, Città del Vaticano 1997, n. 2404 [http://www.vatican.va/archive/cathechism_po/index_new/p3s2cap2_2196-2557_po.html]

3. Estimular e acompanhar o discernimento

A complexidade crescente de nossa sociedade e a rapidez com que evoluem as situações, a multiplicidade e diversidade das propostas tornam o discernimento ainda mais urgente do que no passado. Para as problemáticas referentes ao bem comum é mais válido ainda o encorajamento que *Amoris Laetitia* faz aos familiares para "um responsável discernimento pessoal e pastoral dos casos particulares", dado que "a inumerável variedade de situações concretas" torna impossível "uma nova normativa geral de tipo canônico, aplicável a todos os casos"[20].

Na doutrina social não encontramos "receitas" para simplesmente serem aplicadas, mas sim princípios e valores fundamentais, critérios valorativos e diretivas de ação, que a comunidade cristã deseja "oferecer, por meio da purificação da razão [e por meio da formação ética], e trazer sua contribuição específica para que as exigências da justiça se tornem compreensíveis e politicamente realizáveis"[21]. É um instrumento e uma ajuda para o discernimento: quer interpretar as realidades sociais "examinando sua conformidade ou desconformidade com as linhas do ensinamento do Evangelho sobre o homem e sobre a sua vocação terrena e, ao mesmo tempo, transcendente; visa, pois, *orientar* ao comportamento cristão"[22].

Para o Vaticano II, trata-se de um discernimento que compete "propriamente, ainda que não exclusivamente", aos fiéis leigos e deve ser realizado respeitando "as leis próprias de cada disciplina", esforçando-se por "adquirir uma competência verdadeira" e cooperando, "de bom grado, com os homens que buscam os mesmos objetivos", e "reconhecendo as exigências da fé e dotados de sua virtude, onde for necessário, sem hesitação, descubram novas iniciativas"[23].

O promover e o acompanhar o amadurecimento das consciências, de modo que assumam com confiança a responsabilidade do discernimento, devem caracterizar o diálogo sacramental: dos sacerdotes, os leigos devem esperar "luz e força espiritual",

---

[20] Francisco, *Amoris lætitia*, Exortação apostólica pós-sinodal sobre o amor na família (19.3.2016), n. 300, in AAS 108 (2016), 433.

[21] Bento XVI, *Deus caritas est*, n. 28, in AAS 98 (2006), 239.

[22] João Paulo II, *Sollicitudo rei socialis*, Carta encíclica por ocasião do vigésimo aniversário da *Populorum progressio* (30.12.1987), n. 41, in AAS 80 (1988), 570-571, cf. E. Botto – A. Gerolin – F. Citterio (ed.), *Tra ragione e fede. La dottrina sociale della Chiesa e la sua valenza "ecumenica"*, Vita e Pensiero, Milano 2015; M. Konrad, *Crescere nella giustizia. Introduzione all'etica sociale*. Lateran University Press, Città del Vaticano 2012.

[23] *Gaudium et spes*, n. 43, in AAS 58 (1966), 1062.

sem achar que eles "estão sempre de tal modo preparados, que tenham uma solução pronta para qualquer questão, mesmo grave, que surja, ou que tal é sua missão"[24].

O lugar e a perspectiva desse discernimento são constituídos pela comunidade. É uma dimensão que hoje deve ser destacada em resposta aos fechamentos individualistas. A advertência de Paulo VI conserva toda a sua atualidade: recordando que, "diante de situações tão diversas", não é apenas difícil, nem mesmo seria sua "ambição e missão pronunciar uma palavra única e propor uma solução de valor universal", sublinha que "compete às comunidades cristãs analisar objetivamente a situação de seu país, aclará-la à luz das palavras imutáveis do evangelho, tirar princípios de reflexão, critérios de juízo e diretivas de ação do ensinamento social da Igreja" e, assim, individuar "as escolhas e os empenhos que convêm tomar para operar as transformações sociais, políticas e econômicas que se mostram urgentes e necessárias em muitos casos"[25].

4. A PROFISSÃO COMO VOCAÇÃO

As responsabilidades profissionais são grandemente evidenciadas no acompanhamento formativo das consciências[26]. A maturidade moral exige de fato que se façam frutificar os talentos recebidos. Deve fazer refletir a conduta decisiva de Cristo em relação ao servo, que, por medo, escondeu na terra o talento a ele confiado, sem fazê-lo frutificar (cf. Mt 25,25-29).

O bem a realizar não é limitado àquilo que as normas gerais indicam para todos, mas deve exprimir também a riqueza pessoal do dom de cada um. A perspectiva é aquela de uma santidade, como recorda o Vaticano II, atuante "nas condições, nos ofícios ou nas circunstâncias de sua vida e por meio disso tudo"[27]. É quanto foi relembrado pelo papa Francisco na recente exortação apostólica *Gaudete et exsultate*: "É importante cada crente discernir seu próprio caminho e trazer à luz o melhor de si mesmo, quanto Deus colocou nele de muito pessoal"[28].

---

[24] *Ibidem*. [Segundo a tradução do texto em português.]

[25] *Octogesima adveniens*, Carta apostólica por ocasião do octogésimo aniversário da *Rerum novarum* (14.6.1971), n. 4, in AAS 63 (1971), 403.

[26] Cf. G. MANZONE, *Il volto umano delle professioni. Sfide e prospettive dell'etica professionale*, Carocci, Roma 2011.

[27] *Lumen gentium*, Constituição dogmática sobre a Igreja, n. 41, in AAS 57 (1965), 47. (Confrontado com o texto em português.)

[28] *Gaudete et exsultate*. LEV, Città del Vaticano 2018, n. 11. [Segundo o texto em português.]

No díalogo sacramental seja, por isso, acentuada a dimensão vocacional das diversas profissões, de modo a favorecer a abertura ao serviço do bem comum. As dificuldades do mundo do trabalho, nos dias atuais, fazem com que a escolha do campo de atividade seja mais improvisada e imposta pelas circunstâncias do que uma decisão livre. É clara a necessidade de adequadas políticas para o trabalho, de modo que cada um possa escolher e encontrar o próprio lugar na sociedade. Tudo isso não nos deve, contudo, fazer perder de vista o valor vocacional e de serviço próprio de cada atividade de trabalho: por mais que tenha sido iniciada, seja sempre atuada como expressão e construção da dignidade da pessoa e contribuição para aquilo que serve para a felicidade de todos.

A perspectiva vocacional permite não apenas evitar que o ganho se torne o único critério das decisões, mas também assumir construtivamente a "fadiga" que existe sempre em qualquer atividade. A perspectiva pascal, a esse respeito, permanece fundamental, como sublinhava João Paulo II: "Suportando o que há de penoso no trabalho em união com Cristo crucificado por nós, o homem colabora, de algum modo, com o Filho de Deus na redenção da humanidade"[29].

Seja igualmente destacada a responsabilidade pelo aperfeiçoamento profissional, indispensável em um contexto caracterizado por um rápido desenvolvimento técnico-científico. Não cuidar disso constitui um "pecado de omissão", sobre o que se deve interrogar principalmente no exame de consciência, evitando que esse se polarize exclusivamente no que se cometeu de negativo.

Por fim, convém recordar o empenho na partilha com os outros, no que diz respeito ao trabalho. Em nosso contexto, de fato, corre-se o risco de que se torne "privilégio" de poucos. Pense-se nos riscos de marginalização e de exclusão, causados pelo modo com que foram atuados os processos de globalização e de reorganização do trabalho pelo difundir-se das novas tecnologias[30]. Não é possível "confiar nas forças cegas e na mão invisível do mercado". Ocorram "decisões, programas, mecanismos e processos especificamente orientados para uma melhor distribuição das entradas, para a criação de oportunidades de trabalho, para uma promoção integral dos pobres que supere o mero assistencialismo"[31].

---

[29] *Laborem exercens*, Carta encíclica por ocasião do nonagésimo aniversário da *Rerum novarum* (14 de setembro de 1981), n. 27, in AAS 43 (1981), 645. [Segundo o texto em português.]

[30] Cf. *Evangelii gaudium*, n. 53, in AAS 105 (2013), 1042.

[31] *Ibidem*, n. 204, in AAS 105 (2013), 1105-1106.

Conclusão

O caminho realizado pela comunidade cristã nos últimos decênios, em âmbito social, é rico de aquisições e de iniciativas significativas. A gravidade e a urgência dos desafios, impostas pelas mudanças socioeconômicas, não permitem, porém, deter-se, mas exigem ulterior e mais convicto empenho da parte de todos. As reflexões que propus, ciente da complexidade e da diversidade das problemáticas, foram limitadas para evidenciar a contribuição que o diálogo sacramental é chamado a oferecer também a esse respeito, dado que ele constitui um momento privilegiado para a formação das consciências. Ocorre, de fato, não esquecer que, para o Evangelho, não é possível falar de real conversão quando não se empenha, segundo as possibilidades concretas de cada um, em libertar das consequências do poder do pecado também as relações e as estruturas sociais.

PECADO ECOLÓGICO E RECONCILIAÇÃO SACRAMENTAL

Martin Carbajo Nuñez[1]

A encíclica *Laudato si'* introduziu o conceito de pecado ecológico, até este momento pouco usado na teologia católica[2]. Ao fazê-lo, papa Francisco acolheu a contribuição que nesse sentido havia dado o patriarca ecumênico Bartolomeu[3]. No mesmo ano de 2015, instituindo o Dia Mundial de Oração pelo Cuidado da Criação, o Papa convidou todos a invocar a misericórdia divina "pelos pecados cometidos contra o mundo em que vivemos"[4], já que o ser "guardião da obra de Deus faz parte essencial de uma existência virtuosa" (217).

Um ano depois, denunciou como pecado o desfrutamento egoístico da terra[5], recordando que "um crime contra a natureza é um crime contra nós mesmos e um pecado contra Deus" (8). Portanto, convidou todos à conversão ecológica[6] e a implorar a misericórdia de Deus para aqueles pecados contra o criado, que até agora não soubemos reconhecer e confessar (DOC 2016, 2).

A primeira parte deste artigo trata da dimensão sacramental do mundo sensível e da presença, na liturgia dos sacramentos, de sinais e símbolos tirados da natureza, fazendo notar que eles estão assim ausentes no rito do sacramento da reconciliação. A segunda parte chama a atenção para o fato de que, nos atos do penitente, se

[1] Professor convidado de Teologia moral sistemática na Academia Alfonsiana de Roma.

[2] "La tierra profanada por tantos pecados." Conferencia Episcopal Argentina, *Una tierra para todos.* Cea, Buenos Aires 2005, 5; C. E. Bolivia, *El universo, don de Dios para la vida.* CEB, La Paz 2012, n. 51, 70. Sobre os diversos modos de apresentar o pecado ecológico: E. M. Conradie, *Towards an ecological reformulation of the Christian doctrine of sin,* in "Journal of Theology for Southern Africa" 122 (2005), 4-22, aqui 16-17.

[3] Francisco, Carta encíclica *"Laudato Si'"* [= LS], 24.5.2015, n. 7-9, in AAS 107 (2015), 847-945. No corpo do texto, as citações da encíclica *Laudato si'* serão indicadas somente com os números entre parêntesis.

[4] Francisco, Carta pela instituição do Dia Mundial de Oração pelo cuidado da criação [= DOC], 6.8.2015, in "L'Osservatore Romano" 181 (10-11.8.2015), 8.

[5] "Que os seres humanos destruam a diversidade" e "poluam as águas, o solo, o ar: tudo isso é pecado": Francisco, Mensagem para a celebração do DOC, 1.9.2016, n. 2, in *OR* 200 (2.9.2016), 8.

[6] Conceito introduzido no contexto católico por João Paulo II, Audiência geral de 17.1.2001; cf. N. Ormerod – C. Vanin, *Ecological conversion: What does it mean,* in "Theological Studies" 77/2 (2016), 328-352, aqui 330.

deveria dar mais atenção às responsabilidades pessoais para com a inteira criação. A terceira parte sublinha como, no desenvolvimento desse sacramento, deveria potencializar-se a celebração alegre do perdão recebido e da reconciliação reencontrada.

1. Dimensão sacramental do mundo sensível

A criação toda é um protossacramento[7], um signo visível da presença, da bondade e da beleza do Deus trinitário[8]. Por isso, a partir das coisas criadas, podemos ter um conhecimento natural de Deus[9].

Tudo na natureza tem "um valor próprio" (69) e uma dimensão sacramental. Temos necessidade de "maturar uma espiritualidade" (240) e uma mística que abra nossos olhos, para que possamos experimentar "a íntima ligação que há entre Deus e todos os seres" (234).

A teologia da criação deve ser potencializada, e as celebrações litúrgicas deveriam pôr em evidência mais nossa relação com o mundo sensível[10]. Até agora insistiu-se, sobretudo, na natureza decaída por causa do pecado e, portanto, necessitada de redenção[11].

[7] Usamos aqui o termo "protossacramento" de modo análogo. Karl Rahner afirma que Cristo é o supremo Sacramento da graça divina. A Igreja, corpo de Cristo, continua sua presença redentora no mundo, portanto é um protossacramento, um meio necessário para se participar do mistério de Cristo: cf. K. Rahner, *La iglesia y los sacramentos*, Herder, Barcelona 1964.

[8] Francisco de Assis contemplava nas criaturas a sabedoria, o poder e a bondade do Criador. Tommaso da Celano, *Vita del beato Francesco [Vita prima]*, [= 1Cel], n. 80, in *Fonti Francescane* [= FF], Ed. Francescane, Padova 2011³, n. 315-571, aqui 458.

[9] H. Denzinger, *Enchiridion symbolorum, definitionum et declarationum de rebus fidei et morum*, EDB, Bologna 1995, n. 3004.

[10] "Our liturgies must celebrate 'our connectedness to the natural world'", Catholic Bishops' Conference Of The Philippines, *What is happening to our beautiful land*, in "Boletin Eclesiastico de Filipinas" 64 (1988), 234-246.

[11] Christian "creed itself is overbalanced in favor of redemption [...]. Creation becomes increasingly less important". T. Berry, *The dream of the Earth*, Sierra, San Francisco 1988, 126; M. Fox, *Original blessing*, Bear, New Mexico 1983, 54. This leads to the "conclusion that matter, the body, and sexuality are now somehow problematic, even malignant". W. H. Becher, *Ecological sin*, in "Theology Today" 49/2 (1992), 152-164, aqui 157.

1.1. Recorda-te de que és pó e ao pó retornarás

A liturgia é o exercício do ministério sacerdotal de Cristo[12], por meio de ritos e símbolos[13], que fazem ver a ligação que existe entre o visível e o transcendente, entre nós e o mistério[14]. Ela "pressupõe, integra e santifica elementos da criação e da cultura humana" (CCC 1149). Portanto, "o *Missal* deverá recuperar e enfatizar fortemente o mistério da presença real de Cristo na criação"[15].

Ações simbólicas, como a imposição das cinzas no início do tempo quaresmal, exprimem a ligação que existe entre nossos pecados e o grito da terra. Uma das expressões indicadas para esse rito diz: "Recorda-te de que és pó e ao pó retornarás" (Gn 3,19). Além de recordar que também somos pó da terra, parte integrante da natureza, a cinza pode também exprimir o grito da terra, queimada e reduzida a pó, pelo consumismo e pelo egoísmo humano.

A celebração da reconciliação será ainda mais significativa se forem usados adequadamente signos e símbolos desse tipo. De fato, algumas Igrejas protestantes já iniciaram o uso nesse sentido[16].

1.2. A liturgia mostra a dimensão sacramental do mundo sensível

Os sacramentos são sinais sensíveis "da realidade escondida da salvação"[17]; fazem uso da natureza material para tornar visível o invisível, realizando "de modo eficaz a graça que significam" (CCC 1084). Neles, a natureza é assumida por Deus e transformada em mediação da vida sobrenatural (235). Mostram também a dimensão escatológica da natureza, porque "aquilo que de bom há nela será assumida na festa do Céu" (244).

---

[12] Concílio Vaticano II, Constituição *Sacrosanctum Concilium*, 4.12.1964, n. 10, 33, in AAS 56 (1964), 97-138.

[13] "El símbolo primordial de la presencia divina no se identifica sin más con la realidad puramente objetiva de las cosas materiales, sino con la comunidad en su evolución histórica": M. Gesteira Garza, *La Eucaristía misterio de comunión*, Sígueme, Salamanca 2006, 223.

[14] Cf. M. I. Rupnik, *Arte e spiritualità. Spunti per un orientamento*, in P. Martinelli – W. Block, *Arte e spiritualità. Studi, riflessioni, testimonianze*, EDB, Bologna 2014, 30-31. O símbolo não deve confundir-se com o signo, cuja capacidade de representação é fixada convencionalmente, fruto de um acordo.

[15] S. Agrelo, *Un misal para el pueblo de Dios*, in "Liceo Franciscano" 209 (2017), 277-338, aqui 322. "Pecado, perdón y salvación son entendidos como realidades ajenas al mundo en que vivimos": *Ibidem*, 331.

[16] "Our waste and pollution of your creation, and our lack of concern for those who come after us, we confess to you": *Evangelical Lutheran Worship*, Pew edition, Augsburg Fortress Minneapolis 2006, 253.

[17] *Catechismo della Chiesa Cattolica* [= CCC], n. 774, LEV, Città del Vaticano 1997.

A máxima expressão encontra-se na eucaristia, que torna presente no tempo a transformação crística do cosmo (1Cor 15,28). Nessa antecipação do banquete eterno, o pão e o vinho representam toda a criação, que, por meio das mãos do homem, é transformada, pelo poder do Espírito, na presença viva de Cristo e como tal é assumida pelo Pai[18]. Participando da comunhão do corpo e do sangue de Cristo, também o homem se torna "pão partido, oferecido a Deus para a vida do mundo"[19].

1.3. Sacramento da reconciliação e relação com a terra

Não obstante a grave crise ecológica, provocada "por nossos comportamentos irresponsáveis e egoístas" (DOC 2016, 1), até agora o rito do sacramento da reconciliação não inclui referências explícitas à ruptura que todo pecado provoca nas relações com a criação. Além disso, essa dimensão é pouco presente na prática pastoral do sacramento.

"O homem [...] exprime e percebe a realidade espiritual por meio de signos e símbolos materiais" (CCC 1146); por exemplo, a água batismal, o óleo dos catecúmenos e dos enfermos, o fogo e o círio pascal, as velas, o incenso. Tudo, porém, não como realidade autônoma, "mas incorporado na vida e na história da comunidade"[20]. De fato, a celebração litúrgica deve ser percebida como evento de salvação, não como magia.

A prática do sacramento da reconciliação deveria recorrer também a signos e símbolos da natureza, sobretudo a celebrações comunitárias, para pôr em destaque nossa ligação com a terra e a necessidade de reconciliação com ela. Infelizmente, muitas vezes, é celebrado sem leitura da Palavra de Deus e sem gestos corporais.

2. Reconciliação sacramental com a natureza

Deus confiou a terra a nosso cuidado. "Cultivá-la 'muito' – isto é, desfrutar de modo míope e egoísta – e ter pouco cuidado em conservá-la é pecado" (DOC

[18] G. Castronuovo, *Onnipotenza e umiltà di Dio nell'evento dell' incarnazione. La via di Francesco d'Assisi*, in "Ricerche teologiche." 13 (2002), 367-394, aqui 391. Sobre a dimensão moral e cristológica: A. M. Zaccaria Igirukwayo, *L'Eucaristia fondamento cristologico della vita morale*, LEV, Città del Vaticano 2007.

[19] M. Cazzoli, *Etica teologale*, San Paolo, Cinisello Balsamo (Mi) 1991, 160-161.

[20] Gesteira Garza, *La Eucaristía misterio de comunión*, 223 [tradução do espanhol para o italiano pelo autor].

2016, 2). Esse pecado tem dimensões sociais e históricas muito evidentes, porque está pondo em perigo o equilíbrio ecológico e o futuro da humanidade.

O pecado ecológico rompe as relações vitais que nos unem a Deus, ao próximo e à criação, provocando danos "não só exteriores, mas também dentro de nós" (66). Os problemas ambientais, de fato, têm raízes éticas e espirituais (9), porque, em última análise, são consequências do coração humano ferido. Fê-lo notar o patriarca Bartolomeu, chamando a atenção sobre a crise moral e espiritual que está na base dos problemas ambientais (DOC 2016). Todos somos responsáveis por isso, portanto todos "somos chamados a reconhecer nossa contribuição, pequena ou grande, na perturbação e na destruição do ambiente"[21].

Papa Francisco insistiu na necessidade de empenhar-se "a dar passos concretos na estrada da conversão ecológica, que pede uma clara tomada de consciência de nossa responsabilidade" (DOC 2016, 2) e deve ser "sustentada de modo particular pelo sacramento da penitência" (*ibidem*). Esse sacramento, de fato, é um momento privilegiado de formação da consciência[22].

Organizo agora a reflexão seguindo, fundamentalmente, os atos do penitente: exame de consciência, contrição, confissão, satisfação. Nessa chave de leitura, busco mostrar o processo de conversação ecológica e sua relação com o sacramento da reconciliação.

2.1. Exame de consciência sobre o pecado ecológico

O primeiro passo no caminho da conversão ecológica é o exame de consciência (8). Hoje ninguém pode justificar a própria ignorância sobre a crise ambiental. A sensibilidade ecológica das populações cresceu[23], embora continuem a ser reforçados "os hábitos nocivos de consumo" (55). Portanto, "devemos examinar nossa vida e reconhecer de que modo ofendemos a criação de Deus com nossas ações" (218).

---

[21] Bartolomeu I, *Mensagem pelo Dia Mundial de Oração pelo cuidado da criação*, 1.9.2012, citado in DOC 2016, 3. Cf. W. Rusch (ed.) *The Witness of Bartholomew I, Ecumenical Patriarch*, Wm.B. Eerdmans, Cambridge, MA 2013. Outra contribuição notável em contexto ortodoxo: J. D. Zizioulas, *Being as Communion. Studies in personhood and the church*, Darton Longman & Todd, London 2004.

[22] Cf. K. Nykiel – P. Carlotti (ed.), *La formazione morale della persona nel sacramento della riconciliazione*, IF-Press, Roma 2016.

[23] Cf. S. E. Fredericks, *Online confessions of Eco-Guilt*, in JSRNC 8/1 (2014), 64-84.

O pecado ecológico se manifesta hoje de muitos modos, por ação culposa, por exemplo, jogando fora enormes quantidades de alimento ou assumindo comportamentos perdulários e estilos de vida danosos para o ecossistema[24]. Também entre os fiéis continuam a existir atitudes reprováveis, que "vão da negação do problema à indiferença, à resignação cômoda ou à confiança cega nas soluções técnicas" (14).

A vida urbana facilita a indiferença para os danos ecológicos, porque afasta as pessoas do contato físico com a natureza. Olho que não vê, coração que não sente. No âmbito agrícola, ao contrário, os camponeses são mais conscientes do dano que podem causar aos animais e à natureza.

2.2. Contrição e conversão do coração

A contrição ocupa o primeiro lugar entre os atos do penitente e é descrita como "uma dor da alma e detestação do pecado cometido, com a resolução de não mais pecar no futuro" (CCC 1451). Ela pode ser perfeita, "quando provém do amor de Deus amado acima de tudo", ou imperfeita ("atrição"), quando é fruto do temor (CCC 1453). Muitos reagem simplesmente por medo das consequências nefastas da crise ecológica, um sentimento que não envolve plenamente a pessoa.

O discurso científico faz apelo apenas à dimensão racional. As religiões, ao contrário, são as instâncias que, com maior força, podem fazer apelo ao ser humano em toda a sua complexidade de mente, coração e espírito[25]. A autêntica religião cura "a partir de dentro" as quatro relações fundamentais. A experiência da gratuidade divina e nossa profunda "re-ligação" com as outras criaturas nos abrem à contrição perfeita pelos pecados cometidos contra a natureza e reforçam o firme propósito de não pecar mais, também em âmbito comunitário (219).

---

[24] *"The greatest failure of Christianity in the total course of its history is its inability to deal with the devastation of the planet [...] we have morality to deal with it"*: T. Berry, citado in P. Collins, *Judgment Day: The Struggle for Life on Earth*, Unsw, Sydney 2010, 192.

[25] H. Küng, *Perché un'etica mondiale. Religione ed etica in tempi di globalizzazione*. Queriniana, Brescia 2004. "The world's faith communities occupy a unique position in discussions on the fate of our planet". Un Secretary-General Ban Ki-Moon, *Speech to the Summit of Religious and Secular Leaders on Climate Change*, London 3.11.2009, in www.un.org/press/en/2009/sgsm12585.doc.htm (última visita: 15.2.2017).

2.3. Confissão

No momento de confessar nossos pecados, muitas vezes, deixamos de lado nossa responsabilidade "em relação aos outros seres viventes"[26]. Esquecemos que não apenas dentro da Igreja, mas também no interno do ecossistema global, "se um membro está sofrendo, todos os membros sofrem com ele; se um membro é honrado, todos os membros se alegram com ele" (1Cor 12,26). De fato, o pecado não só rompe a relação com Deus e com o próximo, mas também com a terra.

Nessa direção, as orações cristãs, voltadas para o Pai, por intermédio de Cristo no Espírito, muitas vezes, concentram-se nas necessidades humanas[27] e raramente fazem referência à íntima relação que nos une à criação[28]. O *Cântico das criaturas*, de Francisco de Assis, é uma magnifica exceção e, de fato, é universalmente admirado.

Hoje, a Igreja nos convida a confessar não só os nossos pecados contra o Criador e contra o próximo, mas também aqueles contra a criação. "Confessamo--los, porque estamos arrependidos e queremos mudar. E a graça misericordiosa de Deus, que recebemos no sacramento, ajudar-nos-á a fazê-lo" (DOC 2016, 3). "O momento, portanto, não pode ser senão de alegria e de festa"[29].

A reconciliação se realiza sempre com a Igreja e na Igreja. De fato, "a reconciliação com a Igreja é inseparável da reconciliação com Deus" (CCC 1445). Essa dimensão eclesial do sacramento deveria ser mais destacada e aprimorada, pois não é favorecida pela forma "individual" predominante de celebração do sacramento.

---

[26] LS 68. In *Laudato si'*, the natural moral law is "reimagined as an ecological moral law": N. P. G. AUSTRIACO, *Bioethics in "Laudato si'". The ecological law as a moral principle*, in "National Catholic Bioethics Quarterly" 15/4 (2015), 657-663, aqui 657.

[27] Muitas vezes, de um modo genérico e asséptico: "Queja, combate, grito, clamor, han desaparecido de la oración de la Iglesia [... dejando solo] fórmulas nacidas da la racionalidad teológica": AGRELO, *Un misal para el pueblo de Dios*, 307.

[28] "An analysis of more than 800 pages of contemporary prayers in the new Anglican Prayer Book for Australia (1995) unearthed only one line referring to our sins against the land": N. HABEL, *The crucified land: towards our reconciliation with the earth*, in "Colloquium" 28/2 (1996), 3-18, aqui 9.

[29] R. TREMBLAY, *Misericordia e verità. Per una buona celebrazione del sacramento di riconciliazione*, in "Studia Moralia" 53/2 (2015), 237-247, aqui 242.

2.4. Satisfação

O sacramento da reconciliação compreende um processo de conversão: "Deixai-vos reconciliar com Deus" (2Cor 5,20). Embora o perdão seja sempre gratuito, o penitente deve mostrar um firme propósito de mudança de rumo, concretizando-o em atos de satisfação. Estes, porém, não devem jamais ser considerado "o preço que se paga para o pecado absolvido". Ao contrário, a satisfação visa a mostrar "o empenho pessoal que o cristão assumiu com Deus, no sacramento, de começar uma existência nova"[30], superando a avareza, o consumismo[31] para crescer nas virtudes ecológicas, por exemplo a compaixão, a prudência, a temperança, a simplicidade, a sobriedade, "a capacidade de se contentar com pouco"[32].

Uma satisfação mais consoante com o pecado cometido (e, talvez, realizada antes da absolvição) poderia favorecer a autenticidade da conversão e tornar mais visível a graça do perdão.

O firme propósito de mudar de vida "deve traduzir-se em atitudes e comportamentos mais concretos em relação à criação, como, por exemplo, fazer um uso cuidadoso do plástico e do papel, não desperdiçar água, comida e energia elétrica, separar os refugos, tratar com cuidado os outros seres vivos, utilizar o transporte público e compartilhar um mesmo veículo entre mais pessoas" (DOC, 4).

É desejável uma potencialização da tradicional prática de jejum, que pode ser hoje muito eficaz em ajudar a curar o coração humano do consumismo e da cultura do descarte, mostrando que "menos é mais" (222). Também a abstinência pode ser vivida como uma resposta coerente ao problema ambiental, que supõe a criação de tantos animais destinados à matança[33].

---

[30] Os atos de satisfação "recordam que também depois da absolvição permanece [...] ainda um foco infeccioso de pecado, que é preciso combater sempre". JOÃO PAULO II, Exortação apostólica pós-sinodal *Reconciliatio et pœnitentia*, 2.12.1984, n. 31/III, in AAS 77 (1985), 185-275.

[31] "Desire, lust for more and more": L. GILKEY, *Message and existence. An introduction to Christian theology*, Seabury, New York 1979, 152;

[32] LS 222; cf. V.-T. CACIUC, *The Role of Virtue Ethics in Training Students' Environmental Attitude*, in "Procedia" 92 (2013), 122-127, aqui 123. "L'umiltà cosmica"; R. BAUCKHAM, *Bible and Ecology. Rediscovering the Community of Creation*. Longman, London 2010, 37.

[33] Cf. J. RIFKIN, *Beyond Beef: The rise and fall of the cattle culture*, Thorsons, London 1992, 185-230; D. HAYES – G. HAYES, *Cowed: the hidden impact of 93 million cows on America's health, economy, politics, culture and environment*, Norton, New York, 2015.

Além disso, devem-se potencializar aquelas práticas de satisfação que ajudam a reconstituir e reforçar as quatro relações fundamentais, por exemplo, "nos encontros fraternos, no serviço, em fazer frutificar os próprios carismas, na música e na arte, no contato com a natureza, na oração" (223).

3. Para uma fraternidade cósmica

A Igreja "concede em nome de Jesus Cristo o perdão dos pecados", mesmo ambientais, ora "pelo pecador e faz penitência com ele. Assim o pecador é curado e reintegrado na comunhão eclesial" (CCC 1448) e na fraternidade cósmica. "Pois, era Deus que, em Cristo, estava reconciliando o mundo consigo, não levando mais em conta as culpas dos homens e colocando em nossos lábios a mensagem da reconciliação" (2Cor 5,19). Trata-se de uma reconciliação comunitária, da qual toda a Igreja deve participar com a oração e com a penitência.

3.1. Restituição e justiça ecológica

A tradição eclesial afirma a necessidade da restituição no caso dos pecados contra a justiça, por exemplo, o furto e a maledicência. Restituindo os bens tirados do próximo, o penitente mostra a autenticidade de seu arrependimento (CCC 1459) e o firme propósito de reconstituir suas quatro relações fundamentais. Devemos reparar o dano que todo pecado causa em nossa relação com Deus, com nós mesmos, com os outros e com a natureza. Portanto, a restituição, entendida em sentido análogo e em perspectiva comunitária, deveria ser aplicada também no campo ecológico[34].

De modos diversos, todos temos um débito de justiça com a mãe Terra pelos danos que lhe temos provocado, portanto não haverá reconciliação até que seja feita justiça[35], por exemplo, com ações eficazes para reparar o dano causado e para evitá-lo no futuro.

---

[34] Cf. C. Palmer – K. McShane – R. Sandler, *Environmental Ethics*, in "Annual Review of Environment and Resources" 39 (2014), 419-442, aqui 425.

[35] Habel, *The crucified land*, 4; cf. L. Boff, *Passion of Christ, passion of the world*, Orbis, Maryknoll NY 2011, IX-X. "Embracing forms of eco-justice": Canadian Conference Of Catholic Bishops, *You love all that exists...*, 8-2013, n. 14, in "Digital Commons" 8/1 (2013), 33-43, aqui 38.

Resulta injusto que o homem tenha se apoderado da maior parte dos recursos. Portanto, alguns autores consideram um dever de justiça reintegrar em nossos habitats as espécies que podem adaptar-se a nossa presença, sem deixar de viver em liberdade. Essa integração será mais eficaz do que simplesmente limitá-las a espaços bem definidos, onde sua sobrevivência não poderá ser garantida longamente[36].

Em âmbito internacional, um caso concreto "é aquele do 'débito ecológico' entre Norte e Sul do mundo. Sua restituição exigiria cuidar do meio ambiente dos países mais pobres, fornecendo-lhes recursos financeiros e assistência técnica" (DOC, 2016, 4).

3.2. Reconciliação ecológica

"Não podemos separar a reconciliação com Deus, com a Igreja, com os outros e com a inteira criação."[37] Boaventura afirma que Cristo, com sua redenção, restituiu todas as criaturas ao estado de inocência original, tornando assim possível a reconciliação universal[38]. A introdução ao rito da penitência recorda também que "o Pai manifestou sua misericórdia reconciliando consigo o mundo por meio de Cristo, restabelecendo a paz, com o sangue de sua cruz, entre as coisas da terra e aquelas do céu"[39].

"Quando o homem desobedeceu a Deus e refutou submeter-se a seu poder, então a natureza se rebelou e não o reconheceu mais como 'senhor'."[40] Ao contrário, quando o homem acolhe o amor de Deus e se esforça por reconstituir suas relações com o próximo e com a criação, a natureza acolhe-o de novo[41].

---

[36] "Scientists posit that by redesigning anthropogenic habitats such as agricultural land so that their use is compatible with biodiversity protection, we can reverse the rapid loss of biodiversity": J. Fox (ed.), *The art of Jeffrey Rubinoff*, Douglas & McIntyre, Madeira Park BC 2017, 198; J. M. Rey Benayas – J. M. Bullock, *Restoration of biodiversity and ecosystem services on agricultural land*, in "Ecosystems" 15/6 (2012), 883-899; N. Leader-Williams Et Alii, *Trade-offs in conservation: deciding what to save*, Wiley-Blackwell, Oxford 2010, 432. O termo reconciliação ecológica aparece in M. L. Rosenzweig, *Win--win ecology. How Earth's species can survive in the midst of Human enterprise*, Oxford UP, Oxford 2003.

[37] D. Borobio, *El sacramento de la reconciliación penitencial*, Sígueme, Salamanca 2006, 55 [tradução do espanhol para o italiano pelo autor].

[38] Bonaventura, *Leggenda maggiore*, n. 81, in FF 1020-1255, aqui 1134; LS 66.

[39] Sacra Congregazione per il culto divino, *Praenotanda. Rito della penitenza*, 2.12.1973, n. 1, in *Enchiridion Vaticanum* 4 (1971-1973) n. 2675, Dehoniane, Bologna 1982[12]; Ef 1,10; Col 1,20.

[40] João Paulo II, Carta encíclica *Sollicitudo rei socialis*, 30.12.1987, n. 30, in AAS 80 (1988), 513-586.

[41] Yhwh plantou Israel em sua terra como "vinha excelente" (Jr 2,21), mas o povo "contaminou a terra" e destruiu o jardim (2,3; 3,2). Deus sofreu por sua terra (12,10-11) e pediu justiça (14,11). Jeremias se perguntou: "Até quando estará em luto a terra?" (12,4). Quando finalmente o povo se converter, a terra será novamente como "um jardim irrigado" (31,12).

Francisco de Assis transfere sua profunda experiência de reconciliação interior a sua relação com as pessoas e com a criação[42]. A natureza que, por causa do pecado do homem, tornara-se hostil (Gn 3,17-19), em Francisco, recupera a harmonia perdida e se reconcilia com o homem[43].

3.3. *Celebração da fraternidade reencontrada*

O sacramento da reconciliação continua ainda a ser celebrado de modo mais individual e privado, sem dar ênfase à celebração alegre do perdão e da reconciliação reencontrada. Essa carência torna mais difícil a percepção e assimilação do evento salvífico. Ao contrário, as três parábolas do perdão reencontrado em Lc 15 (a ovelha desviada, a moeda perdida e o pai misericordioso) terminam todas as três com uma festiva celebração comunitária.

Francisco de Assis havia reencontrado a harmonia perdida, sentia-se irmão de todas as criaturas, por isso louvava alegremente a Deus com elas. Também para nós a reconciliação deveria conduzir-nos a celebrar que o mundo "é um mistério gozoso que contemplamos na alegria e no louvor" (12).

Hoje, são promovidas múltiplas iniciativas destinadas a favorecer um caminho partilhado de reconciliação com a natureza, que inclua uma celebração alegre do sentir-se irmãos e irmãs na casa comum. Papa Francisco recorda, por exemplo, que "a Terceira Assembleia Ecumênica Europeia (Sibiu, 2007) propunha celebrar um "Tempo para a Criação", com duração de cinco semanas, entre 1º de setembro (memória ortodoxa da divina criação) e 4 de outubro (memória de Francisco de Assis)" (DOC 2016).

Conclusão

A grave crise ecológica, na qual nos encontramos, é um apelo premente a tomar consciência de nossos pecados contra a natureza, para colocar em ato "uma profunda conversão interior" (217) e, consequentemente, para incluir a dimensão ecológica na celebração do sacramento da reconciliação.

---

[42] T. Vetrali, S. *Francesco ecologista; esteta o teologo?*, in "Studi Ecumenici" 5 (1987), 513-527, aqui 519.
[43] Cf. M. Carbajo Núñez, *Sorella madre Terra. Radici francescane della "Laudato si'"*, EMP, Padova 2017.

"Arrependamo-nos do mal que estamos fazendo a nossa casa comum" (DOC 2016, 3). Esse convite do papa Francisco é sustentado por inúmeros dados científicos que colocam em evidência a gravidade da situação. Infelizmente, "a cultura do bem-estar nos anestesia" (EG 54), e preferimos ignorar ou minimizar o problema.

Com a ajuda da divina graça, podemos "mudar o modo de perceber o mundo com o objetivo de mudar o modo como nos relacionamos com ele"[44]. Essa nova atitude implica gratidão, gratuidade e consciência amorosa "de formar com os outros seres do universo uma esplêndida comunhão universal" (220), que deve ser reparada e fortalecida também pelo sacramento da reconciliação.

[44] FRANCISCO – BARTOLOMEU, *Mensagem pelo Dia Mundial de Oração pelo Cuidado da Criação*, 1.9.2017, in "L'Osservatore Romano" 200 (2.9.2017), 8.

CONFESSORES E PENITENTES DIANTE DO VALOR DA VIDA

Maurizio Pietro Faggioni[1]

Nesta parte do livro, faremos algumas reflexões e traremos alguns exemplos do discernimento no âmbito do cuidado da vida e da saúde. Não vamos tratar certamente, nem mesmo de passagem, de toda a ampla questão do processo decisório no contexto bioético. Isso nos levaria a estudar, por exemplo, o papel das comissões éticas ou do *counselling* clínico; mas faremos algumas reflexões sobre o que mais proximamente diz respeito à avaliação de alguns comportamentos em situações dilemáticas e, mais em geral, o caminho de conversão do crente para o amor e para o serviço da vida.

Para um crente o discernir consiste em se perguntar, com uma atitude de busca e de humildade: o que quer o Senhor de mim nesta situação, neste tempo, com estes desafios? O modelo e a palavra de Jesus, que é a lei viva, a tradição moral, tematizada pela teologia e confirmada pelo magistério, o confronto com os irmãos são luzes imprescindíveis que sustentam o crente no esforço de discernir. Iluminado e sustentado pela graça do Espírito, ele é chamado a tomar decisão *hic et nunc* no horizonte dos valores cristãos que substanciam sua existência. É parte essencial do *ethos* cristão a percepção e a intuição do valor transcendente e, portanto, da inviolabilidade da vida humana ou, melhor, do valor do ser humano vivo, criado à imagem do Filho[2]. No mundo em que vivemos, o valor da vida humana parece, ao contrário, enfraquecer-se e eclipsar-se: a legitimação do aborto, talvez quase universal, o impulso sempre mais forte para a eutanásia, o mercado de seres humanos entrelaçado com as estruturas econômicas globalizadas, o "descarte" de seres humanos, por qualquer razão defeituosa, são apenas alguns aspectos de uma invasiva cultura de morte, como a chamou papa João Paulo

[1] Professor ordinário de Teologia moral sistemática na Academia Alfonsiana de Roma.

[2] Para um aprofundamento dos modelos teológicos usados para tematizar o valor da vida humana, cf. M. P. Faggioni, *La vita dell'uomo nel tempo della Chiesa*, in PATH 15 (2016), 131-144.

II[3]. Embora o biopoder, em suas expressões políticas, econômicas e científicas, coloque-se em relação à vida em uma posição de domínio, a comunidade cristã se coloca em uma posição de serviço porque o domínio, que Deus compartilhou com a pessoa humana, é um senhorio ao modo de Cristo, o Senhor e Mestre, que se fez servo de todos. Aqui está o coração da palavra evangélica sobre a vida. *Evangelium vitæ* expressou-a com sugestiva concisão: "Defender e promover, venerar e amar a vida é tarefa que Deus confia a cada homem, ao chamá-lo enquanto sua imagem viva a participar no domínio que Ele tem sobre o mundo"[4].

Nesse contexto, coloca-se o tema da violação do bem da vida em suas múltiplas formas e a necessidade de reconciliação do crente que pecou contra o bem da vida. Agir contra a vida não significa apenas agir contra o bem de uma pessoa; mas é, de algum modo, agir contra Deus, com o qual toda vida humana está em íntima e pessoal relação. Desejamos aqui apresentar três situações: a primeira é o acompanhamento, em um percurso de conversão, de mulheres que abortaram; a segunda é a dúvida de consciência de um médico que se pergunta se uma intervenção de antecipação de parto, feita em uma mulher gestante, é ou não um ato abortivo; a terceira situação é o dilema ético sobre os cuidados a serem prestados a uma criança afetada por uma patologia mortal. O primeiro caso ilustra uma renovada pastoral do sacramento. O segundo enseja a típica pergunta da moral pós-tridentina com respeito à precisa individuação dos deveres e das transgressões. O terceiro introduz um delicado e articulado dilema decisório.

1. O DRAMA DO ABORTO: ACOMPANHAR NO RESTABELECIMENTO

O aborto é uma tragédia de nosso tempo. Ele sempre existiu na história do mundo, mas agora passou de delito a um direito da mulher; e leis, mais ou menos permissivas, têm levado a considerar o aborto uma prática médica comum. Tornando ainda mais difícil a questão, devemos registrar a difusão de métodos propagados como contraceptivos, mas que são efetivamente, ao menos potencialmente, abortivos. Não podemos aqui entrar em detalhe, mas a difusão da espiral

[3] Cf. G. Miranda, *Cultura di morte: analisi di un concetto e di un dramma*, in E. Sgreccia – R. Lucas Lucas (a cura), *Commento interdisciplinare alla "Evangelium vitae"*. Libreria Editrice Vaticana, Città del Vaticano 1997, 225-243.

[4] João Paulo II, Carta encíclica *Evangelium vitae*, 25.3.1995, n. 43.

ou DIU e da pílula do dia seguinte ou, mais recentemente, dos cinco dias depois propõe graves interrogativos no confessionário porque, muitas vezes, as fiéis estão na ignorância sobre o mecanismo da ação desses dispositivos e fármacos; e é difícil para o confessor entrar em âmbito médico e ginecológico. É preciso, porém, com clareza, lembrar à mulher o dever de informar-se sobre os mecanismos de ação desses fármacos e de interrogar médicos especialistas e de boa consciência. Não é possível, nesse contexto, acrescentarmos algo, se não recordarmos que a incerteza do efeito abortivo não configura o delito de aborto ("effectu secuto", diz o can. 1398), mas trata-se, contudo, de comportamentos graves do ponto de vista moral; e aquela que recorre a esses métodos demonstra estar disposta a aceitar como possibilidade um aborto inicial[5].

O santo padre Francisco, muitas vezes, tem falado, de modo decidido, contra o aborto; e estendeu a todos os sacerdotes a faculdade de absolver sem o ônus do recurso que é previsto no Código de Direito Canônico (can. 137 §2) e não porque ele pretenda minimizar ou despenalizar o aborto, mas "porque nenhum obstáculo se interponha entre a riqueza da reconciliação e o perdão de Deus"[6].

Essa reflexão é dedicada ao sacramento da reconciliação, mas a celebração sacramental não pode ser avulsa para um percurso pessoal que conduza da culpa à conversão, e, nesse percurso, a confissão representa um momento forte e significativo. A confissão, às vezes, pode ser o primeiro passo de um retorno à vida da graça; às vezes, pode ser o ponto de chegada de um processo de tomada de consciência, de arrependimento e de regeneração. Também quando se trata de penitentes ocasionais, como pode acontecer em um santuário, é preciso que o confessor estabeleça o diálogo sacramental na perspectiva de um itinerário de conversão. Esse processo pode ser também muito longo; e não é raro que algumas mulheres se libertem no confessionário do fardo pesado de uma culpa, depois de anos e anos de tormento, como também pode acontecer de um médico, depois de dezenas de abortos praticados, tornando-se sabedor do significado homicida dos seus atos, arrependa-se, reconcilie-se com a Igreja e com Deus e decida tornar-se objetor. Cada um tem sua história, e os caminhos de Deus são tantos, mas devemos ver a celebração sacramental no contexto mais amplo de um caminho de conversão. A insistência sobre o discernimento, tanto pessoal como pastoral,

[5] Cf. Congregação para a doutrina da fé, Instrução *Dignitas personae*, 8.12.2008, n. 23.
[6] Francisco, Carta apostólica *Misericordia et misera*, 20.11.2016, n. 12.

frequente no magistério do papa Francisco e reafirmado com particular força na exortação *Amoris laetitia*, completa o convite para acompanhar os fiéis em seu caminho de vida cristã, no sentido de um crescimento gradual em direção ao ideal[7]. "O discernimento – afirma o santo padre – deve ajudar a encontrar os caminhos possíveis de resposta a Deus e de crescimento em meio aos limites."[8]

O sacerdote, à imitação do Senhor, deve fazer-se um com todos e, como diz o Apóstolo, fazer-se tudo em todos. Deve aprender a fazer-se companheiro de estrada de quem tem perguntas e angústias no coração, como Jesus fez com os discípulos a caminho de Emaús. Para acompanhar os fiéis em seu caminho cotidiano, necessita colocar-se em uma perspectiva de escuta "cordial", para assim entrar em sintonia com a complexidade de sua realidade humana. Em particular, o confessor não pode simplesmente aplicar *more geometrico* princípios e normas gerais aos casos concretos, mas deve fazer-se próximo no sofrimento, na vida e, mais ainda, também no vivido pecaminoso das pessoas[9]. Isso não significa que se deva renunciar a chamar com seu nome atos e comportamentos contrários à palavra do Evangelho, mas requer que, no julgar, se saiba distinguir o pecado do pecador e se acolha a desordem moral, em si inaceitável, não separado do contexto humano, às vezes, contraditório e dramático, no qual toma forma a desordem. Não basta julgar em abstrato o lícito e o ilícito, mas é necessário ajudar a pessoa a encontrar, em situação, às vezes, muito difícil, seu caminho para o bem. O pastor deve ajudar o fiel que caiu a colocar-se sob a luz de Deus para tomar consciência de sua situação na verdade, dar nome às próprias infidelidades e colher os percursos de redenção e de conversão que o Senhor lhe mostra. O santo padre na *Amoris laetitia* fala, muito oportunamente, de um discernimento pessoal que se entrelaça, em um diálogo de recíproca confiança, com o discernimento pastoral[10]. Nós não

[7] Em nossa opinião, o estilo pastoral do acompanhamento do fiel para a plenitude do ideal, respeitando o bem possível sobre o qual insiste *Amoris laetitia*, pede-nos uma revisão do sacramento da reconciliação: não se trata de alterar a dinâmica sacramental, assim como está fixada pelo concílio de Trento, mas sim de inseri-la de modo mais explícito em um percurso de vida cristã e de contínua conversão. De outra parte, a insistência tridentina sobre a dor como ato do penitente remete a uma tomada de consciência da própria verdade diante de Deus, e esse conhecimento de si não pode acontecer se não em um percurso de introspeção e de aprofundamento. Também a satisfação imposta pelo confessor tem a dupla valência de ser uma reparação dos pecados cometidos e uma defesa da nova vida, e um remédio contra a fragilidade (cf. S. Tridentina Synodus, *De sacramento poenitentiae*, cap. 8, in DS 1692).

[8] Francisco, Exortação apostólica *Amoris Laetitia* (19.3.2016), n. 305.

[9] Sobre o tema – na verdade imprescindível para um confessor – da relação entre normas e discernimento nos casos particulares, cf. Francisco, *Amoris laetitia*, n. 304-306.

[10] Cf. *Ibidem*, n. 298, 300.

queremos certamente substituir aqui a consciência dos fiéis, mas não podemos fazer que lhes falte nossa presença, nossa proximidade, nosso conselho.

Para explicar o que entende a Igreja, quando nos fala de acompanhamento pastoral e de integração do sacramento em um percurso de conversão, gostaria de ler as palavras que João Paulo II, na *Evangelium vitae*, dirige às mulheres que abortaram. São as etapas ideais de um percurso interior e um modelo pastoral inspirado pela verdade e misericórdia:

> Um pensamento especial quereria reservá-lo para vós, mulheres, que recorrestes ao aborto.
>
> A Igreja está a par dos numerosos condicionalismos que poderiam ter influído sobre vossa decisão e não duvida de que, em muitos casos, se tratou de uma decisão difícil, talvez dramática. Provavelmente, a ferida em vosso espírito ainda não está sarada[11].

A primeira atitude do confessor é aquela de profunda empatia com o sofrimento da mulher. É o bom samaritano que se inclina sobre uma vida ferida. Às vezes, o aborto foi praticado com ligeireza, mas, às vezes, nele havia situações difíceis ou dilemáticas. Contudo, agora a mulher está mal: é a dor, antes do ato do penitente. A ferida está ainda sangrando. O olhar do confessor é aquele de Jesus misericordioso que sofre conosco: "Vejo que estás sofrendo; compreendo que estás sofrendo; sinto que estás sofrendo".

> Na realidade, aquilo que aconteceu foi e permanece profundamente injusto.

Teu sofrimento não é sem motivo. Há um motivo grave: tu sofres porque o que aconteceu é injusto, muito injusto. Contigo sofro e contigo chamo pelo nome o que aconteceu. Não é o veredito de um justiceiro, é a voz do pastor que te acompanha na tomada de consciência de tua realidade diante de Deus. "Pequei."

> Não vos deixeis cair no desânimo, nem percais a esperança. Sabei, antes, compreender o que se verificou e interpretai-o em toda a sua verdade.

[11] João Paulo II, Carta encíclica *Evangelium vitae*, n. 99.

Depois de compartilhar a dor e da tomada de consciência da injustiça feita, o pastor inicia um delicado trabalho de libertação. Os sentidos de culpa são a normal consequência de quem sente ter cometido um ato equivocado; mas os sentidos de culpas não podem ser a última palavra. "Não te deixes levar pelo desânimo", diz-lhe. "Busquemos olhar juntos o que te levou a fazer o que fizeste para entender, para compreender a verdade."

> Se não o fizestes ainda, abri-vos com humildade e confiança ao arrependimento: o Pai de toda a misericórdia espera-vos para vos oferecer seu perdão e sua paz no sacramento da Reconciliação.

"Tu talvez não te perdoes, mas Deus é misericordioso." Nossa tarefa é ajudar a pessoa consciente do pecado a colocar-se com humildade nas mãos de Deus. Não nos salvamos sozinhos, e pedir perdão significa abandonar nossa autossuficiência, cessando de nos julgar ou de nos autocondenar para abrir-nos ao Senhor. O Pai misericordioso nos espera em casa como o filho pródigo que retorna pobre e faminto. O sacramento da reconciliação é a celebração do encontro entre a humana fragilidade e a infinita misericórdia de Deus, que perdoa.

> A este mesmo Pai e à sua misericórdia podeis com esperança confiar vosso menino.

Tu não soubeste guardar tua criança, mas agora podes confiá-la ao Pai e à sua misericórdia. Não perdeste tua criança para sempre porque o Senhor a acolheu em sua misericórdia. Não só podes pedir perdão à tua criança e chamá-la com um nome, mas podes esperar vê-la, um dia, finalmente reunidos na comunhão de Deus.

> Ajudadas pelo conselho e pela solidariedade de pessoas amigas e competentes, podereis contar-vos, com vosso doloroso testemunho, entre os mais eloquentes defensores do direito de todos à vida[12].

[12] O texto inicialmente publicado no "L'Osservatore Romano" era um pouco diverso: "Percebereis que nada se perdeu e poderíeis pedir perdão também a vossa criança, que agora vive no Senhor". O texto foi modificado na *typica* latina das AAS porque a expressão "que vive no Senhor" contradizia a opinião teológica do limbo e parecia motivada a não exprimir com suficiente clareza que a salvação

Depois do encontro com o perdão de Deus, tem início uma fase nova da vida. Não poderás fazer tudo sozinha e, às vezes, será necessário ter próximas pessoas amigas e pessoas competentes que te ajudem a superar as consequências psíquicas do trauma do aborto, mas poderás tornar tu mesma testemunha do drama do aborto e da preciosidade da vida. Quem se enganou pode voltar-se para o mundo não como um mestre impecável, mas como quem provou a miséria humana e fala por sofrida experiência.

> Por meio de vosso compromisso a favor da vida, coroado eventualmente com o nascimento de novos filhos e exercido por meio do acolhimento e da atenção a quem está mais carecido de solidariedade, sereis artífices de um novo modo de olhar a vida do homem.

Um dia não foste capaz de acolher a vida, mas de agora em diante te colocas a serviço da vida. Essa é a obra de reparação que te é pedida como ajuda no caminho de conversão e sinal de um coração novo: acolhe com gestos de amor os vazios de amor de tua existência. Assim, nas mãos da onipotência de Deus, que sempre tudo cria e recria, tua existência será transformada e regenerada.

Essas palavras, inspiradas na mais alta sabedoria pastoral, ilustram magnificamente o que significa não fazer do confessionário uma sala das torturas, mas o lugar do encontro com a misericórdia; sugerem-nos as atitudes interiores e os sentimentos do confessor e do conselheiro espiritual; exemplificam-nos as etapas de um caminho de acompanhamento da angústia e do remorso para a conversão e uma renovada vida cristã.

2. Um feto que não se pode salvar: fazer o bem possível

Algumas questões confessionais sobre o respeito à vida estão relacionadas à prática médica. Às vezes, é mais adequado aconselhar sobre dúvidas de consciência que o penitente, seja a equipe médica ou um paciente, apresenta ao confessor. As questões são muitas e dizem respeito a temas tais como o aborto, a esterilização, a

---

dessas crianças não batizadas é motivada pela esperança na misericórdia do Pai (cf. *Catechismo della Chiesa Cattolica*, 1261). Alguns anos depois, a Comissão Teológica Internacional se distancia da tese tradicional do limbo e recorda a vicissitude desse texto atormentado (cf. Commissione Teologica Internazionale, *La speranza della salvezza dei bambini morti senza battesimo*, 2007, n. 68 e nota 98).

fecundação artificial, o diagnóstico pré-natal, a proporcionalidade dos cuidados, a irritação ou a eutanásia.

Os casos de âmbito médico, muitas vezes, não são simples de enfrentar; o confessor geralmente não é um bioético, nem pode ter sempre as competências médicas necessárias para poder dar aos penitentes um conselho e um juízo bem fundamentado. Podem-se apresentar, por exemplo, situações dilemáticas em que não se é ágil para compreender se teria sido preferível prosseguir ou interromper um tratamento em certo paciente. Acontece que penitentes se acusam de ter interrompido as terapias ou não ter praticado alguma terapia aos genitores anciãos, mas depois se percebe, no diálogo, que eles agiram com consciência reta no respeito ao valor da vida. O respeito pela pessoa viva não significa, de fato, curá-la com todos os meios existentes; mas sim empregar todos os meios que concorram para seu verdadeiro bem, restituindo-lhe a saúde, se possível; ou, ao menos, melhorando sua qualidade de vida, evitando prolongar penosamente sua existência, mas não lhe causando a morte.

Um caso de consciência muito delicado é constituído por aquelas situações nas quais a gravidez constitui um risco mortal para a mãe. Tanto que se propõe procurar o aborto, o assim chamado aborto terapêutico, que é um aborto pretendido diretamente como meio mau para obter o efeito bom de salvar a vida e a saúde da mãe. Na medicina moderna, esses casos são, felizmente, muito raros e, não se podendo prever todas as diversas circunstâncias, devem ser afrontados na base de algumas orientações gerais. Quando o prosseguimento da gravidez poderia pôr em risco a vida da mãe e, portanto, também a da criança, o médico deve informar objetiva e honestamente à mulher e buscar preservar ambas as vidas, praticando as terapias disponíveis, tendo sob estreito controle o andamento da gravidez, antecipando o parto apenas quando não houver esperança de que o feto possa sobreviver.

Uma situação desse tipo pode-se verificar no curso de algumas patologias da gravidez que podem levar a urgências médicas com graves consequências, como a *coroamnionite*, uma infecção das membranas fetais, e a *pré-eclâmpsia*, devida com toda probabilidade a uma produção da parte da placenta de substâncias vasoativas que causam um estado hipertensivo potencialmente letal para a mãe e a criança[13].

[13] Veja, para aprofundar, sobre nossa intervenção: M. P. Faggioni, *Problemi morali nella preeclampsia e la corioamniomite*, in "Mediciana e Morale" 48 (2008), 483-526.

Se não for possível resolver o problema com oportuna terapia farmacológica, os moralistas, confrontados por antigos pareceres do Santo Ofício e da Penitenciaria Apostólica, admitirão sempre a licitude da antecipação do parto por via natural ou também mediante cesárea. Essa solução é certamente lícita, quando o feto é viável, isto é, pode sobreviver, com oportunas ajudas, fora do seio materno, mas muito discutida, quando o feto não é ainda viável[14].

Em nossa opinião, se não é possível salvar a vida do feto ainda não viável com os meios a nossa disposição e, ao contrário, é possível salvar a mãe, antecipando o parto, é lícito e obrigatório proceder a essa antecipação do parto, ou por via natural ou com a cesárea. Tal antecipação do parto, natural ou cesáreo, de um feto vivo, mas praticamente sem alguma possibilidade de sobreviver fora do útero, é lícito apenas quando, exaurida qualquer outra possibilidade terapêutica, constitui a única alternativa possível à morte certa tanto da mãe, como, juntamente com ela, do filho. Nesse caso o dever do médico é de não perder a única vida salvável que é a da mãe. Não se trata, aqui, de escolher entre a vida do feto e a da mãe: a vida salvável (aquela da mãe) não se preferiu à vida não salvável (a do feto) e não se preferiu exatamente porque se pressupôs que não existia alguma possibilidade de salvá-la.

A escolha livre, de fato, "a *electio* – como ensina São Tomás – não diz respeito senão às coisas possíveis"[15]. Não se trata, a rigor, de uma escolha do *male minore* porque o princípio do mal menor se aplica no caso de uma consciência perplexa, a qual, qualquer escolha que se faça em certa situação, sabe-se que realiza um mal objetivo: "*minus malum eligendum est*"[16]. A *electio* do *minus malum* pressupõe a existência de uma alternativa entre dois males inevitáveis, mas a alternativa – morte da mãe ou morte do filho –, no presente caso, não se dá. A decisão de extrair o feto destinado a morrer não depende nem de uma ponderação proporcional de bens

[14] A antecipação do parto era permitida sob a condição de se poder prover adequadamente tanto à mãe quanto ao feto. SANCTUM OFFICIUM, *Responsum ad episcopum Sinaloensem* (4.5.1898), in ASS 30 (1897-1898), 703 (anche in DS 3336): "*Partus accelerationem per se illicitam non esse, dummodo perficiatur iustis de causis et eo tempore ac modis, quibus ex ordinariis contingentibus matris et fetus vita consulatur*". Em uma resposta subsequente sobre a gravidez ectópica, exclui-se a extração do feto não viável: IDEM, *An aliquando extrahi possit ante tempus ex sinu matris foetus extrauterinus* (5.3.1902), in ASS 35 (1902-1903), 162 (anche in DS 3358). A complexa discussão teológico-moral na virada dos dois séculos é reconstituída no artigo supramencionado: FAGGIONI, *Problemi morali*, 495-501.

[15] S. TOMÁS, *Suma teológica*, I-IIe, q. 13, art. 5, resp.: "*Electiones nostræ referuntur sempre ad nostra actiones. E a autem quœ per no aguntur, sunt nobis possibilia. Unde necesse est dicere quod electio non sit nisi possibilium*".

[16] Remetemos ao nosso *Il male minore e il bene possibile*, in "Vivens homo" 25 (2015), 127-149.

pré-morais, pois não se trata de avaliar os bens em jogo e, portanto, de preferir uma vida humana, a da mãe, à outra, à do filho. Não se decide por não salvar a vida do feto, mas consta-se, todavia, que, por motivo de circunstâncias estranhas à vontade dos agentes morais, não é possível fazê-lo.

Nesse mesmo sentido, o professor Rhonheimer argumentou no caso, não diferente, da gravidez tubária, a favor da salpingostomia:

> A intervenção pode, então, ser moralmente justificada não com base em uma ponderação entre as duas vidas, a da mãe e a da criança, ou sobre uma preferência, mas *é simplesmente uma ação terapêutica para salvar a vida da mãe com base em uma situação que não tem alternativa razoável.*

E concluiu:

> Não se pode falar de uma falta de respeito pela vida do feto e não se pode nem mesmo falar de uma morte direta. Matar pode ser moralmente mau apenas se a ação é uma falta de respeito pelo valor da vida[17].

Concordamos com o ilustre moralista que nenhuma injustiça é cometida contra o filho. Para os fetos certamente não viáveis por motivo da grande imaturidade, a remoção do útero não muda sua sorte nem para melhor nem para pior; e, a bem considerar as coisas, é exatamente sua permanência no útero e no organismo, agora inóspito, a ser a causa de sua morte. Analogamente, praticava-se a cesárea para extrair os fetos ainda vivos, mas não viáveis, da mãe morta, para poder-lhes ao menos batizar[18]. Se um dia estiver disponível um útero artificial ou um meio

[17] M. Rhonheimer, *Abtreibung und Lebensschutz. Tötungsverbot und Recht auf Leben in der politischen und medizinischen Ethik*. Schöning, Paderborn 2003, 210 (a tradução do alemão e o cursivo são do autor). Para um sintético *status quæstionis* sobre o tema da gravidez tubária: G. Giovanelli, *La gravidanza tubarica. Un contributo al dibattito attuale*, in "Medicina e Morale" 58 (2008), 1013-1048.

[18] O *Rituale Romanum*, promulgado em 1614, testemunha que uma prática antiquíssima, a propósito do batismo de crianças, determinava expressamente: "Si mater prægnans mortua fuerit, foetus quamprimum caute extrahatur ac, si vivus fuerit, baptizetur". Em caso de necessidade, a intervenção por *cisão cesária* podia também ser feita pelo sacerdote, até que foi promulgado um decreto em sentido contrário, em 13 de dezembro de 1899. Impressionado pelas descobertas da embriologia de seu tempo, que induziam a supor uma animação precoce do embrião, fez-se grande promotor da *sectio caesarea* o abade Cangiamila: F. E. Cangiamila, *Embriologia Sacra*, Giuseppe Cairoli, Milano 1751.

análogo, será indicada a extração de um feto em perigo e sua transferência para um ambiente idôneo, onde possa completar seu desenvolvimento.

A remoção do feto não viável e não salvável não é determinada de modo nenhum por uma intenção homicida, ao contrário, seria cometida quando houvesse a escolha ao contrapor a vida da mãe à vida do filho e de salvar a mãe escolhendo, como meio necessário ao objetivo, a morte do filho[19]. Nós não queremos sua morte, mas devemos aceitar que não podemos impedir e manter um feto nessas condições no seio materno, além de não ser de nenhum benefício para ele, acarretaria também para a mãe, como consequência, a morte. Aqui não se dá a alternativa entre salvar ou não salvar o feto, mas entre não intervir e deixar morrer, tanto o feto como a mãe ou intervir com um parto antecipado e salvar ao menos a mãe[20].

Em conclusão, no caso de coriomnionite e pré-eclâmpsia, a indução do parto ou execução do parto cesáreo, antes da viabilidade do feto, são lícitas quando se verificam simultaneamente estas condições: encontramo-nos em uma situação de inevitabilidade e iminente perigo de vida para a mãe e para a criança; não é possível salvar a vida da criança, deixando-a no útero. Julgamos essa escolha não uma concessão, mas um dever moral. Se, de fato, for verdade que nenhum médico pode ter o dever de fazer aquilo que é tecnicamente impossível porque "ad impossibilia nemo tenetur", é, entretanto, verdadeiro que um médico, pelo dever de justiça, derivado de sua profissão, não pode abster-se de cumprir o único bem que, em certa situação, pode realizar-se, *o bem possível*.

Esse é um caso particular do mais geral princípio do *bem possível*, um princípio ético e pastoral sobre o qual muitas vezes tem voltado papa Francisco[21]. O bem possível é o bem que concretamente o sujeito moral pode e deve realizar em um momento particular de sua história: só um discernimento iluminado pode fazer-nos compreender qual seja o bem a ser realizado em uma precisa circunstância. Às vezes, não é o maior bem idealmente compreendido, mas é exatamente o bem possível para esse sujeito, nesta circunstância: é o que o Senhor pede e dá

---

[19] Em caso como esse poderíamos falar de *parto antecipado* mais do que *aborto indireto*, expressão eticamente correta, mas que pode tornar-se enganosa. Cf. RODRÍGUEZ LUÑO, *La valutazione teologico morale dell'aborto*, in E. SGRECCIA – R. LUCAS LUCAS (curr.), *Commento interdisciplinare*, 423.

[20] Para essa alternativa e apenas para ela se poderia pensar em uma forma de *minus malum*, entendido em sentido teleológico com escolha voltada para minimizar o mal pré-moral produzido pela situação: a antecipação do parto permite evitar uma morte, a abstenção comporta duas mortes. Não é esta, porém, a leitura do princípio, especialmente na moral alfonsiana.

[21] Cf. FRANCISCO, *Evangelii gaudium*, n. 44; *Amoris laetitia*, n. 305; *Gaudete et exsultate*, n. 50.

a graça de realizar. Quando isso é colocado em uma perspectiva de desenvolvimento temporal, podem intervir, na precisão do bem possível, tanto mudanças de circunstâncias, quanto processos de crescimento moral, que levam o fiel a empenhar-se em um bem mais alto e mais exigente. No caso que temos examinado, o bem possível se apresenta, ao contrário, de modo pontual e não admite percursos de crescimento, mas só uma decisão sábia e tempestiva[22].

3. Uma criança sem esperança: fazer o melhor interesse

Um aspecto particular do discernimento, no âmbito do cuidado e da tutela da vida, verifica-se quando se deve decidir por um pequeno paciente. Os critérios de proporcionalidade dos cuidados, de rejeição da precipitação quanto da eutanásia que valem para os adultos são estendíveis também às decisões que dizem respeito às crianças pequenas; mas todo o processo assume características próprias pela falta do último sujeito de decisão. O pequeno paciente não tem opinião ou preferências ou uma ideia do que seja uma vida boa, mas são adultos, médicos e genitores a terem de decidir por ele. No caso das crianças pequenas, o critério de discernimento fundamental é aquele do melhor interesse (o *best interests* dos americanos)[23], declinação do princípio de beneficência.

À luz dos valores cristãos, compreendemos o melhor interesse como inclusivo de qualidade e inviolabilidade da vida. Para muitos, esses dois valores são entre si opostos e inconciliáveis, pois corresponderiam definitivamente a dois modos de pensar a ética; mas, de nosso ponto de vista, as coisas são muito diversas porque sentimos os dois valores como radicados ambos na pessoa; devemos sempre agir de modo a defender e promover o valor da vida, e isso comporta não agir jamais contra a vida, mas defendê-la sempre e agir sempre para lhe melhorar a qualidade. O direito de existir de toda criança comporta o direito de ser acolhida sem condições, o direito aos cuidados, o

[22] A dimensão temporal torna-se relevante se nos colocarmos na perspectiva do progresso biomédico, para que amanhã possa tornar-se tecnicamente possível aquilo que, no estágio atual da medicina, é ainda impossível; isso levaria a discernir diversamente o bem concretamente possível em alguma situação.

[23] No *melhor interesse*, ver M.L. Di Pietro - M.P. Faggioni, *Bioetica e infanzia. Dalla teoria alla prassi*, Dehoniane, Bologna 2014, 61-68. Todo o volume, articulado por caso, exemplifica o processo de discernimento clínico. Um resumo dos critérios de decisão em pediatria: C. Bellieni, G. Buonocore, *Linee-guida di bioetica in Pediatria e Neonatologia*, in "Studia Bioethica" 10 (2017), 3, 50-55.

direito a não sofrer inutilmente, o direito de morrer em paz. Por motivo da inviolabilidade da vida, a eutanásia, sob qualquer forma, vale dizer, um comportamento focado em procurar a morte, é ilícita, mas é também ilícito praticar terapias que não melhoram a qualidade da vida da criança ou servem apenas para fixá-la em condições de vida penosas, impedindo o natural chegar da morte. Por motivações de natureza emotiva e, por certa imprevisibilidade na resposta dos pequenos às nossas intervenções terapêuticas, perfila-se, não raramente, o risco de cair nos dois extremos da precipitação e do abandono terapêutico, quando não, a eutanásia passiva.

O adulto, além disso, pode exprimir um consentimento informado no contexto do diálogo com o cuidador, embora aqui nenhum dos sujeitos adultos, nem médico nem pais, pode agir como um delegado do pequeno. Também no caso dos pais é, contudo, sempre uma decisão substitutiva. Há quem julgue o médico mais autorizado para decidir, porque detentor das competências necessárias e mais lúcido que os pais no individuar o melhor interesse de cada criança. Outros, e não erradamente, pensam que a última palavra cabe aos pais, por motivo das ligações emotivas com o pequeno e pelo fato de serem os responsáveis naturais de seus filhos. Seria desejável prevenir sempre a um discernimento conjunto e convergente do melhor interesse da criança, assegurando que o melhor interesse será sempre especificado na perspectiva dos adultos. Às vezes, os médicos julgam as decisões dos genitores, tanto refutando terapias, tidas como necessárias, quanto pedindo terapias inúteis ou danosas, não correspondendo ao melhor interesse das crianças, e são obrigados a recorrer ao juiz da infância. Alguém propôs ressaltar esse aspecto da bioética pediátrica formulando um princípio complementar àquele de melhor interesse, o princípio do não prejudicar, em inglês *harm principle*[24]. O princípio aplicar-se-ia de modo particular para justificar a intervenção coercitiva do Estado no caso de os pais recusarem realizar na criança os cuidados necessários ou escolherem procedimentos que resultam muito pouco eficazes ou, ao contrário, insistirem em querer submeter seus filhos a procedimentos inúteis ou verdadeiramente danosos.

Emblemático é o caso do pequeno Charlie Gard, que agitou e comoveu a opinião pública europeia. Charlie era uma criança inglesa nascida em 4 de agosto de 2016 e portadora de uma rara patologia mitocondrial, que causa graves alte-

---

[24] D.D. Diekema, *Parental Refusal of Medical Treatment: The Harm Principle as Threshold for State Intervention*, in "Theoretical Medicine" 25 (2004), 243-264.

rações metabólicas e que se manifesta com encefalopatia, hipotonia muscular e insuficiência respiratória. Crianças com essa patologia são mantidas em vida pela ventilação, pela nutrição e pela hidratação artificiais; mas, mesmo assim mantidas, morrem em tempo muitíssimo breve, e a sobrevivência de Charlie era insolitamente longa em relação aos casos até hoje estudados; isso induzia a pensar em uma forma com decurso mais lento ou menos invasiva.

Existem situações clínicas em que a insistência em praticar tratamentos médicos e cirúrgicos não é razoável, porque são totalmente ineficientes para sustentar uma vida que está acabando ou porque eles são, em si mesmos, motivo de inútil sofrimento. Charlie, porém, não era ainda terminal, nem ventilação, nutrição e hidratação artificiais eram para ele tão pesadas para aconselhar sua suspenção. Porque, então, uma criança, ainda que gravemente doente e encaminhada a um êxito infausto, deveria ser morta antecipadamente, subtraindo recursos vitais indispensáveis? A paradoxal justificação da irrevogável sentença de morte que atingiu Charlie é que esse seria seu "melhor interesse". Percebe-se, por trás dessa decisão, uma atitude mental que está inquinando as raízes da prática médica, as legislações e o sentimento difuso: a ideia de que os seres humanos com baixa qualidade de vida, porque marcados pela desvantagem ou pela doença, tenham uma dignidade e um valor inferiores aos outros e que, não só, não seria razoável gastar com eles preciosos recursos que poderiam ser destinados de outra forma, mas que, de qualquer forma, não é razoável empenhar-se em sustentá-los em vida. É a cultura do descarte, que foi assumida em alguns protocolos e linhas-guia, como no *protocolo di Groningen*, na falta da boa prática médica e do qual o caso Charlie se tornou símbolo dramático, com o agravante de que, nesse caso, a medicina, reforçada pela lei, impôs-se à vontade contrária dos pais.

Charlie estava afetado por uma patologia que não tinha cura, mas incurável não significava não cuidável. Quando não se pode curar, pode-se cuidar; e quando as terapias não podem incidir positivamente na sorte inelutável de um paciente, permanece o dever de acompanhá-lo, com o melhor dos meios, até o fim. Aqui, ao contrário, a carente traqueotomia, depois de tantos meses de ventilação assistida, fez suspeitar que a intenção de pôr término aos recursos vitais estivesse presente desde o início na mente dos médicos. O procedimento eticamente correto é aquele de praticar cuidados paliativos e de continuar o recurso vital até que ele se demonstre útil para sustentar a vida da criança. O recurso seria suspenso quando se demonstrasse que exatamente ele era causa de sofrimento para a criança e deveria ser atenuado e eventualmente suspenso se houvesse motivo para um prolongamento penoso da vida. Esta é a primeira questão: como acompanhar a criança para uma morte inevitável, evitando formas de apressamento.

O caso se complicou porque um cientista americano sustentou a possibilidade de uma cura experimental, até então experimentada apenas em ratos, e que poderia melhorar a sintomatologia de Charlie e bloquear a doença. A terapia, não resolutiva, consistiria na subministração de precursores de metabolismos naturais – chamados nucleotídeos –, que são ordinariamente produzidos nas células do corpo de qualquer indivíduo, desde antes do nascimento e por toda a vida, e que são, porém, carentes, nos mitocôndrios dos pacientes afetados pela síndrome da depleção do DNA mitocondrial, que Charlie apresentava. No caso de uma terapia apenas experimental e de eficácia muito hipotética, os genitores não seriam obrigados a praticá-la, mas não seria contra o interesse da criança praticá-la, se ela tem fundamento científico e não comporta riscos desproporcionais à criança. Ela, de fato, representa uma última possibilidade para atenuar a gravidade dos sintomas e retardar o progredir do quadro para a morte. Os médicos se opuseram também a essa última possibilidade, amparados por juízes. Depois de uma batalha midiática e científica, Charlie foi transferido para um hospital em 27 de julho de 2017 e, suspensos os recursos vitais, faleceu no dia seguinte.

Acontece, todavia, na prática diária, que os genitores devam, talvez, render-se diante da inexorabilidade de uma doença de seus filhos; e é ingrata a obrigação dos médicos de conduzi-los a abandonar esperanças ilusórias e aceitar a realidade; mas, nesse caso, os dois genitores parecem ter sido desautorizados de qualquer decisão sobre como, onde e quando largar a mão de sua criança. Sua necessidade de tempo para elaborar foi subvertida pela vontade de levar rapidamente a término a situação, apressando o resultado mortal.

ASPECTOS DA MORAL SEXUAL NO SACRAMENTO DA RECONCILIAÇÃO

Maurizio Pietro Faggioni[1]

Por meio dos sacramentos da iniciação cristã, o homem recebe a vida nova em Cristo. Essa vida nova, porém, nós hoje a trazemos em "vasos de barro" (2Cor 4,7). Ela deverá plenamente se revelar e está ainda "escondida com Cristo em Deus" (Cl 3,3). A vida nova deve, pouco a pouco, invadir todas as fibras do homem velho e transformá-lo no homem novo, que foi recriado em harmonia com Cristo. É um caminho lento, que parte da fonte batismal e que dura toda a existência, conhecendo momentos de fervor e momentos de cansaço, até contratempos ou mesmo desvios da vida reta do Evangelho.

Isso é particularmente verdadeiro no âmbito da sexualidade. Também do ponto de vista puramente humano, o desenvolvimento harmonioso da sexualidade de cada um não é sempre linear e pode ser dificultado por numerosos fatores de perturbação. A isso se acrescente a ferida que o pecado original produziu no coração humano, obscurecendo o projeto de amor a respeito da sexualidade e do matrimônio que o Criador quisera "in principio" (Mt 19,8). Nesse campo, o desejo de verdade e de transparência se encontra com nossa fragilidade, com os limites psicológicos, com os influxos negativos do ambiente. O pastor de alma, no confessionário e fora, acha-se, muitas vezes, em situação de ter de enfrentar problemáticas referentes a esse respeito e quase sempre se apresentam situações psicologicamente delicadas e moralmente difíceis.

1. O crescimento moral do crente

Os sacerdotes são homens a serviço do crescimento para a plena maturidade em Cristo, tanto dos simples fiéis quanto da comunidade, em sua complexidade[2].

[1] Professor ordinário de Teologia moral sistemática na Academia Alfonsiana de Roma.

[2] Para esse aspecto, fazemos referência sobretudo a B. Petrà, *Fare il confessore oggi*, Dehoniane, Bologna 2012, 29-69.

Para realizar isso o sacerdote não pode ser um simples porta-voz das palavras de um Cristo ausente, mas deve saber ser transparência de Cristo presente e deve colocar-se ao lado de cada fiel, para fazer-se companheiro de caminhada, como fez o Senhor na estrada para Emaús.

Esse crescimento pessoal e comunitário se desenvolve segundo duas diretrizes, intimamente compenetradas entre si e em vital relação: o crescimento no reto crer (ortodoxia) e o crescimento no reto agir (ortopráxis). Ocorre, portanto, ajudar a interiorizar os valores evangélicos e o modelo ético cristão que se identifica, em última análise, com o próprio Jesus Cristo, lei pessoal e norma vivente. Impelir a uma uniformização passiva à lei, sem uma interiorização pessoal dos valores evangélicos, seria um nocivo *moralismo*. Transmitir uma normatividade comportamental, sem lhe explicitar o fundamento cristológico, seria sufocar os fiéis com "*a letra que mata*", sem conduzi-los a acolher nos corações "*o Espírito, que vivifica*" (cf. 2Cor 3,6). Uma vez recebido o anúncio do Evangelho e dos valores evangélicos fundamentais, o crente deve acolhê-lo no profundo do coração, como um bem a realizar, e deve iniciar a praticar os valores interiorizados, nas situações concretas e mutáveis da existência. Todos esses momentos são animados por uma única vontade, a de converter-se e crer no Evangelho. Nossa tarefa de sacerdote é anunciar, testemunhar, acompanhar o crente em seu percurso de uma vida coerente com a fé professada.

O sacramento da reconciliação deve ser inserido nesse mais amplo caminho da educação e de crescimento: não podemos carregar todo o peso do crescimento moral dos fiéis no sacramento da penitência, nem fazer do confessionário, ordinariamente, um lugar de anúncio ou de catequese. Creio que seja útil, nesse ponto, dar algumas indicações para distinguir os diversos âmbitos e contextos, nos quais se desenvolve o crescimento moral do fiel, cada um com suas especificidades e suas características.

– O *lugar do anúncio*. O modelo ético cristão deve ser apresentado em sua integridade – tendo obviamente em conta circunstâncias, oportunidade da sensibilidade, receptividade e utilidade dos destinatários – na pregação dominical, no curso dos itinerários formativos das associações católicas, nas catequeses voltadas a grupos particulares (por exemplo, noivos, esposos, pais de criança a ser batizada), nas catequeses gerais e nos centros de escuta, durante as missões ao povo. A apresentação da moral sexual, tanto em sentido positivo, como convite a viver com fidelidade o projeto de Deus sobre o amor humano, quanto como individuação e reprovação dos comportamentos desordenados, deve estar apresente de modo equilibrado na instrução do povo de Deus.

> No anúncio do Evangelho, é necessário que haja uma proporção adequada. Esta reconhece-se na frequência com que se mencionam alguns temas e nas acentuações postas na pregação. Por exemplo, se um pároco, durante um ano litúrgico, fala dez vezes sobre a temperança e apenas duas ou três vezes sobre a caridade ou sobre a justiça, gera-se uma desproporção, acabando obscurecidas precisamente aquelas virtudes que deveriam estar mais presentes na pregação e na catequese. E o mesmo acontece quando se fala mais da lei do que da graça, mais da Igreja do que de Jesus Cristo, mais do Papa do que da Palavra de Deus[3].

– O *lugar da verificação e do perdão*: o sacramento da reconciliação é o lugar da verificação da coerência da vida cristã com a fé no Cristo morto e ressuscitado; é o lugar do confronto entre nossa vida concreta e a vontade de Deus, que a mim revela meu progresso de perfeição evangélica; é o lugar em que a misericórdia nos regenera na graça batismal.

À luz da misericórdia de Deus, a percepção de sermos infiéis aos valores genuínos da sexualidade humana não nos aprisiona a um senso de culpa frustrante e destrutivo, mas se abre à alegria do perdão e à certeza de que existe sempre, para além do pecado, a esperança. A luz da verdade de Deus me revela quem sou positivamente, no bem e no mal; mas essa não é uma revelação humilhante e desesperadora, porque a luz da verdade de Deus está sempre também com uma luz de confiança e de esperança, que abre ao homem um caminho de superação e de plenitude.

– O *lugar do acompanhamento pessoal*. Na direção espiritual – hoje melhor chamada de *acompanhamento espiritual* ou relação de ajuda espiritual –, a pessoa é ajudada a reconhecer os sinais da passagem de Deus em sua vida e a deixar-se plasmar e, por assim dizer, cinzelar pelo Espírito do Senhor, ao longo de um caminho de busca sin-

[3] Francisco, Exortação apostólica *Evangelii gaudium*, 24.11.2013, n. 38.

cera e apaixonada da vontade do Pai, que lentamente conforma a criatura humana ao próprio Filho de Deus. A *direção espiritual*, se necessário útil e integrada com as indicações fornecidas por uma sadia pedagogia de inspiração cristã, permanece um instrumento essencial no caminho de crescimento pessoal em direção à santidade.

Essas indicações são de caráter geral porque as diversas circunstâncias e as necessidades concretas dos simples fiéis devem guiar-nos sabiamente, independentemente de qual seja, de tempo em tempo, o comportamento e o estilo pastoral mais justo. A situação de um pároco, por exemplo, não é certamente aquela de um confessor em um santuário. O pároco pode cultivar sua comunidade por meio da catequese dominical, a celebração dos sacramentos e a relação pessoal com os seus fiéis, nos diversos momentos de sua vida, e as celebrações da reconciliação se configuram, por isso, como momento forte de um caminho articulado. Bem diversa a situação do confessor de um santuário, por exemplo, ou do confessor de um penitente ocasional; eles encontram fiéis que geralmente não conhecem e que, muitas vezes, não mais voltarão a vê-los; além disso, quase sempre, trata-se de fiéis há anos longe do confessionário.

Segundo as prudentes indicações do *Vademecum per i confessori*[4], quando se aproxima do sacramento da penitência um penitente ocasional, que se confessa depois de longo tempo e mostra uma situação geral grave, será oportuno demonstrar alegria no acolhê-lo, sem pretender tudo muito rapidamente (o zelo pode estragar um encontro, longamente preparado pela graça de Deus); quando ele se demonstra impaciente ou mecânico e impessoal na acusação, é preciso ajudá-lo a olhar para sua vida, de maneira geral, recolocando-se diante de Deus e percorrendo os diversos âmbitos de sua existência; por exemplo, sua vida de esposo, de pai, de cidadão, de filho da Igreja. Pode acontecer de surgirem distorções verdadeiramente graves no âmbito da vida sexual e matrimonial e se perceber que o penitente está honestamente disposto a superá-las, mas o confessor julga que – pela delicadeza e complexidade da matéria ou pela capacidade do penitente – esses problemas não podem ser tratados, de modo adequado, em sede sacramental ou naquele momento. Nessa situação, absolver-se-á, sem dúvida, o penitente; mas o advertirá de que, para bem prosseguir o caminho iniciado, deverá recorrer a um sacerdote de sua confiança, dessa forma corrigir este ou aquele aspecto de sua vida, que não se encontra em sintonia com a moral católica.

[4] Pontificio Consiglio per la Famiglia, *Vademecum per i confessori su alcuni temi attinenti alla vita coniugale*, 12.2.1997, LEV, Città del Vaticano 1997, 3.3.

2. A SEXUALIDADE ENTRE FIDELIDADE E TRANSGRESSÃO

Quando tratamos de sexualidade, falamos de uma dimensão essencial da pessoa. Escreveu a Congregação para a doutrina da fé no *incipit* de *Persona humana*, publicada no ano 1975:

> A pessoa humana, segundo os dados da pesquisa científica contemporânea, é tão profundamente afetada pela sexualidade, que esta deve ser considerada como um dos fatores que conferem à vida de cada um dos indivíduos os traços principais que a distinguem. É do sexo, efetivamente, que a pessoa humana recebe aqueles caracteres que, no plano biológico, psicológico e espiritual, a fazem homem e mulher, condicionando por isso, em grande escala, sua consecução da maturidade e sua inserção na sociedade[5].

Tendo presente essa verdade antropológica, podemos compreender bem que não pode haver um crescimento harmonioso da vida cristã, sem uma conversão do coração que oriente toda a nossa realidade sexual ao Senhor e, por esse motivo, qualquer desordem sexual, mais ou menos grave, fere a pessoa em sua totalidade.

Mas qual é, em perspectiva teológica, o sentido humano da sexualidade? Um belo texto do *Catecismo* o exprime de modo sintético:

> A sexualidade afeta todos os aspectos da pessoa humana, em sua unidade de corpo e de alma. Diz respeito particularmente à afetividade, à capacidade de amar e de procriar e, de uma maneira mais geral, à aptidão para criar vínculos de comunhão com os outros[6].

O ethos do povo de Deus intuiu como qualificador e irrenunciável o nexo entre sexualidade e comunhão interpessoal: eu devo estar com você em reciprocidade. Esse é o projeto divino sobre a sexualidade, que é revelado em toda a sua beleza, à luz da *pré-história teológica*, como dizia frequentemente João Paulo II, em sua *Catechesi*: o homem na dualidade originária de homem e mulher é criado

[5] CONGREGAZIONE PER LA DOTTRINA DELLA FEDE, *Dichiarazione su alcune questioni di etica sessuale. Persona humana*, 29.12.1975, n. 1.

[6] *Cathechismus Catholicæ Ecclesiæ*, n. 2332.

à imagem do Deus comunhão, por isso permanece inscrita em si uma vocação à comunhão esponsal que se encarna no você do filho.

O povo de Deus faz também a experiência que, no caminho da história humana e de sua própria história, passa do projeto do Criador à concreta configuração do caminho do homem e da mulher no tempo; a sexualidade, embora conservando sua originária positividade e sua promessa de verdade plena, aparece *violada* e, antes, como *via e lugar de violação* do chamado à comunhão do ser humano.

No início da sexualidade violada, há aquela que se pode chamar de *uma transformação do olhar*, do modo como o homem olha para a mulher e a mulher olha para o homem. Do olhar *puro* na condição da nudez originária para o olhar *não mais puro*: "Então os olhos de ambos se abriram e, percebendo que estavam nus, juntaram folhas de figueira e fizeram tangas para si" (Gn 3,7). O homem e a mulher percebem estarem nus, descobrem sua vulnerabilidade, sua fraqueza. Percebem estar sendo olhados de modo não autêntico, não respeitoso. Trata-se do olhar desejoso de que fala também o Senhor no Evangelho (cf. Mt 5,28) e que, no conjunto da revelação e da tradição, aparece sempre mais identificado com a *epithymìa*, a concupiscência. Segundo São João, a concupiscência do olhar é, juntamente com o orgulho da vida e a concupiscência da carne, uma das três expressões da existência concupiscente[7].

O olhar concupiscente é incapaz de contemplar e admirar-se, pois é todo voltado para a posse e o uso. Não tende à unidade corporal como um gesto que sanciona a saída da imaturidade para doar-se ao outro / para receber o outro como um ente querido, como uma palavra da comunhão de vida, como figura física da única história, como geração do futuro da família de Deus. Isso tende, ao contrário, a dar-se / receber-se dos dois vistos como *fontes* de prazer, como ocasião de bem-estar. Trata-se de um modo sutil de transformar o homem e a mulher em coisas agradáveis e gratificantes, colocáveis na lista e na série das tantas coisas que produzem efeitos agradáveis, enquanto coisas substituíveis e alternáveis. A concupiscência é um olhar radicalmente não autêntico sobre o outro, de modo particular sobre o outro enquanto pessoa sexuada.

O pecado sexual, nessa perspectiva, aparece como a falência e a traição do amor. Trair a natureza intimamente pessoal e relacional da sexualidade é trair a si mesmo e aos outros como pessoas. Todas as vezes que a intimidade sexual é vivida fora do contexto do amor conjugal trai-se o sentido humano da sexualidade; no contexto matrimonial,

[7] "Pois tudo o que existe no mundo – a concupiscência da carne, a concupiscência dos olhos e a soberba da vida – não vem do Pai, mas do mundo" (1Jo 2,16).

a relação entre sexualidade e abertura à comunhão autêntica é traída cada vez que a sexualidade é vivida de modo egoístico, violento, manipulador. A linguagem corpórea da sexualidade é falsificada e torna-se mentira quando é levada a significar um sentido que contradiz a *antecipação de sentido*, de que é portadora a corporeidade mesma, o significado esponsal da sexualidade. Os exemplos são múltiplos: unir-se violentamente a um parceiro sexual, em um gesto que deveria significar vontade de comunicação e que exprime, ao contrário, uma violência intencional; impor à outra pessoa relações sexuais em que esta não pode compreender porque é criança ou não pode recusar porque está em condições de sujeição; negar intencionalmente o bem da fecundidade que está inscrito nos significados humanos da sensualidade; empenhar-se como pessoa sexuada, ali onde não se dá alteridade sexual plena, como se verifica nas relações homossexuais.

O Senhor redimiu o homem, o homem todo, incluindo sua sexualidade, essencial ao homem, a fim de que a redenção do homem e sua sexualidade não sejam verdadeiramente separáveis.

3. A LEI FUNDAMENTAL DO CRESCIMENTO

O progresso na vida cristã, na dimensão tanto do crer como do agir, acontece sob o influxo da graça de Deus e está, portanto, no âmbito da teologicidade. De outra parte, tanto o ato do crer quanto o empenho do viver são postos pela pessoa humana e seguem, portanto, dinâmicas humanas, segundo o axioma Escolástico que "*gratia non tollit naturam, sed perficit*".

O caminho de comunicação, interiorização, atuação da verdade moral será gradual, e desta fundamental lei da vida moral, chamada lei da gradualidade, necessitará sempre ter em conta. A *lei da gradualidade* opera, antes de tudo, na consciência da verdade moral, que não é apenas intelectual, mas exatamente moral e, portanto, não deve ser só conhecida como existente, mas acolhida como atraente e obrigante. Em segundo lugar, essa gradualidade opera na atuação da verdade conhecida e não só porque ninguém pode atuar mais do que compreender, mas também porque, não raramente, a humana fragilidade nos impede de atuar naquilo que compreendemos e deliberamos. A lei da gradualidade – como nos recorda *Familiaris consortio*, n. 348 – não pode ser confundida com a *gradualidade da lei*, como se existissem diversas verdades morais para os diversos fiéis ou como se pudéssemos renunciar a fazer crescer os fiéis em direção à plenitude da vida cristã, contentando-nos com vidas medíocres e desempenhadas[8].

Ela – reafirma-se na *Amoris laetitia* 295 – "Não é uma *gradualidade da lei*, mas uma gradualidade no exercício prudencial dos atos livres em sujeitos que não estão em condições de compreender, apreciar ou praticar plenamente as exigências objetivas da lei. Com efeito, também a lei é dom de Deus, que indica o caminho; um dom para todos, sem exceção, que se pode viver com a força da graça, embora cada ser humano 'avance gradualmente com a progressiva integração dos dons de Deus e das exigências de seu amor definitivo e absoluto em toda a vida pessoal e social'".

Será tarefa do confessor ter conjuntamente o horizonte de verdade que é representado pelo ideal evangélico e a condição atual do fiel (em psicologia, falar-se-ia de *Eu ideal* e de *Eu atual*). Às vezes, será necessário mostrar ao fiel a meta que para ele é concretamente alcançável naquele momento, e, alguma vez – sem jamais aconselhar ou aprovar o mal –, dever-se-ão tolerar transitoriamente situações de imperfeição ou, na verdade, desordem moral objetiva, mas subjetivamente não advertido ou não plenamente advertido como tal ou que o fiel ainda não tem a força de superar, embora o desejando sinceramente.

Em última análise, cada um de nós é chamado a fazer o bem possível, isto é, aquele bem para o qual o Senhor hoje nos chama e pelo qual nos sustenta com a sua graça. Ensina, a esse propósito, o santo padre na encíclica *Evangelii gaudium*:

> Sem diminuir o valor do ideal evangélico, é preciso acompanhar, com misericórdia e paciência, as possíveis etapas de crescimento das pessoas, que se vão construindo dia após dia. Aos sacerdotes lembro que o confessionário não deve ser uma câmara de tortura, mas o lugar da misericórdia do Senhor, que nos incentiva a praticar o bem possível. Um pequeno passo, no meio de grandes limitações humanas, pode ser mais agradável a Deus do que a vida externamente correta de quem transcorre seus dias sem enfrentar sérias dificuldades. A todos devem chegar a consolação e o estímulo do amor salvífico de Deus, que opera misteriosamente em cada pessoa, para além de seus defeitos e de suas quedas[9].

[8] João Paulo II, Exortação apostólica *Familiaris consortio*, 22.11.1981, n. 34. Cf. *Vademecum per i confessori*, 3,9.

[9] Francisco, Exortação apostólica *Evangelii gaudium*, n. 44.

Um caso típico é constituído pela pastoral sacramental das pessoas homossexuais.

Os atos homogenitais não correspondem à compreensão cristã da sexualidade humana e de suas dinâmicas, pelo que a pessoa homossexual é convidada pela Igreja a viver *em continência*. No difícil caminho para o pleno domínio dos estímulos homoeróticos, o pastor deverá saber propor, segundo uma lógica de razoável gradualidade, metas adequadas à situação concreta do sujeito. Comentando no "L'Osservatore Romano" a *Lettera sulla cura pastorale*, padre Kiely, psicólogo da Gregoriana, destacou que, "de fronte à fraqueza que se pode encontrar em algumas pessoas homossexuais (como em outras pessoas), será útil ter presente a ideia da 'lei da gradualidade'"[10]. "Em outras palavras – ele concluía –, é preciso proteger a pessoa do desencorajamento, ainda que o caminho para uma vida de castidade cristã apresente dificuldades especiais e seja acompanhado por falências repetidas"[11].

A lei da gradualidade se inscreve entre as exigências concretas de um caminho que se move, passo a passo e, muitas vezes, de modo descontínuo, para a plenitude da vida moral: esta pede verdade na meta e paciência no caminho. Para acompanhar frutuosamente a pessoa homossexual nessa empenhativa proposta moral, é preciso ser, sinceramente, persuasivo de que cada um, a partir da própria realidade, pode dirigir-se longamente em um itinerário de crescimento espiritual e de autêntica santidade cristã. O importante é não ter nem pressa no alcançar resultados, nem desconfiança nas capacidades da pessoa e no amparo que vem da graça, da oração e dos sacramentos. O *Catecismo da Igreja Católica* acena também para a ajuda que pode vir de uma amizade desinteressada e gratuita, isto é, uma amizade privada de conotações eróticas ou progressivamente esvaziada dessas conotações – se as havia – que dê à pessoa o apoio afetivo de que todo ser humano tem necessidade[12].

---

[10] B. Kiely, *La cura pastorale delle persone omosessuali. Nota psicologica*, "L'Osservatore Romano" 14.11.1986, 1. (ora in Congregazione per la dottina della fede, *Lettera sulla cura pastorale delle persone omosessuali. Testo e commenti*, LEV, Città del Vaticano 1995, 59).

[11] Kiely. *La cura pastorale delle persone omosessuali*, 1.

[12] Cf. *Catechismus Catholicæ Ecclesiæ*, n. 2359:"*Amicitiæ gratuitæ auxilio*". Tem-se debatido sobre as formas concretas do percurso pastoral: para alguns se fala de apoio emotivo, que pode oferecer um grupo de acolhida; outros se perguntam se, no contexto de um caminho para a continência, possa aceitar-se, dendro de quaisquer limites, uma amizade homossexual. Não seja subavaliado o risco de introduzir *de fato* uma gradualidade da lei ou criar, seja como for, ocasiões de queda. Ver: D. Pezzini, *Per un cammino di vita interiore della persona omosessuale*,"CredereOggi" 20 (2000), 73-97. S. Teisa, *Omosessualità e vita morale. Tentativo di approccio integrale* (Theses), Roma 2001, 224-249.

4. Os diversos graus da imputabilidade

Na *Evangelii gaudium*, o santo padre nos dá importantes indicações sobre os critérios de avaliação da imputabilidade moral quando afirma que

> tanto os Pastores como todos os fiéis que acompanham seus irmãos na fé ou em um caminho de abertura a Deus não podem esquecer aquilo que ensina, com muita clareza, o *Catecismo da Igreja Católica*: "A imputabilidade e responsabilidade de um ato podem ser diminuídas, e até anuladas, pela ignorância, inadvertência, violência, pelo medo, pelos hábitos, pelas afeições desordenadas e por outros fatores psíquicos ou sociais"[13].

No fundo, delineia-se um dos temas fundamentais da moral, aquele da liberdade em relação à atuação do bem: não há culpa ou não há culpa grave lá onde não há liberdade ou esta resulta limitada. A questão da imputabilidade poderia, pois, ser impostada como o discernimento dos diversos contextos pessoais no exercício da liberdade.

4.1. Ignorância

O tema da ignorância da lei moral é muito complexo. Para lhe compreender o sentido e alcance, devemos recordar as particulares características da consciência moral. Esta não é uma consciência puramente intelectual ou especulativa, mas é a percepção da verdade moral enquanto obrigante para a consciência. Necessita, por isso, distinguir o plano objetivo da verdade moral do plano subjetivo da percepção dela.

É possível haver seja um erro não culpável de juízo em uma situação, seja uma autêntica e própria ignorância pela qual ou se ignora até a existência de uma norma moral ou não se lhe percebe o sentido e, portanto, a relativa obrigação[14].

A ignorância subjetivamente invencível – sobretudo no campo dos preceitos secundários da lei natural, como a proibição de contracepção ou a proibição de

[13] Francisco, Exortação apostólica *Evangelii gaudium*, n. 44.

[14] Cf. João Paulo II, Exortação apostólica *Familiaris consortio*, n. 33: "[A Igreja] sabe que muitos cônjuges encontram dificuldades não só para a realização concreta, mas também para a própria compreensão dos valores ínsitos na norma moral".

relações pré-matrimoniais – é possível, e onde falta o conhecimento de pecado não pode jamais dar-se pecado moral, também em matéria grave[15].

A esse ponto se coloca o problema do comportamento adequado por parte do confessor.

Em geral, em situação de ignorância, é preciso iluminar os fiéis porque dar luz é um dever de caridade pastoral. De fato, é verdade que "o mal cometido pela pessoa não lhe poderá ser imputado. Mas nem por isso deixa de ser um mal, uma privação, uma desordem. É preciso trabalhar, pois, para corrigir a consciência moral de seus erros"[16]. Em situações particulares, porém, ocorre ter presente o princípio alfonsiano "segundo o qual é preferível deixar o penitente em boa fé em caso de erro devido à ignorância invencível, quando se prevê que o penitente, embora orientado a viver no âmbito da vida de fé, não modificaria a própria conduta, antes passaria a pecar formalmente"[17]. A luz, de fato, oferecida pelo confessor tem o objetivo de orientar o fiel em seu percurso de conversão e de crescimento, não o fixar ainda mais em sua culpa.

Também, nesses casos, é preciso preparar o fiel, com a oração e a instrução, para um conhecimento mais pleno da verdade moral; permanecendo firme que ele deve ser, em todo caso, iluminado quando o bem lesado é um valor absolutamente irrenunciável e dano grave para pessoas inocentes. Na prática, podemos adiar uma explicação mais precisa, se o fiel estiver convencido em boa fé de que o coito interrompido seja um método natural; não poderemos jamais calar se uma mulher crê, em boa fé, que a espiral seja um método anticoncepcional e não sabe que é, em vez disso, um método potencialmente abortivo.

4.2. Atitudes

O vício é definido como *habitus operativus malus* e, uma vez estruturado no indivíduo, tende a repetir o ato, sempre autorreforçando. Quando um fiel começa um caminho de conversão de uma vida distante do ideal cristão, podem permanecer nele, mais ou menos fortes e enraizados, hábitos e atitudes desordenados, que

[15] Cf. *Vademecum per i confessori*, 3.7.

[16] *Catechismus Catholicæ Ecclesiæ*, 1793. cf. João Paulo II, Carta encíclica *Veritatis splendor*, 6.8.1993, n. 63.

[17] *Vademecum per i confessori*, 3.8. É pressuposta a diferença entre uma transgressão apenas material de um preceito (sem conhecimento) e uma transgressão formal (com conhecimento e, portanto, em linha de princípio imputável).

o inclinam a repetir comportamentos que ele agora sabe não ser compatíveis com a retidão de uma vida cristã. Como avaliar essas situações?

Tomemos o exemplo de um fiel que confessa ter olhado na internet, com satisfação erótica, imagens de natureza pornográfica. Quando se trata de uma queda ocasional, ligada a circunstâncias particulares ou à curiosidade transitória, o confessor não insistirá demasiado no comportamento que foi colocado no ato do penitente, porque ele quase certamente não o repetirá, não tendo o hábito de consumir pornografia. Quando se trata de reincidência frequente na mesma culpa, a sabedoria da tradição nos ensina a distinguir os pecadores habituais que, tendo contato no passado com esse cativo hábito, têm quedas também frequentes, mas estão se empenhando em um sério caminho de crescimento, e os reincidentes, que são habituados a consumir pornografia, acusam-se ou minimizam e não fazem nada para se superar. Com os habitudinários requer grande sabedoria pastoral, mas também uma orientação segura porque, às vezes, cai-se definitivamente na dependência da pornografia; com os reincidentes, que não estão suficientemente dispostos ao sacramento, a primeira tarefa do pastor é a de iluminar a consciência deles e de iniciar com eles um diálogo, na verdade, adiando a absolvição para um encontro posterior, a fim de dar tempo ao fiel de refletir, sempre tendo presente que a recusa da absolvição poderia marcar o fim de um percurso de conversão.

4.3. Limites psicológicos

O confessor deve ser capaz de encontrar o fiel em sua realidade global e deve ter em conta, para julgar corretamente, sua situação, idade, sexo, maturidade, circunstâncias da vida, presença de problemáticas psíquicas, mais ou menos graves, para assim poder distinguir o plano objetivo da transgressão do plano subjetivo da responsabilidade moral. No campo da sexualidade, os fatores e os condicionamentos psíquicos, entrelaçados, muitas vezes, com aqueles culturais e sociais, são muito importantes.

Tomemos, por exemplo, o comportamento masturbatório:

> Quanto a esta matéria da masturbação, a psicologia moderna oferece numerosos dados válidos e úteis para formular um juízo mais equitativo acerca da responsabilidade moral e para orientar a ação pastoral.

> Ajuda a ver como a imaturidade da adolescência, que, às vezes, pode prolongar-se para além dessa idade, o desequilíbrio psíquico ou o hábito contraído podem influir sobre o comportamento, atenuando o caráter deliberado do ato, e fazer com que, subjetivamente, nele não haja sempre falta grave. Entretanto, a ausência de responsabilidade grave não se pode presumir de maneira geral; isso seria desconhecer a capacidade moral das pessoas[18].

No caso da masturbação dos adolescentes, o documento da Congregação para a educação católica, *Orientações educativas sobre o amor humano*, recorda aos educadores que

> é preciso lembrar que a masturbação e outras formas de autoerotismo são sintomas de problemas muito mais profundos, os quais provocam uma tensão sexual que o sujeito procura superar recorrendo a tal comportamento. Esse fato exige também a necessidade de que a ação pedagógica seja orientada mais para as causas do que para a repressão direta do fenômeno. [...]. Para ajudar o adolescente a sentir-se acolhido em uma comunhão de caridade e arrancado da cela do próprio eu, o educador "deverá tirar todo o drama do fato da masturbação e não diminuir sua estima e benevolência para com o sujeito"; deverá ajudá-lo a integrar-se socialmente, abrir-se e interessar-se pelos outros, para poder libertar-se dessa forma de autoerotismo, encaminhando-se para o amor oblativo, próprio de uma afetividade madura; ao mesmo tempo o estimulará a recorrer aos meios indicados pela ascese cristã, como sendo a oração e os sacramentos e a empenhar-se nas obras de justiça e de caridade[19].

---

[18] Congregazione per la Dottrina della Fede, *Persona humana*, n. 9. Cf. *Catechismus Catholicæ Ecclesiæ*, n. 2352: "Para formar um justo juízo sobre a responsabilidade moral dos sujeitos e orientar a ação pastoral, dever-se-á levar em conta a imaturidade afetiva, a força dos hábitos contraídos, o estado de angústia ou outros fatores psíquicos ou sociais que minoram ou deixam mesmo extremamente atenuada a culpabilidade moral" [segundo a Coedição em português].

[19] Congregazione per l'educazione cattolica, *Orientamenti educativi sull'amore umano*, 99-100. Cf. C. Ciotti – S. Rigon, *La masturbazione. Considerazioni psicodinamiche*, "Tredimensioni. Psicologia Spiritualità Formazione" 5 (2008), 303-312.

A masturbação é um fenômeno muito frequente em idade da pré-adolescência e adolescência, tanto que se pode considerar quase normal nessas fases da vida. Ela contradiz o sentido humano da sexualidade, mas não nos surpreende que uma pessoa ainda imatura possa exprimir formas de sexualidade objetivamente desordenadas. Mais preocupante é o prolongar-se do fenômeno masturbatório além da adolescência e juventude; isso pede uma prática pastoral diversificada[20].

Com referência à responsabilidade moral, uma abordagem ainda diferente exige a homossexualidade nos casos em que a inclinação homossexual é estrutural[21]. Embora, de fato, um comportamento homogenital possa representar uma fase transitória de uma sexualidade em evolução ou, não obstante, ser superada com adequado acompanhamento espiritual e eventualmente psicológico, no caso da homossexualidade estrutural, estamos diante de uma estrutura psíquica muito enraizada da pessoa.

Com a *Carta sobre os cuidados pastorais de pessoas homossexuais*, é oportuno distinguir a *orientação homossexual dos atos homossexuais*[22]. A orientação homossexual é objetivamente desordenada e dispõe a realizar atos homogenitais, mas não é culpável. Os atos homogenitais são em si desordenados, mas a responsabilidade deve ser avaliada nos sujeitos singulares e nas situações.

A declaração *Persona humana* diz que "sua culpabilidade será julgada com prudência"[23]. Isso não significa que se possa seguir uma aproximação pastoral baseada na "presunção infundada e humilhante de que o comportamento homossexual de pessoas homossexuais está sempre e totalmente sujeito à compulsão e, portanto, sem culpa, deve ser evitada" (*Carta*, n. 11). Essa não pode ser a presunção ordinária já que, também "em pessoas com tendência homossexual, a liberdade fundamental, que caracteriza a pessoa humana e lhe confere sua dignidade particular, deve ser reconhecida" (*ibidem*). A *Carta* conclui que, em casos determinados, podem existir circunstâncias que diminuam ou tirem a culpabilidade do indivíduo e que, ao contrário, pode haver, em verdade, circunstâncias que lhe agravam a culpa (*ibidem*).

---

[20] Não podendo aprofundar mais esse argumento, remetemos ao nosso volume: *Sessualità, matrimonio e famiglia*, Dehoniane, Bologna 2017², 253-265.

[21] Não entraremos na questão muito discutida da possibilidade de converter pessoas homossexuais ou, ao menos, algumas delas à heterossexualidade, com a assim chamada terapia reparadora.

[22] CONGREGAZIONE PER LA DOTTRINA DELLA FEDE, *La cura pastorale delle persone omosessuali*, 1.10.1986, n. 3: "a inclinação particular da pessoa homossexual, embora não seja em si mesmo pecado, constitui uma tendência, mais ou menos forte, a um comportamento intrinsecamente ruim do ponto de vista moral. Por esse motivo, a própria inclinação deve ser considerada objetivamente desordenada".

[23] CONGREGAZIONE PER LA DOTTRINA DELLA FEDE, *Persona humana*, n. 8.

4.4. Conflitos

Abstratamente, não podem existir conflitos de valores porque os valores exprimem aspectos da perfeição da pessoa; mas, na realidade concreta, a atuação de um valor pode resultar conflitiva com aquela de outro valor; assim a pessoa tem a percepção de que qualquer coisa que escolha ferirá um valor. Às vezes, essa impossibilidade é subjetiva; seria talvez possível encontrar uma solução diversa, mas não é possível para mim ou não me aparece praticável, ao menos, neste momento.

Tomemos, por exemplo, a contracepção. O amor conjugal tem em si uma originária abertura à vida; contudo, essa abertura e o mal da contracepção não estão no uso em si deste ou daquele meio, mas na vontade de se fechar à vida. Ao avaliar a situação individual dos cônjuges, é necessário levar em conta não tanto a materialidade de um meio contraceptivo, mas os contextos existenciais, as circunstâncias, mais ou menos difíceis, a intencionalidade dos cônjuges. A esse propósito, a Congregação para o clero – no ardor dos debates que se seguiram à publicação da *Humanæ Vitæ* – rebateu o mal da contracepção, mas ensinou que "as particulares circunstâncias que acompanham um ato humano objetivamente mau, embora não possam transformá-lo em ato objetivamente virtuoso, podem torná-lo inculpável ou menos culpável ou subjetivamente defensável"[24].

Nesse sentido, exprime-se também o Comunicado da Presidência CEI de 1968 sobre a *Humanæ Vitæ*, no qual o sacerdote é convidado a realizar um prudente discernimento nas situações concretas dos esposos:

> Esta evangélica bondade se manifesta especialmente em relação àqueles cônjuges cujas faltas não derivam de uma recusa egoísta da fecundidade, bem mais da dificuldade, em que se encontram, de conciliar as exigências da paternidade responsável com aquelas de seu amor recíproco que é "amor plenamente humano e espiritual" (HV 9). Em tal caso, de fato, seu comportamento, embora não sendo conforme a norma cristã, não é certamente avaliável em sua gravidade como quando proviesse de motivos viciados pelo egoísmo e pelo edonismo[25].

---

[24] Congregazione per il clero, *Washigton Case. Official Communication*, 26.6.1971 (EV 4/698).

[25] Consiglio di Presidenzza CEI, *Notificazione e comunicato circa l'enciclica "Humanæ vitæ"*, Roma, 10.9.1968, B II.

Essa situação conflitiva é chamada tradicionalmente de consciência perplexa; o sujeito percebe que, qualquer coisa que escolha, de sua escolha decorre a lesão de um valor[26]. Um caso clássico é aquele de quem deve cuidar de um doente e deveria, nesse dia também, participar da eucaristia; ou deixa o doente ou deixa a missa. Recordamos um texto de Santo Afonso de grande clareza:

> Consciência perplexa é aquela de quem, entre dois preceitos, crê pecar independentemente do lado que escolher [...]. Se puder suspender o agir, é obrigado a adiá-lo, até que tenha consultado pessoas sábias. Se não pode adiá-lo, é obrigado a escolher o mal menor, evitando transgredir positivamente mais o direito natural do que aquele humano ou aquele divino. Se não está em condição de discernir qual seja o mal menor, qualquer coisa que faça não peca, porque em tal caso falta a liberdade necessária para que haja pecado formal[27].

A correta aplicação do princípio não diz que a lesão voluntária de um valor é um bem, mas afirma que, às vezes, o sujeito, qualquer coisa que faça, percebe ferir um valor, por isso sua liberdade – coagida pela situação sem saída que o obriga a agir – deve escolher o mal menor ou deve escolher limitar ao máximo o mal nessa situação.

Conclusão

No confessionário, o crente se abre humilde e confiante à graça de Deus, que perdoa, cura e revigora. Isso vale também para nossa sexualidade. A graça de Cristo regenera as raízes de nossa vida e, libertando-nos da dureza do coração, restitui em nós a capacidade de amar, que o Criador, desde o início, havia dado, como altíssima vocação, ao homem e à mulher.

O confessor deve ser transparência do Senhor misericordioso, que, como bom pastor, conhece suas ovelhas, uma a uma. Isso requer do presbítero: paternidade, acolhimento, equilíbrio, maturidade e, em particular, a capacidade de discernir

[26] Nossa intervenção com extensa bibliografia: M. P. Faggioni, *Il male minore e il bene possible*, in "Vivens homo" 25 (2015), 127-149.

[27] S. Alfonso, *Theologia moralis*, lib. I, tract. I *De conscientia*, 10 (ed. Gaudé, tom. I, lib. I, n.10).

acuradamente as situações individuais, porque, mesmo onde há violação da própria norma objetiva, os contextos vitais, o compromentimento, a percepção da culpa, as possibilidades concretas de bem das pessoas podem ser muito diferentes. Somente assim poderá acompanhar frutuosamente o fiel em seu percurso de crescimento para a plenitude da vida em Cristo.

PROBLEMÁTICAS PASTORAIS JUVENIS

"Não é preciso confessar por um baseado?"

Giovanni Del Missier[1]

1. Colóquio penitencial: o jovem penitente

Davi é um adolescente de catorze anos, matriculado no primeiro ano do Ensino Médio científico, pratica atletismo e frequenta a paróquia, com sua família. No curso da celebração comunitária da confissão, realizada em vista da Páscoa na hora do último encontro de catecismo, depois de ter colocado, a lista costumeira dos pecados típicos da idade infantil (como tem sempre feito desde a primeira confissão), no fim acrescenta, sem particular embaraço ou vergonha, mas sinceramente desgostoso por seus pais: "E depois, dom, fiz enlouquecer os meus pais por causa do fumo que encontraram na minha mochila na classe: a professora fez uma confusão por nada, intervieram até os carabineiros com os cães e pegaram outros, imagina! Mas, que lhe parece: pelos baseados? O que mais vai ser!!!"

2. Aspectos científicos

Como *cannabis* entendem-se as substâncias psicoativas derivadas da inflorescência feminina da *Cannabis sativa*, que contém mais de 400 compostos químicos, dos quais, 61 canabinoides. Entre estes destaca o chamado 9-tetrahidrocanabinol (THC), o princípio ativo que gera efeitos psicotrópicos proporcionados por sua concentração. Trata-se das drogas ilegais mais difundidas no mundo, especial-

[1] Professor associado de Teologia moral sistemática na Academia alfonsiana de Roma.

mente a partir dos anos 60 do século XX, com um incremento positivo constante, seja no consumo, seja na percepção do valor de uso, sobretudo, entre os jovens.

Na UE 87,7 milhões de adultos (15-64 anos: 26,3%; na Itália 31,9%) usaram *cannabis*, ao menos uma vez na vida; no último ano 3,5 milhões de adultos (15-64 anos: 7%; na Itália 19%, seguida apenas pela França com 22,1%). Os usuários, no último ano, na faixa de 15-34 anos, são 17,1 milhões (13,9%); entre os estudantes de 15-16 anos, no último mês, 6% das meninas e 9% dos meninos. Quando amplas faixas da população aprovam seu uso, julgando-a inócua para a saúde, estão em aumento as buscas de tratamento junto aos serviços para toxicodependentes: 46,2% dos novos usuários são dependentes exatamente da *cannabis* (pacientes UE em terapia por *cannabis* em um ano: 152.431 iguais a 31,5% de todos os tratamentos por dependência)[2].

O consumo acontece principalmente pelo fumo, em forma de cigarrilha enrolada com a mão (*spinello, canna*) ou com tubos especiais (*chillums*). Entre os produtos presentes no mercado ilegal, podem-se distinguir: a *marijuana* (mistura de folhas secas e de outras partes da planta); o *haxixe* (resina produzida das inflorescências); o *óleo de haxixe* (extrato com solventes orgânicos, líquido viscoso com elevado conteúdo de THC). Muitíssimos são, portanto, os nomes populares que, muitas vezes, dependem da localização geográfica e das outras duzentas variedades em circulação.

A *cannabis*, geralmente, produz euforia, agitação e sentimento de paz, seguida de sonolência, midríase e conjuntivite; modifica a percepção espaço-temporal; influencia as funções sensoriais, psicomotoras e cognoscitivas, comprometendo a habilidade de desenvolver tarefas difíceis e empenhativas; reduz a capacidade de concentração e prejudica a memória em curto prazo (*déficit* na memória a longo prazo em adolescentes com uso crônico)[3]. Estão documentados dependência psicológica (10% dos consumidores), mudanças da personalidade, comportamentos violentos[4],

[2] Cf. Osservatorio Europeo delle Droghe e delle Tossicodipendenze, *Relazione europea sulla droga. Tendenze e sviluppi* 2017, Ufficio delle Pubblicazioni ufficiali dell'UE, Lussemburgo 2017.

[3] Foram documentados distúrbios de ânsia e ataques de pânico, psicose (delírio, despersonalização, ânsia, fraqueza emotiva, amnésia); flashback; efeitos cardiovasculares (taquicardia, variações da pressão sanguínea). Estudos recentes parecem demonstrar como a *cannabis* pode produzir danos cromossômicos, distúrbios do equilíbrio e do metabolismo hormonal (impotência, infertilidade, ginecomastia), efeitos negativos na gametogêneses (oligospermia com disfunção das células de Leydig e de Sertoli), na embriogênese e no desenvolvimento pós-natal (danos nos pulmões e nas vias respiratórias).

[4] Os usuários habituais incorrem quatro vezes mais em condutas violentas, e 41% dos jovens do sexo masculino presos resultam positivo nos testes toxicológicos.

perda de contato com a realidade e fenômenos de autonegação[5]. O estado induzido da *cannabis* varia notavelmente em base à personalidade do consumidor, a seu estado psicológico, às condições ambientais, à modalidade de uso e à concentração THC. Por causa dessas plasticidades, pode provocar diferentes efeitos também no mesmo indivíduo; portanto o estado físico/ emocional induzido não é jamais previsível. Bastante baixa, em vez disso, é sua toxicidade direta: não são documentados claros casos de morte por overdose, mas muitíssimos incidentes mortais são de fato conexos ao uso de canabinoides. Julga-se, enfim, provável que a *cannabis* possa amplificar desordens mentais já existentes e que, em indivíduos com problemas psiquiátricos, possa levar ao aparecimento de esquizofrenia com início precoce.

Os estudos de *neuro-imaging* evidenciaram a existência de locais de ligação seletiva aos canabinoides destinados a intermediar seus efeitos farmacológicos e comportamentais. Particularmente, resultam em envolver os circuitos da motricidade, da cognição, da memória e do prazer. Embora prevaleça o consumo ocasional e fase-específica, em ao menos 10% dos consumidores o uso habitual de *cannabis* precede o acesso às drogas pesadas: 85% dos consumidores e 74% dos viciados em heroína teriam iniciado com a *cannabis*, que age nas mesmas estruturas cerebrais afetadas pela cocaína e pela morfina.

Quando a droga é fumada, a concentração hemática de THC é mais veloz e atinge seu ápice cerca de 15-20 minutos; ao contrário, o período de euforia é lento no decrescer (cerca de 3-4 horas), como também o metabolismo do princípio ativo, que permanece longamente no organismo (cerca de 30 dias). A essa dinâmica farmacológica, está ligado o fenômeno da tolerância inversa: o efeito dos canabinoides se intensifica nos consumos sucessivos; e quem faz uso regular de *cannabis* atinge o estado de embriaguez sempre mais rapidamente e com quantidades menores. Geralmente, quando o efeito inebriante atinge o término, sucede a necessidade de alimento altamente calórico.

A maior parte da *cannabis* introduzida no mercado clandestino é produzida na África (Marrocos, Nigéria); América do Sul (Colômbia); Ásia (Paquistão, Afeganistão). O tráfico ilícito que alcança a Itália segue duas diretrizes principais:

---

[5] Nas utilizações crônicas, é documentada a *avolitional syndrome* (anedonia): apatia, redução das atividades finalizadas, incapacidades de gerir novos problemas, distraibilidade, comprometimento de julgamento, das habilidades comunicativas, da *performance* escolar. Cf. G. Serpelloni – M. Gomma – C. Rimondo (ed.), *Varianti delle piante di Cannabis e danni alla salute*. Presidenza del Consiglio dei Ministri, Dipartimento Politiche Antidroga, Roma 2014.

a *marijuana* transita por meio dos Balcãs; o *haxixe* chega sobretudo pelo Norte da África por meio da Espanha e França. Os primeiros países a estabelecer leis proibitivas foram: Egito (1879); Grécia (1880); Jamaica (1913). A Sociedade das Nações a proibiu em 1925, pelo menos para os fins não terapêuticos[6].

3. Atores do drama

Parece evidente que os adolescentes inevitavelmente encontrem a proposta da *cannabis* e devam escolher quando aceitar ou, ao menos, participar desse rito geracional. Resulta, por isso, oportuno investigar a "subcultura do fumo", para colher os sistemas de representação que os próprios protagonistas têm em relação à substância.

As garotas que fumam a *cannabis* o consideram um costume geracional, um hábito generalizado sem razões evidentes: não é sintoma de mal-estar, não se trata de droga (visto que não cria dependência e não prejudica a saúde), mas é um normalíssimo produto da terra, que cada um deveria ser livre para usar e experimentar momentos de bem-estar, suavemente consolador, e de acesso direto a uma despreocupada euforia, que faz emergir os aspectos ridículos da vida. Não parece haver percepção de alguma dimensão ética (não há transgressão), evolutiva (não parece haver funções de amadurecimento), erótica (não tem nada a ver com desejo ou com o amor). A ação de "fumar" não parece ter motivações específicas; surge como ação espontânea do grupo para favorecer as ligações, aplacar os conflitos e afastar o tédio. A viagem é breve e garantida, não compromete, não tem consequências e logo tudo volta a ser como antes, sem danos ou perigos.

Entre as moças que não fazem uso, emerge a consciência de que os baseados geram vínculos artificiais, não fundamentados em uma história comum, com certa nostalgia por uma diferente qualidade de relações com uma autêntica partilha das experiências pessoais. Formulam também hipóteses de que quem fuma tem problemas e os esconde, foge da dor e do conflito, busca sentir-se integrado... Insinuam a dúvida de que para os meninos possa tratar-se da tentativa de colocar-se em evidência, um desafio, um gesto exibicionista, mas de curto alcance.

[6] Em 1942, foi tirada da farmacopeia USA, e, atualmente, existe, em muitos países, um amplo debate sobre seu uso controlado para fins terapêuticos.

De fato, os adolescentes masculinos se sentem "atraídos pelo fumo", porque a oferta se encontra em qualquer lugar e é quase obrigatório provar ao menos uma vez, para ver o efeito que faz. Prevalece a visão de uma conduta amigável, confinada na experiência privada do grupo e dificilmente comunicada aos adultos e destinada ao divertimento, à comunicação desinibida, à experimentação de novas sensações, ao cancelamento de pensamentos tristes, com certa carga exibicionista. Estão ausentes os valores de prova, iniciação, transformação... O efeito mais espetacular atribuído à *cannabis* é o riso, coluna sonora do grupo, que por definição deve resultar divertido, alegre, sem enfadar-se jamais. Para os rapazes, o fumo parece assumir prevalentemente um significado regressivo para recuperar a alegria tola e contagiosa da pré-adolescência. Quem não fuma, em vez disso, é motivado, sobretudo, pelo medo de que agrade tanto e torne-se uma dependência.

Entre as jovens, há a nítida consciência de que a escola tem um papel importante na aprendizagem do uso da *cannabis* e em sua difusão entre coetâneos. Na escola, o cigarro de maconha agrega e reúne os adolescentes entre si, mas não é o lugar privilegiado para essa experiência lúdica, visto que comporta o grave risco de serem descobertos, gerando consequências: dificuldades escolares, procedimentos disciplinares, envolvimento da família. Os adolescentes julgam que os professores fingem não ver e não saber, considerando um problema extraescolar, que não lhes diz respeito, deixando de manifestar de modo autêntico interesse pela vida real dos estudantes. No caso em que os estudantes são identificados como consumidores habituais, intervêm os estereótipos do criminal a denunciar e a perseguir; do desviado a ser punido e controlado; do sofredor e desajustado, necessitado de cuidados especializados e de atenção suplementares.

Os rapazes pensam falar sobre isso na família, referindo-se aos outros para informar indiretamente os adultos que o crescimento atual comporta o encontro com o grupo que faz uso de *cannabis* e que também sua família está envolvida nisso. No momento de passar à ação, porém, baixa o silêncio; os pais parecem não estarem em condição de compreender, por isso haveriam de ser alfabetizados sobre o verdadeiro significado do gesto, embora seu papel de tutela e de controle impediria uma serena comunicação. Aos jovens as mães parecem ingênuas, angustiadas, excessivamente preocupadas e protetoras, melodramáticas em suas reações, pouco atualizadas sobre a inocuidade do fumo; confundem com a droga; os pais, menos passionais, são percebidos mais destacados, bastante sabedores e não muito preocupados. Como os docentes, eles parecem fingir não perceber nada – e oportunamente – porque, se eles precisam intervir, devem agir com castigos exagerados, anacrônicos e inúteis. Eles acreditam que os pais os consideram responsáveis e que têm suficiente confiança neles: confiança que se frustra em completa anestesia ética, sem sentimentos de culpa ou vergonha, visto que a traição é quase venial!

Sobre o argumento, os adultos percebem uma difusa sensação de distanciamento, de isolamento e de exclusão do mundo juvenil e não conseguem compreender profundamente. Parecem desorientados a respeito do próprio papel e do modo de exercer a ação educativa; são preocupados com os adolescentes, mas demonstram não ter uma visão equilibrada do problema e tendem a dramatizá-lo. Só os professores auguram intervenções não excessivamente repressivas ou autoritárias, mas informativas e educativas, demonstrando uma consciência experiencial e avaliações equilibradas do fenômeno. Sentem-se, porém, incapazes de administrá-lo, desarmados na comunicação e deslocados na relação com os rapazes, oprimidos por um generalizado senso de inutilidade e de inadequação do próprio papel.

4. Problemáticas éticas

A *cannabis* aparece como uma espécie de "objeto escorregadio" no plano da ética: atitude difusa e problemática banalizada entre os jovens, realidade mal percebida e circundada de um pesado silêncio educativo da parte dos adultos. Isso impede a elaboração dos significados simbólicos, comunicativos e as funções evolutivas de tal comportamento, para amadurecer a consciência e responsabilidade. Tem-se a impressão de que falta a coragem de ativar uma comunicação entre gerações e de assumir atitudes educativas, sem abdicar do próprio papel formativo.

A aproximação prevalente é, por isso, de tipo sociossanitário, a ponto de se encontrar também, em muitos autores católicos e nas tomadas de posição do magistério, uma impostação ética centrada nas consequências. A droga é compreendida como resultado de uma vergonhosa fuga das responsabilidades e representa uma escolha contrária à vida e à saúde. Sob o aspecto moral, drogar-se é sempre ilícito, porque comporta uma renúncia injustificada e irracional de pensar, querer e agir como pessoas livres, abdicando a dignidade pessoal, que Deus deu ao homem como sua característica fundamental, com pesadas repercussões sobre terceiros. O drogado não é condenado, mas aparece como um "escravo que deve ser libertado"; o caminho da recuperação não passa pela culpabilização ética, nem pela repressão legal, mas deve alavancar a recuperação integral da pessoa[7]. Essa impostação pode resultar, porém, problemática, exatamente no plano educativo. Sigamos o raciocínio do cardeal Elio Sgreccia:

> É em razão das *consequências* sobre a saúde e a vida dos sujeitos envolvidos e em razão das *consequências* sociais que se deve avaliar a gravidade moral do consumo da droga. Por esse motivo, *o consumo ocasional, um tanto, por exemplo, de uma droga ligeira, não pode ser classificado com gravidade*; é, todavia, perigoso também esse consumo pelo incentivo que determina de prosseguir e permanecer vítima de tal experiência. Há de se considerar também que quem consome, seja somente por curiosidade e ocasionalmente, uma droga, por leve que seja, contribui para o ilícito lucro de quem comercializa essas substâncias [...]. A ilicitude depende das consequências sérias e graves que provocam na personalidade e na sociedade[8].

Essa posição para os adolescentes soaria de fato como uma permissão ao consumo ocasional, por isso, antes das consequências – embora importantes –, parece correto insistir na relação sujeito-substância-ambiente, que pode implicar um comprometimento severo de estruturas essenciais para o crescimento do ser humano: autodomínio e conscientização.

Na verdade, a pessoa se qualifica por sua subjetividade e se exprime em atitudes autênticas e livres, amadurecidas por meio de um processo de afirmação da própria originalidade, por superação da mediocridade e do ocultamento em modelos estereotipados, por integração dinâmica entre interioridade e exterio-

---

[7] "O uso da droga inflige destruições muito graves à saúde e à vida humana. Salvo indicações estritamente terapêuticas, constitui falta grave. A produção clandestina e o tráfico de droga são práticas escandalosas, constituem uma cooperação direta, pois incitam práticas gravemente contrárias à lei moral": CCC, n. 2291. [Segundo texto em português da Coedição.] Cf. também *Carta degli operatori sanitari*, n. 93-96.

[8] E. Sgreccia, *Manuale di Bioetica*. vol II. *Aspetti medico-sociali*, Vita & Pensiero, Milano 2002[3], 209 (ênfases adjuntas).

ridade, entre sentimento e responsabilidade; por aceitação dos limites e daquela carga inevitável de sofrimento próprio de toda existência. Esse dinamismo de humanização progressiva se qualifica como uma precisa tarefa evolutiva típica da adolescência e um empenho moral da pessoa adulta: aproximar-se criticamente da realidade, buscar a verdade e alcançar o bem, libertar-se progressivamente de todo condicionamento e determinismo, permanecer fiel a si mesmo, tecer relações humanas significativas, promover a justiça e a solidariedade[9].

O consumo de *cannabis* parece contradizer diretamente esse quadro, enquanto instaura uma relação de tipo defensivo e regressivo, com uma sustância que pode vir a impedir de viver de modo maduro a própria existência e que tende a criar vínculos artificiais. Trata-se de um mecanismo enganador de autoafirmação individual e uma resposta inapropriada ao mal-estar derivado da necessidade de enfrentar os próprios problemas cotidianos; o que contribui para manter certa imaturidade infantil na resolução dos conflitos interiores, prejudicando a autêntica expressão da própria humanidade[10].

Outro elemento a ser considerado é a busca de gratificação e a vontade de obter artificialmente o prazer. O consumo de *cannabis* está ligado à esperança de se libertar das dificuldades contingentes e das preocupações existenciais, para alcançar sensações de relaxamento e de prazer[11]. A busca do prazer torna-se o ponto de partida para a dependência, revelando-se imediatamente seu caráter ilusório, pois o desejo de provar intensas sensações e a busca de substâncias se transformam em uma nova e central inquietação para o indivíduo, até à obsessão e ao dobramento solipsístico. O princípio do prazer, fim em si mesmo, estimula a agir de modo impulsivo e instantâneo, sem discernimento e elaboração mental articulada, correspondente ao comportamento infantil que na adolescência deveria evoluir para o autocontrole e a projeção pessoal, distinguindo a diversa natureza dos desejos, sabendo-os direcionar e organizar a partir do confronto com a realidade.

Não se trata de impor um ascetismo, que suprime todos os desejos, nem mesmo um hedonismo, que os exalte indiscriminadamente, mas de ordená-los e de gerenciá-los no contexto das atividades e das relações, experimentando no interno da própria vida interior, afetiva e social as ocasiões autênticas de prazer e realização.

---

[9] Em perspectiva teológica, esse caminho pode realizar-se plenamente somente por meio do dom da graça ou por uma profunda relação com Deus em Cristo Jesus, em cuja pessoa a liberdade humana foi plenamente libertada. Cf. G. Angelini, *Educare si deve, mas si può?*, Vita & Pensiero, Milano 2002.

[10] Cf. M. Vidal, *Manuale di etica teologica*. 1. *Morale fondamentale*, Cittadella Editrice, Assisi (PG) 1994, 383-396.

[11] Aqui se podem perceber atitudes potencialmente contrárias à virtude da temperança (cf. CCC, n. 1809).

Na tradição ética das diversas formas de dependência, exatamente porque as substâncias de abuso agem diretamente nos sistemas de recompensa cerebral e nos circuitos do prazer, é importante tematizar a questão da correta relação do ser humano com o prazer[12]. Diversamente, pode haver uma subversão em sua dinâmica, quando é buscado diretamente como fim autônomo, em resposta ao próprio desejo infantil de poder e de segurança, de fruição imediata e ávida, orientada a suprimir imediatamente a ânsia, para enfrentar o *estresse* e as situações desagradáveis.

A partir dessa distinção, pode-se exprimir um juízo moral e impostar uma ação de educação para o discernimento do prazer que não será bom ou mau em sentido abstrato, mas à medida que se insere em um dinamismo de integração pessoal e contribui para a complementação de si, ou se opõe a isso, criando um "curto-circuito" existencial, um "erro de execução do sistema", um "desvio antropológico" que pode fechar à pessoa a possibilidade de relacionar-se corretamente consigo mesma, com a realidade e com os outros.

> Moderar-se no prazer não significa negá-lo, mas dirigi-lo; equivale a ser competente pelo próprio desejo e não vítima da própria paixão. O prazer, tão intenso, torna-se tema da ética. Não é tanto no imediatismo do gozo que reside a felicidade, mas na satisfação, quer dizer, na capacidade de saber fruir sem com isto ter de depender, de poder gozar de tudo podendo ficar sem e não sofrer por isso [...]. O domínio do prazer torna o homem não só senhor das próprias capacidades de gozar, mas amplia o espectro mesmo da percepção até transformar o prazer em bem-estar[13].

Antes mesmo de chegar eventualmente a dificultar o desenvolvimento das atividades cotidianas, polarizando sobre si idealizações e comportamentos compulsivos ou a favorecer a insurgência das mais graves consequências, o uso da *cannabis* resulta moralmente problemático por poder prejudicar a realização integral do adolescente, por comprometer o processo de desenvolvimento pessoal e da madura aquisição de responsabilidades (relação liberdade - prazer), por isso requer uma aproximação prevalentemente ético-educativo.

[12] Cf. A colocação clássica da ética do prazer em Tommaso d'Aquino, *Summa theologiæ*, I-II, qq. 31-34.
[13] S. Natoli, *Piacere*, in AA.VV., *Universo del corpo*, vol. V, IEI, Roma 1999, 86.

5. Colóquio penitencial: o ministro educador

Davi, não és mais uma criança que deve satisfazer os próprios pais; tu deves te preparar para a vida adulta e aprender a escolher de modo consciente e responsável. O problema principal não é ter entristecido teus pais – isto é apenas um alarme de que há algo que não vai bem em tudo –, mais exatamente em relação aos baseados que te parecem tão normais.

Tu és um esportista e deverias te preocupar com tua saúde (aproximação médica); possuis talentos que Deus te confiou para que os faças frutificar também na escola [aproximação responsabilizadora]; sonhas em te tornar um adulto afirmativo, mas ter tido a ver com as forças da ordem tão cedo não é exatamente um bom início (aproximação legal). Mas o que me está verdadeiramente no coração é que tu te tornes um homem por inteiro e não uma bandeirola; que aprendas a encarar os problemas para enfrentá-los e resolvê-los, com a ajuda de quem te quer verdadeiramente bem; que te empenhes a tornar-te adulto, porque isso é o autêntico desafio e a meta final da adolescência (aproximação educativa; tarefas evolutivas e específicas da fase).

A erva é só uma fuga, um refúgio, um sonho infantil, gerado pela ilusão de despertar-te já crescido quase por magia, sem nenhuma fadiga e empenho. Certamente é uma experiência que gera euforia, aplaca a angústia e anestesia o "mal de viver", que nem conhecias quando criança. Mas existem prazeres mais autênticos e duradouros, até mais intensos que nascem do encontro autêntico com os outros, das amizades verdadeiras e do colocar-se a serviço de quem realmente está sofrendo na vida e não tem ainda tua idade (aproximação educativa, a ética do prazer).

Sabes, pensava que como "penitência" poderei fazer-te conhecer Cláudio, um rapaz distrófico e epilético da paróquia, que vive sozinho com a mãe e tem poucos amigos. Marcos, Andrea e Júlia, de teu grupo, já começaram a ir encontrá-lo, de vez em quando, para jogar carta uma horinha (aproximação educativa; proposta concreta para a formação de um hábito virtuoso). Creio que te faria bem conhecê-lo e avaliar-te pela capacidade de doar um pouco de teu tempo. Tua idade é muito preciosa para arriscar mandá-la simplesmente para a fumaça. Que dizes: é possível fazer isso?

Bibliografia selecionada

Caputo N. (ed.), *Canne al vento. Luoghi, tempi e riti di una pratica degli adolescenti*, Franco Angeli, Milano 2003.

Lavazza S., *"Cura" droga. Cannabis, ecstasy, cocaina, eroina e "nuove droghe"*, FrancoAngeli, Milano 2003[4].

Lombi L., *Le politiche della droga in Europa: prevenzione, gestione e recupero*, FrancoAngeli, Milano 2012.

Maremmani I. (ed), *Manuale di neuropsicofarmacoterapia psichiatrica e dell'abuso di sostanze*, Pacini, Ospedaletto (PI) 2001.

Pontificio Consiglio per la pastorale della salute, *Chiesa, droga e tossicomania*, LEV, Città del Vaticano 2001.

Risé C., *Cannabis, Come perdere la testa, e a volte la vita*, San Paolo, Cinisello, Balsamo (MI) 2007.

World Health Organization – Regional Office for Europe, *The health and social effects of non-medical cannabis use*, WHO, Geneva 2016.

CONCLUSÃO

Neste livro, propôs-se colher as recentes indicações magisteriais sobre o sacramento da reconciliação, “verdadeira missão sacerdotal” e caminho privilegiado “para iluminar o espaço da consciência pessoal, o amor infinito de Deus”.

Foram desenvolvidos diversos núcleos temáticos: bíblico, histórico, antropológico, magisterial, teológico, litúrgico, com particular atenção a problemas pastorais. As contribuições foram oferecidas por professores tanto da Academia Alfonsiana como professores externos, especialistas dos mencionados setores de estudo.

A aproximação bíblica colocou o tema no horizonte da salvação. A reconciliação é o núcleo da revelação cristã, o motivo guia da história da salvação, o coração das Sagradas Escrituras. A pregação dos profetas, primeiro, a encarnação, paixão, morte e ressurreição de Jesus, então, mostrou que o homem necessita reconciliar-se com o Criador, mas não pode fazê-lo sozinho. A exigência da conversão para o perdão dos pecados é possível por meio do dom da conversão e da resposta do homem ao dom de Deus.

O *excursus* histórico e magisterial pôs a atenção nas condições históricas e nos contextos em que a acolhida dos pecadores e a reconciliação dos penitentes se desenvolveram no seio da vida da Igreja, das origens aos nossos dias.

A contribuição das ciências humanas demonstrou que a realidade faz constatar uma crise da prática e de compreensão da reconciliação, mas isso não significa que ela seja secundária na vida da Igreja e do crente. A reconciliação é o caminho que a Igreja tem para oferecer a possibilidade de dar lugar à ação da graça libertadora na história, tanto em âmbito pessoal como estrutural.

Diversas contribuições estudaram temas urgentes na prática pastoral.

EG n. 47 recorda aos confessores que sua vocação é ser facilitadores da graça, fazer perceber a alegria do dom do perdão, que se abre à novidade da vida. Surgiu a nota característica da ministerialidade do confessor: a misericórdia. Ela sugere um estilo de acolhimento, em que o penitente possa experimentar a antecipação do abraço misericordioso do Pai (Lc 25,11-32). O confessor deve ser transparência do Senhor misericordioso, que, como bom pastor, conhece suas ovelhas, uma a uma, mas também é chamado a acompanhar, discernir e integrar a fragilidade. Pai que acolhe, pessoa equilibrada, madura, que sabe discernir acuradamente as situações particulares, porque o grau de responsabilidade não é igual para todos. O confessor é chamado a ter sempre claro que sua tarefa é acompanhar os fiéis em seu percurso de crescimento para a plenitude da vida em Cristo.

No confessionário, o crente, com humildade e confiança, abre-se à graça de Deus, que perdoa, cura e revigora. A graça de Cristo regenera as raízes da nossa vida, liberta da dureza do coração, restitui a capacidade de amar, aquela mesma que o Criador havia dado ao homem e a sua mulher como altíssima vocação. Um aspecto específico do sacramento da reconciliação é a diaconia formada pela consciência, que não pode eximir-se do empenho em fazer crescer a sensibilidade para o bem comum e a capacidade de discernimento evangélico dos fatos sociais. Para isso é necessário formar consciências que superem a ética individualista, sintam-se em reciprocidade, participem de maneira convicta e alegre do bem comum. A coerência do batismo exige da comunidade cristã uma real escolha preferencial para os últimos e os marginalizados. Só partindo de suas necessidades e de suas expectativas, é possível atuar para o bem de todos.

Enfim, não é possível não citar os crimes contra a natureza, que o papa Francisco na *Laudato si'* indica como pecados contra Deus e contra nós mesmos. Também para esses ocorre implorar a piedade de Deus por meio do sacramento da penitência, especialmente para aqueles que até agora não reconhecemos nem confessamos.

Em conclusão deste livro, são claros os horizontes que se abrem diante de nós. Aquele da reconciliação é um sacramento da história delicada, tanto porque ressente da historicidade, como porque pedir perdão e acolher a graça que liberta não é sempre fácil.

Os vários estudos propostos realmente abriram novas possibilidades de aprofundamentos.

A reconciliação caracteriza a vida do cristão, é história da salvação, mas quantos hoje fazem experiência da graça saneadora que desce por meio desse sacramento? Todos por lei divina tendem à penitência, mas a necessidade de recorrer à graça sacramental da reconciliação é claramente sentida pelas consciências cristãs? É igualmente necessário hoje sair da centralidade da absolvição e colocar no centro a conversão do coração. O pecado do século é a perda do sentido de pecado, portanto, a partir do momento em que o sacramento da penitência for a alma do crescimento de toda a vida cristã e o sentido do pecado for o termômetro da sensibilidade da consciência, mais do que urgente será enfrentar as causas dessa perda do sentido do pecado, que poderia também ser sintoma de uma doença específica: a crise do sentido de Deus. Enfim, é urgente refletir principalmente sobre a dimensão ambiental no sacramento da penitência.

Eis apenas alguns entre os temas que emergiram das contribuições e que poderão ser desenvolvidos futuramente.

Uma reflexão de um interessante teólogo, padre Bernard Häring, bem resume todos os estudos aqui contidos e estimula a continuar a estudar para propor a confissão como sacramento da alegria. Ele escreveu:

> Quando ouvimos nomear o sacramento da reconciliação, nosso coração deve bater mais forte. Soam os sinos da Páscoa! Jesus ressuscitado, triunfante sobre a morte e sobre os espíritos infernais, mostra-nos suas mãos traspassadas e seu coração aberto para nós. Lembra-nos as dores que teve de sofrer por amor de nós e nos assegura de sua vitoriosa ressurreição, embora seu dom, o sacramento da paz, aplaina-nos o caminho para a alegria pascal [...]. Os crentes pensam, às vezes, que o sacramento da reconciliação faz nascer neles um sentido de temor. É verdade que tal sacramento, como expressaram os padres da Igreja, é um batismo doloroso e uma purificação, que pede, de nossa parte, um autêntico espírito de contrição; no entanto, por si mesmo, não é menos que o batismo, um lugar de luz e de alegria pascal, um lugar em que nos vem ao encontro Jesus Cristo ressuscitado. O pecado é o muro obscuro que oculta penosamente o esplendor do mistério do batismo. Para abatê-lo e para nos reconduzir à verdadeira luz, que é Cristo, foi-nos exatamente concedido, na eventualidade de nossa recaída no pecado, o sacramento da reconciliação. Caro cristão, jamais nos esforçaremos o bastante para compreender sempre melhor as intenções de Deus nesse sacramento, para recebê-lo sempre mais dignamente, mais dignamente nos alegrar nele e levar aos outros nossa própria experiência![1]

[1] B. Häring, *Confessione e gioia*. Edizioni San Paolo, Cinisello Balsamo (Mi) 2009, 7-8.

ÍNDICE

SEÇÃO HISTÓRICA

SEÇÃO ANTROPOLÓGICA

SEÇÃO SISTEMÁTICA

SEÇÃO ESPECIAL

Este livro foi composto com as famílias tipográficas Adobe Caslon, ITC Tiepolo e Segoe
e impresso em papel Offset 63g/m² pela **Gráfica Santuário.**